国家自然科学基金面上项目资助（No.71774166）
国家自然科学基金青年项目资助（No.71804186，No.71303249）

玉树地震灾区儿童和青少年身心健康监测与重建研究

张鹭鹭　荣誉主编　刘　旭　主编

图书在版编目(CIP)数据

玉树地震灾区儿童和青少年身心健康监测与重建研究 / 刘旭主编. -- 上海：同济大学出版社，2021.12
ISBN 978-7-5765-0019-6

Ⅰ.①玉… Ⅱ.①刘… Ⅲ.①地震灾害—灾区—儿童—身心健康—研究—玉树县 ②地震灾害—灾区—青少年—身心健康—研究—玉树县 Ⅳ.①G479

中国版本图书馆 CIP 数据核字(2021)第 274027 号

玉树地震灾区儿童和青少年身心健康监测与重建研究
张鹭鹭　荣誉主编　　刘　旭　主编

责任编辑　宋　立　　**助理编辑**　朱涧超　　**责任校对**　徐春莲　　**封面设计**　陈益平

出版发行	同济大学出版社　　www.tongjipress.com.cn
	（地址：上海市四平路1239号　邮编：200092　电话：021-65985622）
经　　销	全国各地新华书店
制　　作	南京月叶图文制作有限公司
印　　刷	江苏凤凰数码印务有限公司
开　　本	787 mm×1092 mm　1/16
印　　张	11.75
字　　数	293 000
版　　次	2021年12月第1版　2021年12月第1次印刷
书　　号	ISBN 978-7-5765-0019-6
定　　价	68.00元

本书若有印装质量问题，请向本社发行部调换　　版权所有　侵权必究

编委会名单

荣誉主编 张鹭鹭

主　　编 刘　旭

副 主 编 唐碧菡　吴　菁　高　野　杨鸿洋

编　　者（以姓氏笔画排序）
　　　　　　王俊男　吕奕鹏　朱勃睿　刘　旭　刘　青
　　　　　　刘　鹏　孙尔鸿　孙连荣　孙晓宇　杜茂林
　　　　　　杨鸿洋　吴　菁　张心科　张海兵　陈泽琪
　　　　　　赵方捷　郝　璐　高　野　唐碧菡　蒋　斌
　　　　　　潘禹安　薛　飞

学术秘书 陈泽琪

序

近年来,自然灾害与突发公共卫生事件频发。面对灾难,中华民族凭借着生命至上的国家理念、万众一心的民族精神和百折不挠的坚韧品格,历经苦难而又生生不息。

自汶川地震发生以来,我们团队围绕灾害应急医学救援开展了广泛和持续的研究。2010年青海玉树地震发生后,受命于原国家卫生部应急办公室的指令性任务,我们对玉树地震应急医学救援行动开展了第三方评估,深入灾区一线进行现场调研,构建了地震应急医学救援大数据本底,在"卫勤决策支持"军队重点实验室支持下,取得了"现场调研-数据本地-模型构建-政策建议"的系列成果。

在研究过程中,刘旭博士关注到了一个尚未得到充分重视的群体:震区的儿童与青少年。习总书记高度重视关心下一代工作,曾深刻指出"儿童健康事关家庭幸福和民族未来"。儿童与青少年正处于身心发育的关键时期,同为地震灾害的亲历者与幸存者,他们受到的影响更为深远。聚焦玉树震区儿童与青少年身心健康监测与重建,刘旭博士结识了同样致力于帮助这一群体的社会公益组织和大学生志愿者们,他们连续4年在玉树地区开展现场调研、数据采集、健康宣教、科普培训等工作,对玉树震区儿童与青少年的健康状况、生命质量、心理健康等进行了持续跟踪与系统研究,最终完成了本书的编写。本书的出版,是主编团队在灾害应急医学救援管理领域成果的深入和拓展,对提升震区儿童和青少年健康管理与促进具有重要价值,对填补相关研究领域的空白具有显著意义,更是贯彻人民至上、生命至上理念的实际举措。

灾难从未远离,在灾难中成长是人类进步的必经之路。在灾难中成长,我们会对生命更加善待珍惜,救援应对会更加有效有序,社会心态会更加成熟理性。灾难中生长的力量,滋润着中华民族砥砺前行。

海军军医大学 专业技术少将 教授

前　言

近年来,我国西部地区地震灾害频发,给灾区人民健康带来了巨大伤害。除地震直接致伤带来的应急医学救援需求之外,对灾后幸存者身心健康的重建和维护给当地医疗卫生系统提出了更高的挑战,尤其是对于处在生理发育、心理成长关键时期的儿童与青少年(以下简称"儿少")。

本书构思与设计始于2010年卫生部卫生应急办公室的指令性课题任务"玉树地震应急医学救援第三方评估"。我们在玉树地震重灾区进行现场调研,搜集了全部地震伤病员的完整资料与相关救援人员的调查问卷。随着项目研究的深入,我们关注到灾区儿少这一特殊集体,他们或在地震中受伤受困,或因地震失去亲人朋友,或目睹地震给学校、家庭带来不同程度的损毁……与此同时,政府与社会公益组织对他们和他们的学校、家庭给予了无私的支持与援助。在开展玉树震区儿少身心健康调查时,我们接触了中国青年志愿服务金奖项目——"古咕丁"医疗知识普及计划。对玉树地区儿童与青少年健康的共同关注,促使我们携手开展了连续4年的玉树震区青少年身心健康监测与重建研究。我们开展儿少健康体检与心理健康调查、建立健康档案,为玉树震区的中小学校配置保健室,对中小学校保健社工开展包括急救护理操作、传染病防治、常见病多发病诊疗、特殊病种甄别、病例转移和远程会诊在内的医学科普培训,系统采集了这一西部高原震后地区儿少身心健康状况,并采取了针对性的培训辅导和心理干预。本书中所有现场调研、数据采集、健康宣教、科普培训、书稿撰写均由课题组成员与"古咕丁"志愿者共同完成,书中详细收录了玉树震区青少年身心健康监测与重建研究成果,填补了目前国内外对于地震灾后儿少长期身心健康维护与重建领域的研究空白。

本书共分三个部分,第一部分为理论背景篇,共5章,重点回顾国内外重大灾害灾后儿少身心健康研究进展、玉树地震灾区儿童与青少年健康重建及维护情况,以及非政府组织(NGO)在灾后儿少身心健康维护中的作用;第二部分为实证调研篇,共7章,以课题组2016—2019年连续4年在玉树州囊谦县开展的儿少身心健康监测现场调研结果为数据来源,系统分析了玉树地震灾区儿少基本健康状况、饮食卫生状况、健康相关生命质量、心理状态改变、自我报告结局分析,以及藏区学校保健社工医疗健康素养等;第三部分为健康干预篇,共4章,主要介绍偏远震后地区儿少身体、心理健康的影响因素筛选以及健康维护策略与干预方法,总结探索非政府组织在震后地区中小学校开展医学援助及援建的成功经验,构建针对震后地区中小学师生的健康素养提升课程体系。

本书所涉及的研究课题先后得到了国家自然科学基金面上项目(No.71774166)、国家自然科学基金青年项目(No.71804186,No.71303249)的持续资助。再次感谢台州青公益服务协会对课题研究的大力支持,感谢青海省玉树州囊谦县教育局在现场调研、数据收集方面给予的大力支持,感谢海军军医大学、海军军医大学卫生勤务学系、台州恩泽医疗集团给予的支持与帮助,感谢所有志愿者们的爱心奉献!

刘 旭

2021年10月于上海

目 录

序
前言

第一部分 理论背景篇

第一章 绪论 ··· 3
  第一节 研究来源 ·· 3
  第二节 研究思路与技术路线 ··· 4
  第三节 研究方法与量表介绍 ··· 6

第二章 玉树地震灾后健康系统的恢复与重建 ·································· 9
  第一节 玉树地震应急医学救援介绍 ······································ 9
  第二节 玉树地震灾后医疗及教育系统重建概述 ·························· 14
  第三节 玉树地震儿童和青少年伤情与救治要点分析 ····················· 21

第三章 国内外灾后儿童和青少年身心健康研究现况 ······················· 25
  第一节 灾后儿童和青少年心理问题概况 ································ 25
  第二节 国内外儿童和青少年PTSD研究 ································· 26
  第三节 国内外儿童和青少年PTG研究 ·································· 30

第四章 国内几次特大地震对儿童和青少年身心健康的影响 ················· 35
  第一节 汶川震后儿童和青少年身心健康研究综述 ······················· 35
  第二节 玉树震后儿童和青少年身心健康研究综述 ······················· 39
  第三节 雅安芦山震后儿童和青少年身心健康研究综述 ··················· 40
  第四节 鲁甸震后儿童和青少年身心健康研究综述 ······················· 42

第五章 关注震后儿童身心健康,非政府组织在行动 ························ 44
  第一节 国内社会组织参与灾害救援的发展与现状 ······················· 44
  第二节 国际灾害应对领域与人道主义 ·································· 46
  第三节 社会组织在灾后儿童身心健康保护方面的经验与实践 ············ 47

第二部分 实证调研篇

第六章 玉树地震灾区儿童和青少年基本健康状况分析 ············ 53
第一节 健康体检基本情况介绍 ············ 53
第二节 人口学特征与变化趋势 ············ 55
第三节 体检数据与体能现况分析 ············ 56

第七章 玉树地震灾区儿童和青少年生命质量分析（SF-12量表） ············ 64
第一节 量表介绍 ············ 64
第二节 数据分析 ············ 65
第三节 讨论 ············ 69

第八章 玉树地震灾区儿童和青少年主观生命质量分析（儿少主观量表ISLQ） ············ 71
第一节 量表（问卷）介绍 ············ 71
第二节 数据分析 ············ 73
第三节 讨论 ············ 76

第九章 玉树地震灾区儿童和青少年心理状况改变分析（CIOQ-S量表） ············ 78
第一节 量表介绍 ············ 78
第二节 数据分析 ············ 79
第三节 讨论 ············ 82

第十章 玉树地震灾区儿童和青少年自我报告结局分析（PROMIS量表） ············ 86
第一节 量表介绍 ············ 86
第二节 数据分析 ············ 87
第三节 讨论 ············ 93

第十一章 玉树地震灾区儿童和青少年饮食卫生习惯分析 ············ 96
第一节 问卷介绍 ············ 96
第二节 数据分析 ············ 96
第三节 讨论 ············ 103

第十二章 玉树地震灾区学校保健社工医疗健康素养调查 ············ 107
第一节 问卷介绍 ············ 107
第二节 数据分析 ············ 108
第三节 讨论 ············ 110

第三部分 健康干预篇

第十三章 边远震后地区儿童与青少年身体健康监测与维护 ············ 115
第一节 儿童和青少年身体健康概况及主要问题 ············ 115

第二节　儿童和青少年身体健康的关键影响因素 ………………………………… 116
　　第三节　儿童和青少年身体健康维护策略与干预方法 ………………………… 118

第十四章　边远震后地区儿童与青少年心理健康监测与干预 ………………… 124
　　第一节　儿童和青少年心理健康评估 ………………………………………………… 124
　　第二节　影响灾后儿童和青少年心理健康的关键因素 ………………………… 126
　　第三节　心理健康促进策略与干预方法 ……………………………………………… 130

第十五章　社会组织开展边远震后地区中小学医学援助的实践探索 ……… 135
　　第一节　社会组织参与医疗援助的特点与现状 …………………………………… 135
　　第二节　路径探索——以"古咕丁"医疗知识普及计划为例 …………………… 136
　　第三节　对"古咕丁计划"的 SWOT 分析及未来发展趋势思考 ……………… 139

第十六章　玉树震后地区中小学师生健康素养课程体系构建 ………………… 144
　　第一节　学校卫生工作人员课程建设 ………………………………………………… 144
　　第二节　学校教师健康素养课程建设 ………………………………………………… 150
　　第三节　儿童青少年健康教育课程建设 ……………………………………………… 151

附录1　健康体检表 …………………………………………………………………………… 153
附录2　健康调查12条简表(SF-12) ……………………………………………………… 154
附录3　儿童和青少年主观量表(ISLQ) ………………………………………………… 156
附录4　重大灾后观念改变量表简短版(CIOQ-S) …………………………………… 158
附录5　儿童自我报告(C-C-Ped-PROMIS)问卷 ……………………………………… 159
附录6　DSM-5关于创伤后应激障碍的诊断标准 …………………………………… 161

参考文献 ……………………………………………………………………………………………… 163

致谢 …………………………………………………………………………………………………… 174

第一部分

理论背景篇

第一章

绪 论

第一节 研究来源

一、特大地震应急医学救援实证研究基础

关于地震应急医学救援的研究始于2008年,由本书课题组所在团队——海军军医大学(原第二军医大学)"卫勤循证决策研究"团队,在大量的现场调查与实证研究基础上,聚焦应急医学救援系统复杂性机理,获得了地震伤亡的"两期"分布特征、多元化协同机制、属地化两级应急指挥模式、支援力量配置效率以及"送""治""防"一体化的复杂系统结构及演化规律,据此与国际各类灾难救援实践与研究进行系统比较分析,对提高特大灾难应急医学救援系统整体绩效提出政策建议。研究成果所形成的论文 Emergency medical rescue efforts after a major earthquake: lessons from the 2008 Wenchuan earthquake(《汶川地震应急医学救援行动》)发表在知名医学期刊 The Lancet 上。杂志主编在编者按中评价道:"向全世界分享了中国应对特大地震的应急医疗救援的研究成果,为全球特大灾难的应急医学救援提供了理论参考。"2010年玉树地震后,课题组参加了卫生部指令性项目"玉树地震应急医学救援第三方评估",持续跟踪研究玉树地震应急医学救援行动,搜集57所医院全部地震伤病员完整病历资料与相关救援力量调查问卷,获得地震应急医学救援实证研究数据,发表系列文章10余篇,出版专著1部(入选"十二五"国家重点图书出版规划项目)。

二、面向大规模伤亡事件的人群健康韧性研究

大规模伤亡事件(mass casualty incident,MCI)指事故造成大量伤病员同时出现,其规模和严重程度超出了当地医疗资源的日常负荷,需要调用应急预案或外来支援的各种灾难性事件。近年来,面向MCI的风险控制、应急救援、灾后重建等工作中愈加重视承灾载体的韧性。且韧性已经被国际灾害风险学界视为评价区域防灾减灾能力状况的重要标准。

MCI具有不确定性高、随机性强与破坏性大的特点。以地震为例,地震发生后,大量人员伤亡、医疗资源紧缺引发连锁反应,人群健康总值急剧下降。采取有效应急和救援措施后,伤亡损失得到控制,再经过一段时间的重建,人群健康水平开始逐渐恢复、达到并超过之前的健康总值(图1-1)。但是,如图1-1中虚线所示,MCI发生后的人群健康总值却并未达到没有发

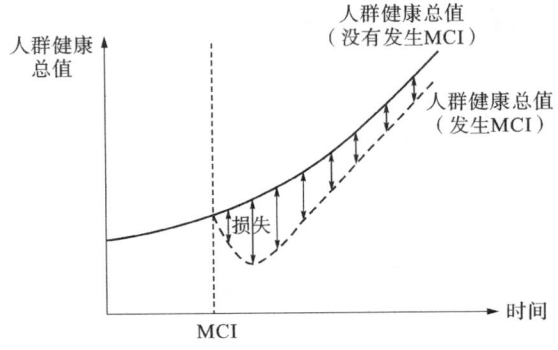

图 1-1 大规模伤亡事件对人群健康的影响

生 MCI 的水平。我们把 MCI 造成的健康总损失视为人群健康水平下降造成的累计损失。

韧性概念的提出,为如何降低这一累计损失提供了新的视角和理论体系。联合国减灾战略中对"韧性"的定义为:暴露于危害中的系统、社区或社会具备的抵抗、吸收、适应并从危害中及时有效恢复的方式,包括保留和恢复其结构与功能。地震造成的人群健康总值下降无法避免,但灾后人群健康水平如何发展有多种可能。人群健康韧性中的鲁棒性(描述控制系统抗干扰能力的一类指标)和迅速性对于缓解地震带来的破坏具有关键意义。增强韧性的目的就是让灾后的人群健康曲线尽快向灾前靠拢,甚至与灾前重合乃至超过灾前曲线,最终使得在经受地震干扰后,人群健康快速达到一个更高的平衡状态。

三、基于学校的灾后儿童和青少年健康监测与重建计划

社会组织,国外称"非政府组织",又名"民间组织"或"社会团体",是与政府、企业相独立,存在于社会中的第三种组织类型,具有民间性(非政府性)、组织性(正规性)、非营利性、自主性、自治性、志愿性、公益性等特点。2008 年被称为"中国民间公益元年",据不完全统计,2008 年有 491 万名社会组织志愿者参与了汶川救灾志愿服务。之后十年,各地逐步探索建立了政府购买社会工作服务机制,在《中华人民共和国慈善法》等政策法规的规范下,社会组织开始登记注册,中国民间公益在曲折中走上专业化、组织化、协同化的道路。社会团体的援助实践,不仅为灾区的孩子们扩展了社会支持系统,从而帮助他们恢复,还给乡村的孩子们带去了丰富多元的体验和资源,他们和他们的家人有可能受到长期的影响,由此"恢复得更好"(build back better)。

灾后的儿童和青少年(以下简称"儿少")受到了越来越高的社会关注。学校作为儿少成长的"家园",学校教职员工的健康素养、校园卫生环境、健康教育、初级保健条件等对儿少的健康维护具有重要意义。因此,课题组与"古咕丁"项目合作,开展了基于学校的灾后青少年健康监测与重建计划。仅 2015—2018 年,项目合作在玉树囊谦震区 34 个学校 123 名健康教育老师中推广基础医学课程,推广卫生习惯 48 852 人次,帮助符合条件的 4 个学校配置标准化保健室;建立了实体培训基地和工作站,原创了玉树地区第一本藏汉双语卫生教材和 12 套教学章程。

第二节 研究思路与技术路线

一、研究思路

本研究基于课题组成员的特大地震应急医学救援实证研究基础,①结合面向大规模伤

亡事件的人群健康韧性研究,从理论背景方面总结综述国内外重大灾害灾后儿少身心健康研究进展、玉树地震灾区儿少健康重建及维护情况,以及非政府组织(non-governmental organization,NGO)在灾后儿少身心健康维护中的作用;②从实证研究的角度,连续4年进行玉树震区青少年身心健康监测,测量并分析玉树地震灾区儿少基本健康状况、饮食卫生状况、健康相关生命质量、心理状态改变、自我报告结局分析,以及藏区学校保健社工医疗健康素养等;③与"古咕丁"校园医学知识普及计划合作,从健康干预的角度,进行偏远震后地区儿少身体、心理健康的影响因素筛选,探讨健康维护策略与干预方法,总结探索NGO在震后地区中小学校开展医学援助及援建的成功经验,构建针对震后地区中小学师生的健康素养提升课程体系。

二、技术路线

本研究技术路线参见图1-2。

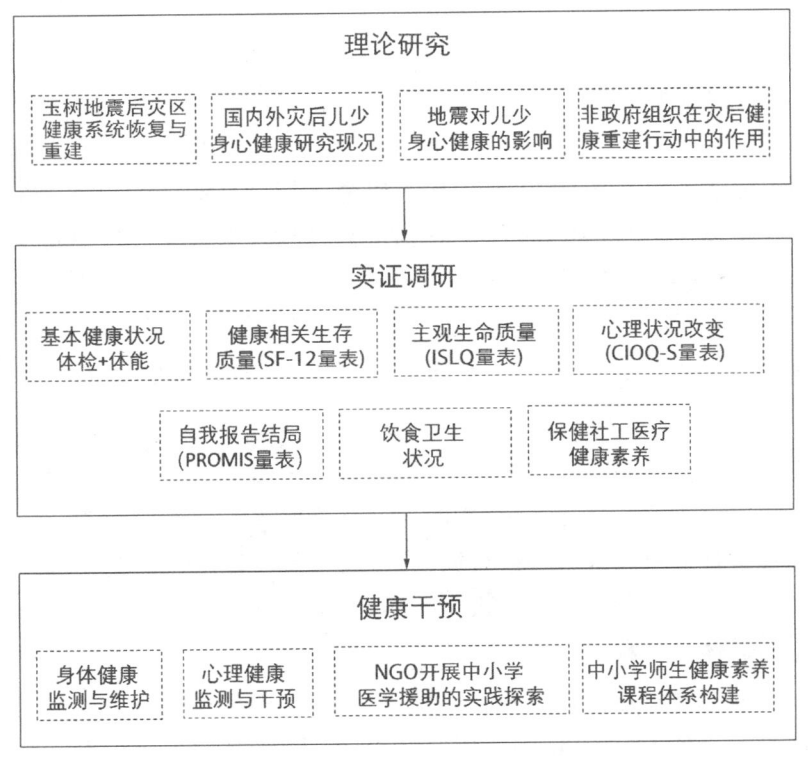

图1-2 玉树震区儿少身心健康监测与重建研究技术路线

第三节　研究方法与量表介绍

一、研究方法

（一）现场调研法

调研方法是为了达到预定的研究目的，深入客观对象中了解情况，获取关于该对象的信息与事实，并收集其他有关的文献资料，综合地分析研究，从而全面把握该客观对象。有关地震灾区儿少身心健康的信息、情报与认知，仅靠观察或试验得到是很困难的，调研方法则是掌握其现状的主要途径，是未来对该地区儿少健康展开监测与干预的基础。针对课题需要，我们针对2010年玉树地震进行了实地调研，了解偏远震后地区儿少的基本健康情况、生理健康情况、心理健康情况、饮食卫生状况等数据资料，收集各类当地灾后儿少身心健康报道、总结材料等。

（二）文献系统综述法

系统综述是一种新型文献回顾的方法，指通过制定系统的检索策略以及严格的纳入排除标准，综合现有的研究文献，对某一具体研究问题进行全面深入的综合分析。本书中多次运用文献系统综述的方法，综合描述现有的研究进展及成果，为后续定量分析打下基础。本书搜集了大量大规模伤亡事件人群健康韧性理论、重大灾害灾后儿少身心健康监测、灾后青少年健康重建及维护现况等国内外书籍、学术期刊、学术论文、研究报告等文献资料，在分析、比较、整理与综合的基础上，提出本书的研究角度和研究内容，为课题组后续的现况分析和实证分析提供了必要的理论基础，在研究方法上也具有启示和借鉴作用。

（三）统计分析法

统计分析法包括描述性统计分析、Wilcoxon秩和检验、卡方检验、Fisher精确概率计算法等。描述性统计分析就是对一组数据的各种特征进行分析，以便于描述测量样本的各种特征及其所代表的总体特征。Wilcoxon秩和检验用于资料配对设计计量差值的比较和单一样本与总体中位数的比较，是一种非参数检验方法。[①] 卡方检验用以检验多个率（或构成比）之间差异是否具有显著性，当然也适用于两组比较。卡方检验的用途包括推断多个总体率之间有无差别、推断几组总体构成比之间有无差别、两个变量之间有无关联性以及频数分布的拟合优度检验。Fisher精确概率法是双总体的比率假设检验的重要方法之一。本书运用描述性统计分析对玉树州儿少基本健康情况进行实证研究，运用Wilcoxon秩和检验、卡方检验、Fisher精确概率计算法等进行调查问卷数据分析。

[①] 非参数检验是指在总体不服从正态分布且分布情况不明时，用来检验数据资料是否来自同一个总体假设的一类检验方法，由于这些方法一般不涉及总体参数，故得名。

二、主要量表

(一) SF-12

健康调查12条简表(the MOS 12-item short from health survey, SF-12), 是健康调查36条调查表(SF-36)的简化版。该量表是一种自我报告的结果衡量标准, 评估健康对个人日常生活的影响, 内容包括从测量身体疼痛、总体健康、精力和社会功能的量表中抽取的问题; 此外, SF-12量表还包含两个综合评分, 即生理成分概况评分(physiological component summary, PCS)和心理成分概况评分(mental component summary, MCS), 分别用于评价被调查者的生理健康情况(角色-身体)和心理健康情况(角色-情绪), PCS和MCS得分越高, 表明被研究者健康状况越好。

(二) ISLQ

儿少主观生活质量问卷(inventory of subjective life quality, ISLQ)由中南大学湘雅医学院的程灶火、高北陵等人按照多维层阶理论模式所编制, 其理论为三水平八维度模式, 共计52个条目。8维度分别为躯体情感(5个条目)、焦虑体验(8个条目)、抑郁体验(7个条目)、家庭生活(7个条目)、同伴交往(6个条目)、学校生活(8个条目)、生活环境(5个条目)、自我认识(6个条目)。8维度组成两个成分: 情感成分和认知成分, 情感成分由抑郁体验、焦虑体验和躯体情感3个维度组成, 认知成分由家庭生活、同伴交往、学校生活、生活环境和自我认识5个维度组成。两个成分得分最后合成总分, 以评价总体的满意水平。

(三) CIOQ-S

中文版观念改变量表-简短版(short form of changes in outlook questionnaire, CIOQ-S)是用于测量压力、创伤等负性事件后个体心理方面正负性变化的工具。一共包括10个条目, 其中5个条目聚焦研究对象的积极心理改变(CIOP-S, 比如: "我现在更加珍惜生命"), 剩余5个条目聚焦研究对象的消极心理改变(CION-S, 比如: "我不再期待未来了"), 每个条目通过李克特(Likert)六点量表来评估(从"1"的非常不符合到"6"的非常符合), 其中"1"计5分, "2"计10分, 以此类推, "6"计30分。分值越高意味着相应的积极或消极心理改变越强烈。

(四) PROMIS

2004年美国国立卫生研究院(National institute of health, NIH)牵头制定了患者报告结局测量信息系统(patient-reported outcomes measurement information system, PROMIS), 将其作为患者报告结局评估的国际标准工具。儿童患者报告结局测量信息系统(pediatric PROMIS)则是PROMIS中针对儿童症状和生活质量等的自我评估系统, 是儿童的症状、生活质量和功能测评工具系统。儿童PROMIS通过问卷收集儿童症状自我报告的信息和主观感受, 包括生理、心理及社会健康三大模块。该系统包括疲乏简表、疼痛的影响简表、生理功能-移动性简表、生理功能-上肢活动度简表、焦虑简表、抑郁症状简表、愤怒简表、同伴关系简表8大简表, 均为单维度简表。每个条目均采用Likert5级评分法, 评估儿童过去 7 天内的主要症状(睡眠、饮食及体力)和生活质量。

(五) 基本信息采集表(自编)

除制式量表外,本书实证研究的问卷部分还涉及以下 5 部分内容。①社会和人口统计信息:年龄、年级、性别、民族和宗教信仰等。②家庭状况:家庭所在地(包括城市、农村、牧区和其他)、是否与父母同住、是否独生子女、父母的学历以及家庭收入等。③学校生活:同宿舍人数、每月回家频率、回家路程、同学关系、学习压力、每天花在作业上的时间以及每天的睡眠时长等。④基本地震暴露因素:是否经历 2010 年玉树地震,房屋是否因地震受损,是否因地震受伤,家人是否因地震受伤以及是否因地震失去家人或好友等。⑤饮用水与手卫生情况:饮水习惯、洗手频率及方式、在特定情况下的洗手习惯以及淋浴频率等。

第二章

玉树地震灾后健康系统的恢复与重建

第一节　玉树地震应急医学救援介绍

一、应急医学救援概述

近几十年来,国内外自然灾害、事故灾难、公共卫生和社会安全事件频发,人们的生命财产安全遭到了严重的威胁,应急医学应时而生。目前,大多数医疗卫生机构都在逐步健全急诊科,一些综合性医院也设立了应急办公室和疾病预防控制中心。除了医疗机构,一些政府单位也成立了突发事件办公室等,这无不说明应急工作的重要性,也为应急医学的发展奠定了一定的社会基础。

(一) 概念

应急医学救援(emergency medical support)是指突发事件发生后,以最快速度开展的高效的紧急救治、疾病防控和卫生保障工作,目的是最大程度地减少突发事件造成的生命和健康危害,降低死亡率和残疾率,维护人们的身心健康。

(二) 特点

1. 准备时间短

突发事件发生后,往往会在短时间内产生大量伤员,应急医学救援队伍在救援任务不可预测的情况下,要以最短的时间做好人员和物资装备的准备,这就要求救援人员不仅要有精湛的医疗技术,还要懂得一定的灾害医学相关知识。"时间就是生命",快速反应是应急医学救援的首要任务,有数据表明,72小时是地震等地质灾害发生后的黄金救援期,且受伤灾民的存活率随时间的消逝呈递减趋势。能否在有限的时间里做好充分的救援准备是评价一支应急医学救援队伍合格与否的重要标准之一。

2. 救援力量多元化

联合救援和综合救援是突发事件救援的主要形式。从近几次国内外突发事件救援经验来看,每次救援都会有数十支甚至数百支队伍参与,这些救援力量来自不同的地域,隶属于不同的机构,到达灾区的时间不同,专业特长不同,且彼此之间互不了解。为使救援行动有序开展,政府通常会成立临时指挥机构,使各支队伍既有分工又有合作,既保证能及时救治受灾群众,又能充分保障救援队伍和救援人员的物资支持,同时协调军地有关部门,使各级救援队伍和卫生机构能顺利合理开展救治工作。

3. 工作条件艰苦

突发事件发生后,灾区的生态环境往往会遭到严重的破坏,救援人员到达现场后可能面临断水、断电等情况,加上救援急需药品、器材无法及时送到灾区,很大程度上影响了救援的质量和速度。另外,灾区的防疫问题突出,人畜尸体、污水、粪便、垃圾等得不到及时处理,极易发生传染病。此外,灾区的环境也很易使救援人员产生心理问题,曾有研究表明地震过后,大量的人员伤亡使救援人员和受灾群众在不同程度上出现失眠、焦虑、烦躁、易怒等心理问题。

4. 伤情复杂

突发事件中的伤员伤情一般较为复杂。以地震为例,骨折、软组织挫裂伤、开放性伤、闭合性伤、挤压综合征、烧烫伤、复合伤等都是常见的伤类,且以多发伤为主。其次,地震中重伤员多,颅脑外伤、脏器伤、骨折等伤员的死亡率可高达25%。另外,在地震中,由于伤口长期暴露在恶劣环境下,极易感染,其中尤其以破伤风梭菌和产气荚膜梭菌对伤口的威胁最大。这就要求医学救援人员要掌握多学科的知识,能迅速准确地判断复杂伤情并进行急救处理。

5. 伤员人数多

突发事件发生突然,大量伤员往往会同一时间出现,救援压力十分巨大,且在第一批次伤员出现后,极有可能会出现第二批、第三批甚至更多批次伤员,影响范围广、伤员人数多、持续时间久。因此,医学救援人员不仅要救治伤员,避免其伤情恶化,更要想办法减少突发事件带来的危害,降低伤员的数量。

(三) 国内概况

1. 应急医学救援管理体系

早在20世纪70年代,西欧一些发达国家就着手组建了具有现代急救和灾害医学概念的应急医学救援体系。相比国外,中国该体系的建设则起步较晚,在2003年以前,中国对于应急医学救援管理的研究主要集中在自然灾害方面,包括单项灾害、区域综合灾害以及灾害理论、减灾对策、灾害保险等,对于应急管理一般规律的综合性研究并不多。SARS疫情结束后,中国政府意识到应急工作的重要性,加快了应急医学救援管理体系的建设。2003年5月,《突发公共卫生事件应急条例》正式实施;2004年,卫生部成立卫生应急办公室,推动了应急医学救援的快速发展;2012年,卫生部、解放军总参谋部作战部、总后勤部卫生部在北京举行军队与卫生部卫生应急协调机制签字仪式。目前,中国突发公共卫生事件应急管理体系已基本建立,各省级卫生部门、多数疾控中心和市、县卫生部门都成立了应急办公室,形成了由国家、省级、市级、县级、社区、乡镇卫生力量共同组成的应急医学救援管理体系。该管理体系包括突发事件应急医学救援指挥协调机制、医学救援信息指挥系统、院前医学救援力量、院内应急医疗救治力量和突发事件公共卫生应急处置力量等。

2. 应急医学救援预案体系

中国公共卫生事件应急预案在"一案三制"的建设下逐步完善。2003年5月,国务院通过《突发公共卫生事件应急条例》；2006年1月，国务院发布《国家突发公共事件总体应急预案》，同年2月，《国家突发公共卫生事件应急预案》颁布，该预案指导和规范了各类突发公共卫生事件的应急处理工作；2007年8月，第十届全国人大常务委员会第二十九次会议通过了《中华人民共和国突发事件应对法》。中国的突发公共卫生事件应急预案体系建设具有鲜明的中国特色，适应中国基本国情。近年来，中国成功应对禽流感、地震灾区传染病、新冠肺炎等，无不突显应急预案体系建设的重要性以及中国在应急预案体系建设上取得的显著成效。

3. 应急医学救援队伍建设

2000年，时任国务院副总理的温家宝同志提出，防震减灾工作要建立三大体系：一是监测预报工作体系，二是震灾防御体系，三是紧急救援体系。建立第三个体系的重要举措之一就是建立专业化的队伍，即组建国内第一支，也是唯一一支专业化的国家救援队伍。

2001年4月，国家地震灾害紧急救援队应运而生，温家宝指出，该队伍要"军民结合、军地结合、平战结合、一队多用"。自救援队成立以来，在国内外先后实施了共7次地震救援行动。

汶川地震后，国家进一步认识到应急医学救援队伍建设的重要性，开展了卫生应急需求情况调查，结果显示，中国应急医学救援队伍的建设水平和数量远不能满足需要。为此，2010年卫生部出台了《国家卫生应急队伍管理办法（试行）》，由国务院卫生行政部门负责国家卫生应急队伍的规划、建设和管理，委托国务院卫生行政部门属（管）医疗卫生机构和省级卫生行政部门具体承担国家卫生应急队伍组建和日常管理工作，形成了从中央到地方的应急医学救援队伍。

2011年，卫生部规划建设了首批11支国家卫生应急队伍，用以应对自然灾害、事故灾难、公共卫生事件和社会安全事件，其中紧急医学救援类6支、突发急性传染病防控类3支、突发中毒事件应急处置类1支和核辐射突发事件卫生应急类1支。

2012年，卫生部启动了第二批应急救援队伍建设，包括2支紧急医学救援队伍、8支突发急性传染病防控队伍和1支突发中毒事件组织队伍。

2016年，原国家卫生计生委制定了《突发事件紧急医学救援"十三五"规划（2016—2020年）》（以下简称《规划》），提出需加强现场紧急医学救援、推进陆海空立体医疗转运与救治、完善医学救援区域网络、夯实医学救援基础实力。《规划》要求新建10支国家紧急医学救援队伍，实现队伍装备车载化、功能集成化，能够有效开展现场紧急医学救援。同时要求建设11个国家紧急医学救援移动处置中心，实现装备模块化、功能集成化，重点强化现场专业处置能力、远程航空投送能力和极端条件下的自我保障能力。

至此，中国逐步形成了分区域、分类别应对突发公共卫生事件的救援模式。

二、玉树地震震情介绍

玉树市位于青海省的西南部，地处青藏高原东部，位于玉树藏族自治州最东部，境内平均海拔4 493.4米，地形以山地高原为主。气候多变，环境严酷，属典型的高寒性气候，是一个以牧为主,农牧结合的半农半牧城市。2010年4月14日早晨7时49分,青海省玉树藏族自治州玉树市发生了里氏7.1级地震,震源深度14千米,这是继2008年汶川地震后的又一次特大自然灾害,造成共2 698人死亡和12 135人受伤,涉及人口约10万人。

玉树地震震区主要有以下几个特点：①自然条件严酷。灾区位于青藏高原北端三江源地区,平均海拔4 000米以上,高寒缺氧,昼夜温差大。②生态环境脆弱。灾区大多数区域属于极为脆弱的高寒草甸生态系统,植被生长期短,水土易流失,对外部影响的抗逆性弱,受到破坏极难恢复。③交通设施落后。灾区地域广阔,公路路网密度低、路况差、保通难度大,运距长、成本高。④施工条件较差。城镇地形狭窄,施工作业面小,设计、施工、管理等专业人才严重匮乏,大规模施工组织协调难度大,后勤保障能力弱。每年有效施工时间只有5个月。⑤经济基础薄弱。灾区以草地畜牧业为主,产业结构单一,地方政府财力十分有限,农牧民收入水平低、贫困面广、自我恢复能力差。⑥少数民族聚居。灾区人口中少数民族比重达到97%以上,其中藏族比重达到93%,玉树藏族自治州区域拥有丰富的民族文化遗存,地域特色鲜明。

三、玉树地震应急医学救援力量

(一) 救援力量抽组类别

玉树地震医学救援力量抽组主要包括医疗救援力量和防疫防护力量两类,其中,医疗救援力量包括各类医疗队(专家组)、野战方舱医院、高原病防治队；防疫防护力量包括卫生防疫队、疾病预防控制机构和心理救援力量(专家组)。据统计,此次救灾中,青海省派往灾区27支医疗队,共846人；卫生部组织27支省外医疗队,共2 033人；军队和武警部队共派出15支医疗队、2个野战方舱医院、3个专家组、2支防疫队、3支心理救援队,共2 025人。

(二) 救援力量来源介绍

1. 本土救援力量

在震后72小时内,地震灾区医学救援主要依靠本土救援力量,其中当地驻军和武警是本土救援力量的主力。在地震发生后的第一时间,玉树州公安局召集了30多名特警赶往附近学校救援,短时间内从废墟中救出了5名师生。当地武警部队在震后10分钟内组织了700多名官兵展开救援行动,7小时内武警青海总队玉树州支队抢救了被埋群众113人,救助伤员1 000余人。青海省消防总队玉树支队同样火速开展救援行动,震后12小时内成功救出被埋群众180名,扑灭火灾13起。玉树驻地军队力量也在第一时间投入400余人展开救援。

2. 外部支援力量

玉树地震外部支援力量主要指国家、外省、军队和武警系统的救援力量。青海玉树地震发生后,军队迅速启动抗震救灾后勤保障机制,成立专门的指挥协调组,并迅速组织驻西宁的总后勤部青藏兵站部,抽调189人协助地方装运救灾物资,派出12台运输车保障300名武警官兵赶赴玉树,并抽组1支野战医疗队,携带部分救灾物资,于14日晚出发奔赴灾区。在震后24小时内,军队紧急抽组了5支医疗队、2个野战方舱医院和1个由18人组成的医疗防疫专家组。地震当天,卫生部抽组了5支外省医疗救援队,共164人,同时组织了18支专家组和60支医疗救援队待命。震后48小时内,军队紧急抽派的11支医疗队和2个专家组700余人,通过空运投送、摩托化机动等方式到达灾区一线。此外,军地联合抽组了6支高原病防治医疗队,为早期高原病的防治提供了良好的技术保障。在救援后期,随着救灾工作重心转移到卫生防疫,卫生部抽组了防疫专家前往灾区指导卫生防疫工作,同时组建了7支专业队伍来完成灾区鼠疫的防治工作。

(三) 救援力量人员结构分析

本课题组于2010年12月对参与玉树地震紧急医学救援的来自44个卫生单位的654名卫生专业技术人员进行调查,结构分析主要围绕省内外应急医学救援队伍卫生人员的5项基本要素,即性别、年龄、学科专业、学历、职称进行分析。

1. 性别

在总体卫生专业技术人员中,男性占70.8%,女性占29.2%,男女比例为1∶0.4,其中省内男女比例为1∶0.57,省外男女比例为1∶0.31。在医疗人员中,男性占86.51%;护理人员中,女性占98.51%。

2. 年龄

省内外卫生专业技术人员年龄分布基本趋同,省内医疗人员年龄分布集中在36~45岁,护理人员年龄集中在23~32岁;省外医疗人员年龄分布主要集中在32~42岁,护理人员年龄集中在21~30岁。在抽调救援人员的时候通常需按照"两不两优先"原则[①],其中一条为年龄不超过45岁,从此次调查来看,玉树地震应急医学救援人员年龄结构相对合理。

3. 学科专业

在总体上,外科专业卫生技术人员最多,包括了普通外科、脑外科、心胸外科、泌尿外科、骨科、腔镜外科、神经外科、肝胆外科等专业,其次分别为护理专业和内科专业。在省外卫生专业技术人员中,医护比为1∶0.4,辅助诊疗人员占2.1%,药剂人员占1.1%;在省内卫生专业技术人员中,医护比为1∶0.6,辅助诊疗人员占2.1%,药剂人员占1.8%。可以看出在玉树地震中,卫生技术人员的专业抽组基本做到了"重点加强,普及需要",医护比较为合适,但缺少心理方面专业的卫生技术人员。

4. 学历

本次调查的卫生专业技术人员中,研究生及以上学历者占6.4%,本科学历者占53.6%。省内外医疗人员中,本科学历者占大多数,分别占同类专业技术人员的62.4%和57.9%;省内外护理人员中,大专学历者占大多数,分别占同类专业技术人员的71.4%和65.3%。另外,辅诊人员和药剂人员均以本科学历为主,分别占57.1%和50.0%。从结果来看,参与玉树地震救援的卫生技术人员学历结构较为平衡,但为提高应急医学救援服务效率和质量,

---

① 即年龄不超过45岁,身体不能有慢性疾病,优先抽组参加过卫勤演习和救援任务的人员,优先抽组灾区急需的专科人员。

深化救援队伍的建设,应进一步提高卫生专业技术人员学历的总体水平。

5. 职称

省内外医疗人员均以中级职称为主,分别占同类专业技术人员的35.1%和40.2%;省内外护理人员则以初级职称为主,分别占同类专业技术人员的45.5%和68.3%。

(四) 救援质量效益

为提高救援质量效益,军地应急医学救援队伍将医疗力量和搜救力量联合编组,使伤员的搜寻和救治同步进行,极大地提升了重症伤员的生存率。野战医疗所、野战医院的开设使伤病员的救治更加集中,有效降低了伤死率和伤残率。同时,军地双方积极组织伤病员的后送,在震后3天内就完成了1 434例重症伤病员的空运后送,使伤病员能在最短的时间里得到早期治疗和专科治疗。

另外,为降低高原病对救援人员和受灾群众的危害,军队医疗救援队建立了高原反应日报告制度,指导救援人员科学执行救援行动,同时还组建了3支高原病防治医疗队,依托方舱医院开设了高原病防治中心,集中收治高原病患者。在严密的防治措施下,救灾部队官兵高原病的发生率由25%降至了2%。

在卫生防疫方面,针对灾区自然疫源特点和环境脆弱、居民生活习惯等实际情况,军地双方周密制定群防群控、联防联控方案,严密组织疫情监测,科学开展环境消杀灭、健康教育等卫生防病工作,确保了大灾之后无大疫。

第二节 玉树地震灾后医疗及教育系统重建概述

一、玉树地震灾后医疗系统重建概述

灾后医疗系统重建是灾后重建的重要内容之一,它包括基础诊疗能力的恢复、卫生防疫与心理援助工作的进行、医疗建筑的修缮重建、医护人员的补充与培训等部分。汶川地震之前,人们对于自然灾害关注更多的是现场医疗救治救援,对灾后医疗系统的恢复重建重视不够,研究较少。汶川地震后,人们意识到灾后医疗系统的重建关系到灾民的幸福安康和灾区的可持续发展,并有学者开始了对灾后医疗服务体系重建模式的相关研究。

(一) 国外灾后医疗系统重建经验

环太平洋地震带和地中海-喜马拉雅火山地震带是全球地震多发区域,梳理这两个区域地震多发国家灾后医疗系统重建的做法,发现其主要经验有:①提高医疗建筑的抗震性。例如,日本连续三次修改了《建筑基准法》,其中医院、学校等建筑的抗震标准是最高的。②心理救助工作标准化。美国已建立重大灾害及危机心理卫生服务系统,该系统由政府和非政府组织共同组成,能对地震灾民进行全面的心理干预,使心理救助工作更加标准。③充分利用国际援助。2004年东南亚海啸发生后,马来西亚、印度尼西亚等国家的灾后重

建资金有一半以上是来自国际援助。④对灾区实行优惠政策。2011年"东日本大地震"发生后,日本政府放宽了对灾区医院人员配置和设施设备建设的限制,确保了灾区医疗服务能及时恢复。

(二)汶川地震灾后医疗系统重建经验

汶川地震是中华人民共和国自成立以来破坏性最强、波及范围最广、灾害损失最重、救灾难度最大的一次地震。汶川地震的灾后医疗系统重建有许多值得借鉴和学习的地方:①充分利用省外对口支援。为了加快重建速度,政府制定了《汶川地震灾后恢复重建对口支援方案》,方案中统一部署了对口支援任务,创新提出了"一省帮一重灾县,举全国之力,加快恢复重建"。在国家、各省份和军队医疗的强力支持和帮助下,灾区的医疗卫生体系得以在短时间内恢复正常运转。②以灾后重建为契机,大力推进医疗卫生体制改革。汶川震后,政府把灾后医疗系统重建作为卫生体制改革的突破口和切入点,将二者有机结合,一并推进,加强了县-乡镇-村三级卫生服务网络的城市社区服务体系建设,使灾区群众能长久享受医疗重建带来的红利。③建设高标准的医疗卫生用房。汶川在灾后医疗重建过程中,科学规划医疗用房建设,从设计到施工再到验收都以最高标准要求,政府同时加强监管,落实责任,杜绝了豆腐渣工程。④加强人力资源的补充与培训。中央对灾区卫生人员采取倾斜政策,选派250多名医疗人员支援灾区乡镇医疗机构,培训农村卫生人员900余人。其他各省共派出9 000多名医疗人员支援灾区,培训了卫生人员十余万人。此外,灾区也先后选送1 000余名医疗骨干前往外省学习。

(三)玉树地震灾后医疗系统重建的原则

1. 统筹兼顾,协调发展

在制定灾后医疗重建规划中,要注意与玉树经济社会发展水平相适应,以州、县、乡、村四级医疗机构恢复为主要内容,以房屋设施建设、医疗设备、卫生人才建设为重点,加强医疗人员培训。此外,应对玉树医疗卫生机构重建的服务需求、服务档次、服务流程、服务规模、抗震等级、建筑标准进行前瞻预测,为灾区医疗系统重建所需的服务场所、配套设施、环境优化、服务效益、队伍建设等留出发展空间。

2. 自力更生,多方支持

灾区各级政府应加强组织领导,在外部支援力量到达之前,尽快梳理医疗卫生机构和医疗人员,以最短的时间恢复州、县、乡、村四级医疗卫生服务体系,同时积极协调当地财政、监察、审计、住房与城乡建设、规划、环保、供电、水厂等部门,确保灾区有机构、有阵地、有人员、有设备、有服务。此外,要充分发挥国家各级政府和社会各界援助的积极性,形成多方合力,共同推进灾后医疗系统重建。

3. 保护生态,体现特色

医疗系统重建过程中,要充分考虑玉树生态环境的脆弱性和生态系统的重要性,按照构筑青藏高原生态安全屏障的要求,与三江源自然保护区生态保护建设统筹推进。为灾区群众选择合适的安置点,修建临时厕所,及时处理垃圾和腐烂尸体,做好饮水和环境消毒,做好灭虫灭鼠工作。在选用消毒剂时,要充分考虑负面影响,将其对生态环境的危害降到最低。

(四)玉树地震灾后医疗系统重建的主要措施

1. 公共医疗卫生

全面恢复州、县、乡、村四级基本医疗、公共卫生服务体系,恢复重建州县两级医疗和疾病预防控制、妇幼保健、卫生监督、食品药品检验机构,以及乡镇卫生院、村卫生室。加强鼠疫、碘缺乏病、包虫病、大骨节病、高原性心脏病、肺病等传染病和地方病防治能力建设,提高医疗卫生应急处置能力。统筹民营医疗机构恢复重建。加强中医和藏医医疗服务体系建设,积极扶持藏医药发展。恢复重建综合医院6个、民族医院5个、乡镇卫生院26个(含乡镇计生站)、妇幼保健机构6个、疾病预防控制机构6个、卫生监督机构6个、药品检验机构5个、其他医疗卫生机构10个和社区医疗卫生服务机构11个。其中,维修加固和重建石渠县县级医疗机构5个、乡镇卫生院7个。

2. 医疗卫生服务

建设临时医疗卫生服务设施,配置高压氧舱、制氧站、急救设备和移动实验室等必要设备。合理安排医疗救治、卫生防疫和卫生监督人员。抓好重点地区、重要环节的防疫工作,保障恢复重建阶段医疗卫生服务需求。

在医疗队伍建设方面,与相关政策相衔接,加强专业技术人员、藏医药人才和乡村医生的培养培训。合理补充卫生专业技术人员,充实医疗卫生机构专业人才队伍。按照医护人员编制的合理比例,建设周转住房。

在计划生育方面,恢复重建计划生育服务机构,加强基层计划生育、妇幼保健与其他医疗卫生服务资源的有效整合。乡镇计划生育服务用房与乡镇卫生院统一建设,健全功能、优化管理,村计生室和卫生室在村级公共服务设施中统筹建设。适当配置计划生育流动服务车,增强服务能力。恢复重建州级计划生育服务机构1个、县级计划生育服务机构4个,维修加固石渠县计划生育服务机构1个。

在高原病防治方面,充分发挥高原病防治专家组的作用,拟定高原病医疗保障技术方案,加强对援建人员高原防护知识的宣传普及和高原医学专业知识的培训。严格执行救援人员进入高原前的健康检查,并定期体检,对出现早期高原病症状者予以及时治疗,严重者及时送至平原地区。此外,制订了合理的高原用氧方案,配合使用高原病防护药物,极大降低了高原病发病率。

(五)玉树地震灾后医疗系统重建存在的不足

1. 震后居民集中安置区域内医疗点的建设速度滞后

有调查显示,居民集中安置区域内具备医疗条件的医疗点数量占比从震后8小时的9%增加到了震后72小时的56%。震后72小时内是救援的黄金时期,是救治伤员的高峰期和关键期,如果能加快医疗点的建设,则能更好地提高救治效率,更有利于灾后医疗的重建。不过由于玉树特殊环境的制约,短期内实现大量医疗点的建设还存在很大困难,政府相关部门已经在最短时间里做出了最大努力,其效果是值得肯定的。

2. 灾后环境卫生问题突出

调查结果显示,仅有38%的人对震后自身所处的环境状况感到满意,不满意率达到了21%。编者结合有关文献推测,在震后初期,由于房屋倒塌、人员伤亡、次生灾害等原因,当地环境遭到了严重的破坏,人们的饮用水源受到了生活垃圾、工业垃圾、腐烂尸体等不同程度的污染,部分玉树灾民只能直接引用地表水。另外,在临时安置点,大量人员聚集,产生的生活垃圾、医疗垃圾严重影响环境,且对灾区进行消毒时用到的消毒剂、杀虫剂含有持久性有机污染物,容易污染土壤和水质,影响人体健康。所以政府和各救援队伍应该从食品安全、水源安全、垃圾处理、粪便处理、尸体处理、灭鼠灭菌、环境消毒、疾病控制、安置点选取等多方面严格抓起,改善灾区环境,确保灾后医疗重建工作有序进行。

3. 灾后康复医疗机构不能满足伤残人员需求

在玉树地震中,有大量伤残人员需要长久的康复治疗,但直到灾后4个月,首个伤残人员康复中心才在玉树市结古镇投入使用,且每天只能为约40名伤残人员提供康复训练,这对于灾区群众的健康恢复是不利的。有学者提出,灾后康复医疗机构的兴建是一项长期而艰巨的任务,可以采取对口援建、国际支援等措施,特别是一些康复项目的配套支援,例如,教育康复(残疾儿童特殊教育)、职业康复(青壮年的伤残人士职业培训)等,以此来促进康复医疗机构建设。另外,卫生、民政、残联等部门应统筹安排、分工协作,使社会医疗保险覆盖康复治疗,让群众用得上、用得起。

二、玉树地震灾后教育系统重建概述

"在玉树,最美丽的建筑是学校,最美的风景,是洋溢在学子脸上的笑容,最美的人,则是那些长年累月坚守在极地江源最基层的教师。"震后十年,玉树的教育事业在政府的大力投入和支持下有了极大的提高,当地学生从10年前的"有学上"变成了如今的"上好学"。教育重建是灾后重建的主要内容之一,是灾后重建的重要标志,玉树在震后教育系统重建上取得了显著的成绩,"教育不发展,玉树的未来就没有希望"成了玉树人民的共识。

(一)国外灾后教育系统重建经验

1. 美国

2005年8月,卡特里娜飓风横扫美国墨西哥湾沿岸各州,对沿岸学校造成了巨大破坏,作为沿海的重要城市,路易斯安那州的新奥尔良市受到了空前的破坏,该市80%的区域被洪水淹没,经济损失近万亿美元。而到了2009年,新奥尔良已成为美国最重要和独特的教育试验场之一,教育水平远超灾前。新奥尔良市教育系统的重建经验主要有三个方面:一是政府和民间组织共同努力解决了重建的资金问题,二是民间组织为灾区教师培训提供了很大的支持,三是灾后"特许学校"的兴建取得了巨大成功。与公立学校相比,"特许学校"在学校的经营方面享有较大自主权,避免了烦琐的行政束缚,可以相对独立地进行教育改革。"特许学校"的校长由多方组织的董事会选举,拥有独立的人事权力和财政权力,有权决定学校的课程教学、人才培养模式以及教师配置。而根据与政府签订的协议,如果"特许学校"没有达到事先设定的目标,将自动停办。

2. 日本

日本是一个地震频发的国家,不断发生的地震灾害使日本积累了丰富的教育重建经验,1966年起,日本就建立了完善的地震保险制度,各种保险在灾后学校重建中发挥了重要作用,只要参加了地震保险,就能获得保险公司的赔付金。地震保险制度的建立和实施,大大地减轻了学校在重建过程中的经济负担,其资金也成了学校重建的重要来源之一,日本政府救助与民间资金相结合,推动了教育重建的有效开展。另外,日本对教育重建进行了系统规划,形成了长效机制。

3. 印度尼西亚

2004年9月,印度洋发生里氏9级地震,引发巨大海啸,导致了印度尼西亚(简称印尼)、斯里兰卡近17万人丧生,50万人无家可归,海啸摧毁了印尼2135所学校,近万名师生在海啸中失去了生命。海啸后,印尼政府十分重视教育的重建工作,对包括学校重建、学生的发展,以及通过教育重建而得到发展进行了全面规划。印尼的教育重建主要体现在两个方面:一是印尼作为发展中国家接受了很多国际社会的援助,如联合国部分机构、国际非政府组织与国际救援组织等,获得资金达70亿美元;二是印尼自身的教师发展体系也发挥了很大作用,印尼的"教育之星发展中心"在灾后得到恢复,在资金、人力和物力上获得了大力支持,引入了新的发展理念,与美国著名大学建立了合作关系,在灾后的师资培训方面扮演了重要角色。

(二) 汶川地震灾后教育系统重建经验

汶川特大地震给灾区的教育系统带来了毁灭性的破坏,引发了严重的校舍倒塌、学生伤亡、师资力量受损、恢复重建困难等一系列问题。而在灾区的学校系统中,绝大多数是中小学校,其基础教育的受灾情况是最为严重的。在党中央、国务院的高度重视和坚强领导下,在各有关部门的大力支持下,四川、甘肃、陕西三省各级党委、政府认真落实党中央、国务院的决策部署,切实把学校灾后恢复重建工作摆在重要位置,严格落实责任,多方筹措资金,狠抓建设进度与工程质量,积极采取各项措施,有序、有力、有效地推进了灾后学校恢复重建工作,并取得了丰硕成果。汶川地震灾后教育系统重建经验主要体现在以下几个方面:①教育部编制了《汶川地震灾后重建学校规划建筑设计导则》〔教发(2008)26号〕,为学校恢复重建工作明确了指导思想、总体目标和建设任务;②修订有关标准,为灾后重建提供依据,如将所有幼儿园、小学、中学的教学用房以及学生宿舍和食堂的抗震设防标准由丙类提高到乙类;③加强灾区教师培训工作,2008年暑期,教育部实施了"援助地震灾区中小学教师培训计划",包括地震灾区中小学骨干教师暑期国家级培训计划、地震灾区中小学教师心理康复教育国家级培训计划和省际对口援助培训计划;④实施教育系统对口支援工作,按照"一省帮一重灾县"的部署,把学校灾后恢复重建摆在对口支援重要位置,山东、广东、浙江、江苏、北京、上海、河北、辽宁、河南、福建、山西、湖南、吉林、安徽、江西、湖北、重庆、黑龙江、天津19个省(市)对口支援四川省18个县(市)以及甘肃省和陕西省受灾严重地区。

(三)玉树地震灾后教育系统重建的原则

1. 以人为本

以人为本是我们一切工作的出发点和落脚点,抗灾救灾和灾后重建更是如此。教育重建的不仅仅是校舍、设施和设备,更是教育精神、心灵家园、校园文化等的重建,要根据学校师生震后生理、心理、行为特点和规律,通过开展多种形式的教育和辅导,最大限度减轻心理创伤,防治心理创伤后遗症,帮助灾区师生铸造积极向上、自强不息、坚忍不拔的伟大精神。另外,教育重建应从实际出发,优先解决师生迫切的需要,比如办公学习场所、教学设施设备、教学课本、教学经费等。

2. 科学重建

灾后教育系统重建要统筹兼顾,综合考虑当地教育资源供需方的数量,科学制订重建规划,把恢复教育重建与建设社区文化、办好农村教育、推进义务教育等结合起来,统筹教育硬件建设和教育软件建设,抓住灾后重建的契机,在教育观念、教育制度、教学方式、学校建筑上实现全方位的发展,为灾区长远发展奠定基础。另外,灾区教育的科学重建还应处理好四对关系,即硬件重建和软件重建的关系,应急状态和长远发展的关系,公共资源和社会资本的关系,学生和教师差异对待的关系。

3. 内外公平

教育的公平包括起点公平、过程公平和结果公平,习主席指出:"教育公平是社会公平的重要基础,要不断促进教育发展成果更多更公平惠及全体人民,以教育公平促进社会公平正义。"灾后教育重建的公平性包含了内部公平和外部公平。内部公平指的是要确保灾区人人都享有平等的受教育权利和义务,提供平等的受教育机会和条件,加大对特殊群体的扶持力度,缩小群体差距,并使灾区的每个学生在接受同等水平的教育后都能达到最基本的标准。外部公平指的是要提升中西部教育发展水平,缩小区域差距,通过合理配置教育资源,尤其是财政投入为主的公共教育资源,推进灾区困难地区办学条件尽快达到国家基本标准。

4. 质量第一

无论是教育硬件重建还是教育软件重建,都要始终把质量放在首位。在硬件重建上要尤其关注校舍的安全质量,不仅要严格执行国家的抗震标准,增强学校建筑抗震能力,还要监察相关项目管理,实行项目法人责任制、招标投标制度、工程监理制等,严把建筑材料、建筑设施等重要关口。教育软件重建的质量关则体现在师资水平、师生心理健康等方面,特别是教师队伍的建设,应从教师职业道德精神和工作能力入手,建设一支师德高尚、综合素质良好、适应灾区当前及未来教育形势的教师队伍。

(四)玉树地震灾后教育系统重建的主要措施

1. 科学制订重建规划

为使灾后教育系统的重建既能解决当下困难,也有利于长远发展,当地政府将学前教育、特殊教育、义务教育、高中阶段教育统筹纳入重建总体规划中。其具体措施有新建20多所幼儿园,普及"双语"教学,使藏族孩子在学前教育阶段开始学习汉语,提高汉语的普及程度;高质量恢复重建中小学校,合理调整中小学校布局,原则上初中建在县城、小学建在乡镇,并根据区域学生人数合理分配教育资源;恢复重建普通高中和中等职业学校,按照基本普及高中阶段教育的需要,大力发展中等职业教育。根据灾后教育系统重建规划,恢复重建各级各类学校 73 所,其中高中 3 所、中等职业学校 2 所、初中 7 所、小学 33 所、特殊教育学校 1 所、幼儿园 26 所、青年活动中心 1 所,总面积达 68.97 万平方米。

2. 加紧补充师资力量

在师资保障方面,当地教育部门采取倾斜措施为灾区学校补充新教师,根据当地学校教师缺口和实际需求,研究制订了灾区学校复学复课师资保障工作方案,共有 525 名教师通过"特岗计划"走上了灾区学校的讲台。为提高灾区教师综合素质,教育部组织实施了面向地震灾区教师的国家级培训项目,内容包括震后常见身心反应、沟通与助人技巧、团体辅导的技巧、哀伤辅导的基本知识和方法、灾后情绪管理、学校危机管理、教师自我保健及学校卫生防疫等。另外,当地政府按照教师编制比例,建设了一批周转房,使灾区教师能够安心乐教。

3. 合力实现异地复课

在异地复课方面,为确保灾区学校教学秩序和教学工作的正常进行,当地政府第一时间研究出台了《青海省玉树地震灾区学生省外就读转移工作实施方案》,三个月内共有 5 074 名学生转移安置到辽宁、山西、山东、四川、河北、天津、宁夏 7 个省(区、市)的学校就读,另外还有向省内转移安置的学生 3 000 多名和教师 200 多名,其规模之大前所未有。

4. 全面完善心理救援

在心理救援服务方面,当地政府在灾后迅速组建了一支由 78 人组成的心理救援队伍,先后分三批前往灾区对学生进行心理辅导。积极组织发放心理救援宣传资料,包括《自我解压》宣传册 12 000 册,图书有教育部捐赠的《玉树——我们与你们在一起》20 000 册、东北大学出版社捐赠的《中小学教师心理健康教育》《中小学心理健康教育》2 000 册,还有青海省第三人民医院捐赠的《心理自救互救》宣传手册 5 000 册、中央广播电视大学(今国家开放大学)心理援助光盘 1 000 套及青海广播电视大学(今青海开放大学)《与爱同行——心理援助讲座》光盘 70 套。此外当地政府部门还制定了《青海省教育厅关于加强教育系统玉树地震灾后心理救援服务工作的通知》,对教育系统建立灾后心理救援工作体系、完善师生心理问题预警救援工作程序和心理救援机构准入机制等做出了具体安排。

(五)玉树地震灾后教育系统重建存在的不足

1. 心理创伤救治存在不足

有学者在玉树地震半年后对灾区学生进行了创伤后应激障碍和抑郁症状的评估,结果发现创伤后应激障碍的筛查阳性率为 12.5%,抑郁阳性率达 61.7%,可见地震给灾区学生带来的心理创伤是相对严重并且持久的。尽管在震后当地政府、学校关注到了学生心理问题且采取了相应措施,但由于中国的心理干预治疗体系不健全,心理专业人士缺失,加上个体因素、宗教因素差异的存在,心理创伤仍是影响灾后教育重建质量的不利因素。

2. 公共教育财政保障机制不完善

政府为灾后教育重建进行了专项拨款,社会各界也捐助了大量款项,但社会各界也对资金能否有效使用表达了担心。一方面,这是因为教育经费,尤其是基础教育经费被挪用、滞留等违规违法行为时有发生;另一方面,教育发展资金投入总量不足是多年来制约西部教育的突出问题。公共资金使用缺乏效率机制和透明约束,不仅会影响教育重建任务,还可能会影响地方治理能力和社会主义民主政治的建设。

第三节 玉树地震儿童和青少年伤情与救治要点分析

因儿少认知能力有限且自我防护能力较差,在自然灾害中,儿少是最易受到伤害的群体,汶川地震中儿少伤员占全部伤员的20%左右,玉树地震中儿少伤员占全部伤员的10%左右。

一、玉树地震儿少伤情特点分析

(一) 创伤类型

玉树地震中儿少的创伤种类较多,主要包括四肢骨折、颅内及额面部损伤、胸腹部损伤、脊柱损伤、骨盆损伤、挤压综合征等,其中以四肢骨折和软组织损伤为主。

1. 四肢骨折

在玉树地震中,骨折的发生率超过了50%,其中四肢骨折占了很大一部分比例。儿少骨骼较成人更为细小,含水量多,更富有弹性且易变形,因此,儿少骨折与成人骨折有一定的区别。首先,地震中儿少骨折发生部位上肢多于下肢;其次,由于关节部位是骨骼的生长端,比较脆弱,一般近关节部位儿少骨折发生率高,其中肘关节最常见;最后,儿童骨折常合并骨骺损伤,会出现骨骼长歪、变短、变斜等骨骼发育畸形,致残率高。所以,地震中儿少骨折的早发现早治疗极为关键。

2. 颅内及额面部损伤

玉树地震中,颅内及额面部损伤发生率也是较高的,额面部外伤多以软组织挫伤和骨折为主,颅内损伤虽比颅脑外伤少,但其致死率是地震中最高的,早期死亡率可达30%。因此,应及时对疑似有颅脑创伤的儿少伤员进行CT等相关检查,及早发现,避免错过最佳的抢救时间。

3. 胸腹部损伤

玉树地震中,大部分儿少伤员发生的胸腹部损伤都是单纯的胸腹壁软组织损伤,极少出现内脏破裂损伤,这可能与儿少内脏组织相对柔软、皮下脂肪多有关。但是胸腹部创伤造成的内脏破裂损伤仍是儿少在地震中死亡的主要原因。

4. 挤压综合征

挤压综合征是指人体四肢或躯干等肌肉丰富的部位遭受重物长时间的挤压,在挤压解除后身体出现一系列的病理生理改变。临床上主要表现为以肢体肿胀、肌红蛋白尿、高血钾为特点的急性肾功能衰竭。如不及时处理,后果常较为严重,甚至会导致患者死亡。玉树地震中,儿少挤压综合征的发生率较低,这是因为地震发生时大部分学生在学校上课,即使因房屋倒塌被困,救援人员也能较快确定被困学生位置并及时进行救援。

(二) 年龄分布

玉树地震中,学龄期儿童(6~12岁)是地震儿童伤情中主要受伤人群,占50%左右,这是由于地震发生时间为上午7时49分,正是学龄期儿童离开监护人,到达学校准备开始上课的时候,人员相对集中。另外,该阶段儿童自我保护能力相对较差,心理承受能力较脆弱,对疼痛的敏感性强,易恐慌焦虑,更容易在地震中受到伤害。

(三) 合并症

由于玉树儿童长期生活在高原地区,适应当地的气候环境,所以玉树地震受伤儿童中合并高原性脑水肿、肺水肿及高原反应的较少。但存在一部分受伤儿童合并上呼吸道感染,经分析可能与地震发生时吸入大量粉尘、低氧、低抵抗力等有关。

二、玉树地震儿少救治原则

(一) 现场救治原则

救援队伍实施救援以及群众自救互救的过程中,都应遵循以下救治原则:①先救命后治伤。②先救重伤员后救轻伤员。③先稳定生命体征再转运后送。④快速检伤分类。⑤开展儿少早期心理支持工作,体现人文关怀。

(二) 转运原则

对于生命体征基本平稳且急需进一步治疗的儿少患者,应快速安全地转运后送,对于有传染性疾病或不宜搬动的儿少伤者应暂缓转运后送。具体原则有:①根据现场环境、伤员伤势等评估是否具备转运后送条件。②转运过程中注意保护伤员颈椎、脊柱和骨盆。③昏迷伤员应采取侧卧或头侧位转运。④转运途中应严密观察伤员生命体征。

(三) 后方医院救治原则

伤者生命体征稳定后,医院应根据儿少伤情展开进一步的治疗,遵循的原则有:①精准分类,迅速处置伤情。②科学抽组,提高救治质量。③早期康复介入,加强功能恢复。④早期心理干预,提高社会适应能力。⑤互相尊重,营造和谐救治环境。

三、玉树地震儿少伤病员的救治要点

(一) 不同伤情的现场救治要点

1. 休克的现场救治

儿少出现创伤性休克时的心率和呼吸频率相较成人更快,血压也通常更低,当儿少伤员出现意识模糊、脉搏减弱、肢端发冷等现象时需要考虑休克的存在。一旦儿少伤员出现休克,应快速清除口腔异物,保持呼吸道畅通,采取平卧位等合适体位,同时注意保暖,必要时应快速建立静脉通道,利于液体的补充,若静脉通路建立困难,可进行骨髓腔输液。伤员心跳呼吸骤停,应立即进行心肺复苏,等病情得到控制后,尽快通过诊断性穿刺等检验手段查明伤情。

2. 骨折的现场救治

玉树地震中,儿少创伤性骨折,尤其是上肢骨折发生率较高,骨折外固定是最为常用的外科治疗,救援人员在实施外固定的过程中需密切观察伤儿的情况,特别是看肢体远端皮肤有无发红,温度是否正常。对于颈椎骨折的伤员应该用绷带固定身体,转运时用木板或硬质担架。

3. 颅脑外伤的现场救治

儿少颅脑损伤对其生命的威胁极大,临床症状通常比成人重,癫痫发生率高。在现场救治过程中,若救援人员发现伤儿存在意识障碍,应首先保证呼吸畅通,必要时可进行环甲膜穿刺。在条件允许的情况下,应降低患儿颅内压,进行亚低温治疗,预防儿少颅脑创伤后的癫痫发作和继发性脑损伤。

4. 胸腹部创伤的现场救治

玉树地震中儿少胸腹部创伤大多是被倒塌建筑等重物砸伤所致的钝性损伤,多发性肋骨骨折、血胸和气胸的发生率较高。救援人员应以呼吸道管理和胸腔闭式引流作为主要救治方式,若伤儿是开放性气胸,救援人员应立即覆盖创口使其转为闭合性气胸;若伤儿发生血胸导致失血性休克,救援人员应快速补充血容量;若伤儿发生实质性脏器损伤,救援人员应快速建立静脉通道,稳定循环。

5. 挤压综合征的现场救治

玉树地震中儿少挤压综合征主要以四肢挤压伤为主,救援人员在救治长时间被重物压迫的伤儿时,应充分考虑挤压综合征发生的可能性,尽快解除重物的压迫,使伤肢制动,减少坏死组织分解产物的吸收,同时冷敷降温伤处,尽快补液。另外,要避免抬高伤肢影响血液循环。

(二) 转运要点

1. 转运方式

转运后送方式的选择首先要考虑儿少伤者的伤情特点和危重程度,同时结合灾区天气、后送距离等情况综合判断。转运的方式主要有陆路转运、空中转运和水路转运,在玉树地震救援中,由于军队飞机的参与,空中转运发挥了非常重要的作用。

2. 转运团队人员配备

转运儿少伤者时,应至少有一名具有丰富儿科工作经验的医生全程跟随,但考虑到地震灾区受灾人员多、儿科医护数量有限等实际情况,可以考虑抽调其他科室或专业的医护人员,使其在儿科医生的指导下能尽快掌握儿少急救要点,以弥补儿少救护力量的不足。

3. 转运设备和药品

无论采用何种转运方式,都要确保运输工具上的急救设备和药品配备齐全,其中急救设备包括搬运装备、肢体固定设备、供养呼吸设备、诊断设备、循环设备、抢救设备等。急救药品箱中要配备常用的抢救药品,如肾上腺素、多巴胺、阿托品、利多卡因、地西泮等。

4. 转运处理

转运处理分为转运前预处理和转运途中处理。转运前预处理包括静脉补液通道的留置、体位的调整、骨折的固定等。还应在每名转运伤儿胸前佩戴卡片,卡片上除记录姓名、年龄等基本信息外,还应有伤情的简介、前期的处理、能否进食等情况,使任何一个救治机构的医护人员能第一时间了解病情。转运途中的处理需根据伤儿的伤情特点,比如对于颅脑损伤伤儿,要保持其呼吸道畅通;对于脊柱损伤的伤儿,要观察其神经反射、肌力、感觉功能等;对于开放性骨折伤儿,要注意伤口渗出、面色及体温的变化;对于四肢骨折伤儿,要观察患肢末梢循环。在转运途中,要多与伤儿交谈,进行必要的心理辅导,稳定伤儿情绪。

(三) 现场心理急救要点

1. 给予物质支持帮助儿少重获安全感

采取具体措施保护幸存儿少免受再次伤害或再次暴露于创伤刺激,促使其获得安全体验,例如安全避难所的居住安置,生活物资的提供,受伤儿少的现场医疗救治及后送转运安排等。营造和谐的救治环境,让儿少感到被理解、被尊重、被支持。

2. 给予适度心理支持

灾后儿少多处在震惊、麻木状态,或有一定程度的人格解体,对这样的儿少宜给予直接、简洁、肯定的语言或是运用握手、拥抱等肢体接触等非语言性方式给予心理慰藉,鼓励他们将震惊、恐惧、悲伤等情绪顺其自然地表达和宣泄出来,但应避免不适宜的多次创伤体验。

3. 针对心理反应进行初步检伤分类

现场救援人员虽不是专业的心理医生,但可通过对儿少情绪及行为表达初步判断其心理创伤状况,对于较严重者及时由专业心理医生进行治疗干预,对于轻微者可在进行身体救援的同时给予心理支持,既为后续专业心理救援队员工作的开展和实施做好铺垫,也争取到了心理援助的黄金时间。

第三章

国内外灾后儿童和青少年身心健康研究现况

第一节 灾后儿童和青少年心理问题概况

一、灾后儿少心理问题发生率高

1. 早期(震后1月内)心理问题

地震不仅会给受灾人群带来身体创伤,还可能造成巨大的心理创伤,特别是人生阅历、生活体验相对较少、心理防御机制尚不成熟的儿少在经历和目睹了房屋坍塌、肢体伤残、生离死别后会产生极其强烈的应激反应。部分儿少在地震发生后数分钟或数小时即可能出现认知、情绪、行为等反应,如麻木、哭泣,甚至有可能出现精神症状。若急性应激反应持续时间超过3天,则怀疑为急性应激障碍(acute stress disorders,ASD),它指在遭受到急剧、严重的精神创伤性事件后数分钟或数小时内产生的一过性精神障碍,一般在数天或一周内缓解,最长不超过1个月。调查显示,汶川地震后1月内,8.03%的儿童青少年符合ASD的诊断标准;芦山地震后2周,儿少的ASD检出率为28.6%。检出率的差异可能是因为2次调查是在震后不同时间开展的。

2. 后期(地震1月后)心理问题

部分儿少的心理反应过于强烈或持续时间过长,就可能导致长期的心理痛苦和精神障碍。调查显示,震后6个月和18个月,各种精神障碍[创伤后应激障碍(post-traumatic stress disorder,PTSD)、抑郁、惊恐障碍、广泛性焦虑障碍、社交恐惧、分离性焦虑症、注意缺陷与多动障碍、品行障碍]的检出率分别为62.9%和56.1%。另一项针对震后半年青少年的调查显示,分别有15.8%、40.5%和24.5%的被调查者报告了PTSD、焦虑和抑郁症状。

目前文献中报道最多的灾后儿少的心理问题为PTSD和抑郁。其中,PTSD是儿少遭遇创伤后常见的心理问题之一,在灾后该群体中有较高的罹患率。抑郁问题发生率也很高,汶川地震后1年采用儿童抑郁障碍自评问卷对当地中学生心理状态的调查结果显示,青少年抑郁得分为22.53±8.98(临界分数为15),可见抑郁水平较高,根据临界分15计算,灾后中学生抑郁的发生率为77.3%。

二、灾后儿少多种心理问题共存

灾后儿少的心理问题存在共病现象,如部分儿童会同时诊断为PTSD和抑郁,且二者具有相互预测作用。在汶川震后 4 个月、2 年半和 4 年半对中国科学院北川希望小学近 200 名学生的追踪调查显示,震后 4 个月的 PTSD 得分对震后 2 年半的抑郁得分具有显著预测作用,震后 2 年半的抑郁得分对震后 4 年半的 PTSD 得分具有显著预测作用。虽然随时间变化,二者的因果关系是变化的,但 PTSD 症状稳定性相对高,早期的 PTSD 对后期的抑郁均有显著的预测作用。另一项在舟曲泥石流后的 3 个月、15 个月和 27 个月对当地儿童的跟踪调查显示,创伤早期儿童 PTSD 和抑郁之间存在微弱的相互预测作用,创伤后期仅抑郁对 PTSD 显著预测;PTSD 的不同维度与抑郁的关系也存在差异,表现为 3 个月、15 个月和 27 个月时间点的抑郁对 PTSD 的 3 个维度均具有持续的预测作用;闯入维度在灾后 3 个月和 15 个月对抑郁有预测作用,高警觉维度在 3 个时间点持续对抑郁有预测作用。

三、灾后儿少心理问题的检出率处于波动中

随着时间的推移,灾后儿少心理问题的检出率也发生了变化。对四川省广元市青川县灾后学生心理卫生状况的调查显示,PTSD 发生率从 2012 年的 23.1% 降到 2014 年的 10.4%,抑郁症状发生率从 92.3% 降到 72.0%,焦虑症状发生率从 50.2% 降到 27.1%。

可见,心理问题的整体趋势是检出率越来越低,但也并不完全遵守这样的规律,部分研究显示心理问题的检出率也会随时间推移而有所回升。针对中国科学院北川希望小学 196 名学生的追踪调查显示,汶川震后 4 个月、2 年半和 4 年半 PTSD 的检出率分别为 5.3%、3.5%、3.6%。另一项追踪研究显示汶川地震后 6 个月、1 年、1 年半和 2 年的青少年的 PTSD 发生率分别为 21.0%、23.3%、13.5% 和 14.7%。

四、灾后儿少检出积极心理变化

随着 20 世纪 90 年代后积极心理学的兴起,研究者开始关注创伤等负性事件可能引发的积极作用。调查显示,面对地震及其继发事件带来的创伤,儿少会体验到痛苦,但是也有一部分能积极应对,并创造积极的心理成长和变化。如北京师范大学伍新春团队等对汶川地震 8 年半后的青少年的调查发现,46.13% 的受访者出现了明显的创伤后成长(post-traumatic growth, PTG)。一项针对地震后极重灾区学生的深度访谈分析显示,灾后青少年的 PTG 表现为个人力量增强、人际关系改善、对未来展望、更注重品德和责任感强烈五个方面。

第二节 国内外儿童和青少年 PTSD 研究

一、概述

1. 儿少 PTSD

近年来,随着突发灾难性事件增多,PTSD 成为社会关注的重点。PTSD 是指因为受到超常的威胁性、灾难性的创伤事件,而导致延迟出现和长期持续的心身障碍。最初,PTSD

是用来描述各类创伤性战争经历后的种种结果,称为"战争疲劳"。后来发现,在个体经历威胁生命事件之后,都可能出现 PTSD。其引发原因可以是自然灾害、事故、刑事暴力、虐待、战争等。这种经历既可以是直接经历,也可以是目睹发生在他人身上的创伤事件、获悉关系密切的家庭成员或关系密切的朋友暴露于创伤事件,以及反复经历或极端暴露于创伤事件中的恶性细节中(如急救人员收集尸体残骸、警察反复接触虐待儿童的细节)。

在经历创伤性事件时,个体常陷于巨大恐惧与无望的体验中。成年人对于这种体验尚且无法承受,更何况是身心尚未发育完善的儿少。儿少由于缺乏生活经验、心理成熟度不高,抗压能力也相对较弱,更容易受到创伤事件的影响,继而发展成 PTSD。研究显示,与成人相比,遭遇同样经历所造成的儿少 PTSD 检出率要高于成人;经历各类型创伤事件后,总体上约有 15.9% 的儿童会出现 PTSD。

儿少 PTSD 不仅发生率高,而且其创伤后反应和 PTSD 的发展模式、症状表现与成年人也存在差异。多数以成人为样本的 PTSD 网络研究发现,反复出现的创伤想法和注意力难以集中是 DSM-4 标准中的高中心性症状,而持续的消极情绪状态和与他人分离是 DSM-5 标准中的高中心性症状,中科院心理所梁一鸣等借助网络分析方法对经历汶川地震的 197 名儿童灾后 4 个月、29 个月、40 个月和 52 个月的 PTSD 数据分析显示,PTSD 的症状中,闪回的中心性一直较高,而其他高中心性的症状随时间的推移发生了变化;侵入性想法和创伤线索引发生理性反应的中心性随时间推移呈上升趋势,线索引发情感反应和未来无望的中心性随时间推移呈下降趋势。

儿少 PTSD 会增加其社会功能受损、患焦虑症、患抑郁症、药物滥用和自杀行为的可能,其影响可延续至成年乃至终生。调查显示,超过半数的儿少 PTSD 症状会一直伴随着他们进入成年,终生受童年期 PTSD 困扰者也不在少数。在童年期经历情绪困扰的个体在未来生活中可能会有更高的功能受损和精神疾病发病风险。罹患 PTSD 的青少年中 66.7% 会产生药物依赖,45.5% 会有酒精(乙醇)依赖。可见,经历创伤事件后,儿少的身心发展受到严峻挑战。

2. 地震所致儿少 PTSD

地震等自然灾害的发生,具有突发性、不可预见性、速度快等特点,且属于高强度应激源,它将人类赖以生存的环境顷刻改变,个体机体的内外平衡也会在瞬间被打破。儿少在经历和目睹了房屋坍塌、肢体伤残、生离死别后会产生极其强烈的心理反应。

数据显示,相对于一般性创伤,地震灾后儿少的 PTSD 的检出率更高。一项对中国 2000—2013 年地震后儿童及青少年 PTSD 发生情况的文献的 Meta 分析显示,儿少地震后 PTSD 合并患病率为 30.20%。亚组分析结果显示,女性儿少 PTSD 合并患病率(37.37%)高于男性(30.54%);中学生组 PTSD 患病率(33.07%)高于中小学生混合组(22.00%);在地震发生后半年内、1 年内和 1 年以上调查儿少 PTSD 合并患病率分别为 42.49%、22.66% 和 22.83%;异地复学儿少 PTSD 患病率(47.62%)高于对照组(25.68%);地震极重灾区和重灾区儿少 PTSD 患病率分别为 30.94% 和 26.44%。可见,中国儿少地震 PTSD 患病率比较高,来自灾情严重地区、调查时间距地震发生时间短、女生、高年级学生以及异地复学/安置的学生更易发生 PTSD。

地震中,儿少受到的心理伤害和受压后产生的应激反应在短期内难以恢复,在心灵上可能会留下深刻的烙印。对唐山地震所致孤儿在震后 30 年的跟踪调查显示,灾后孤儿幸存者 30 年后仍有较高 PTSD 现患率(12%);回归分析显示,地震时处于青少年阶段是震后 30 年 PTSD 发生的预测因素之一。

所以,非常有必要关注震后受灾儿少的心理健康状况,特别是儿少 PTSD 的发生情况,以便及时予以干预。

二、国内青少年灾后 PTSD 的现状

1. 汶川地震(2008.05)后儿少 PTSD

2008 年 5 月 12 日 14 时 28 分 04 秒四川省阿坝藏族羌族自治州汶川县境内发生里氏 8.0 级地震,是中华人民共和国自成立以来破坏力最大的地震,也是唐山大地震后伤亡最严重的一次地震。汶川地震后,灾区儿童及青少年的心理健康受到广泛关注,多批心理专业人士深入地震灾区开展心理调研和服务。有关汶川地震后儿童青少年 PTSD 检出率因评估工具、评估时间等报道不一,在 1.3%~78.3%。如报道显示,汶川地震后 10 个月 28.4% 的中学生患有 PTSD,地震后 1 年中小学生 PTSD 的发生率为 9.6%,地震后 4 年中学生 PTSD 症状阳性率为 16.26%,地震后 10 年中职生 PTSD 的检出率为 21.16%。

2. 玉树地震(2010.04)后儿少 PTSD

2010 年 4 月 14 日,青海省玉树藏族自治州玉树市发生 6 次地震。针对玉树灾区某小学 4~6 年级小学生的调查显示,震后半年 PTSD 的筛查阳性率为 12.5%,其中,闯入症状表现最明显(67.3%),抑郁症状阳性率达 61.7%,主要表现为积极情绪缺乏。另一项针对玉树地震灾后外迁至都江堰复学的藏族中学生的心理健康状况的调研结果显示,学生被诊断为 PTSD 高风险的比例为 75.2%。

3. 雅安地震(2013.04)后儿少 PTSD

2013 年 4 月 20 日 8 时 02 分四川省雅安市芦山县发生里氏 7.0 级地震。对芦山地震后 1 623 名学生的跟踪调查显示,地震后 2 周、3 个月和 6 个月的创伤后应激症状(post-traumatic stress symptoms, PTS)的发展轨迹可以分为 4 个类别,分别为心理恢复(46.8%)、正常应激(31.1%)、持续存在轻微症状(17.6%)和持续受损(4.5%)。46.8% 属于心理恢复组,创伤事件发生数周时 PTS 稍高于正常水平,之后呈现降低的趋势;31.1% 属正常应激组,在创伤事件发生的数周内存在轻微症状,PTS 随着时间的推移逐渐降低;4.5% 属于持续受损组,其 PTS 一直处于高水平,并且随着时间的推移,PTS 的水平呈增长趋势。还有一组个体持续存在轻微 PTS(17.6%),其可能原因为地震发生后此地区又发生了一系列的次级灾害(如余震、山体滑坡等),这些持续性的创伤事件出现的时间间隔小于心理弹性恢复的时间,致使这部分个体一直处于应激状态。

芦山地震后 2 年调查发现,青少年中疑似 PTSD 占 21.4%,其中,女性占 26.2%、男性占 19.2%。震后 3 年青少年的 PTSD 检出率为 13.3%。

4. 鲁甸地震(2014.08)后儿少 PTSD

2014年8月3日16时30分,在云南省昭通市鲁甸县发生里氏6.5级地震。程锦等采用儿童创伤后行为量表评估鲁甸地震灾区学龄前儿童PTSD症状,结果发现震后1~2个月得分在9分及以上的学龄前儿童占51.9%,而根据访谈(同时满足创伤后应激症状3个主要症状检出标准),学龄前儿童创伤后应激症状检出率为26.9%。另一项调查显示,在PTSD各类症状中,闯入性症状的平均得分最高(1.70 ± 0.68),认知与心境负性改变得分最低(0.76 ± 0.62),提示学生PTSD的主要症状较为严重的是闯入性症状,其次是回避症状、唤醒和反应改变和社会功能受损,认知与心境负性改变相对于其他症状表现要轻一些。

三、PTSD 对儿少心身健康的影响

1. 对儿少生理功能的影响

经历过地震若发生PTSD,会对儿少的生活质量产生显著的负面影响。对汶川地震后儿少的调查显示,其生命质量总分随时间显著下降;PTSD和抑郁是影响灾区儿童和青少年生命质量的最重要因素,PTSD或抑郁每变化1分都会引起生命质量0.3~0.5的反向变动。对雅安地震2.5年后青少年的研究也发现,青少年的PTSD总分、侵入性症状、负性认知和情绪改变症状、警觉性增高症状对其生活满意度均有显著的负向预测作用。

近年,随着脑成像技术、脑电技术的发展,研究者对PTSD的认知神经机制研究越来越深入,部分研究者发现患有PTSD的儿少伴有神经生理的改变。研究显示,青少年发生PTSD时涉及的脑区域与成人并不一致,在创伤暴露组,右侧前扣带回(ACC)和内侧前额叶皮质(MPFC)的激活明显增强,且右侧ACC与PTSD症状频率呈负相关。这表明青少年时期的创伤暴露可能对ACC/MPFC功能、创伤相关信息的自上而下的调控,以及PTSD的后续症状有着独特的长期影响。

2. 对儿少心理社会发展的影响

对正处于身心快速发展中的儿少而言,遭受躯体或心理创伤对其心理社会发展的影响不容小觑。研究显示,经历过地震的儿少的自我意识、心理健康、社会功能发展均差于未经历过地震的儿少。

自我意识是个体的生理、心理以及社会功能状态的一种主观评价。儿少自我意识反映了个体(儿少)对自己在客观环境中所处地位的认知、对自身价值观念的评价,是个体在与社会环境的相互作用不断平衡的动态过程中形成的较为稳定的心理结构。对芦山地震后1年学生自我意识的调查发现,灾后芦山中小学生的心理健康水平低于同龄儿童,他们的安全感降低,自我意识不明确。

有研究采用树木绘画测验技术和问卷对经历地震组与非经历地震组的中学生分别评估,结果发现两组学生在55个树木绘画特征(整体信息、线条信息、符号信息、树木类型信息、树冠信息、树枝信息、树叶果实信息、树干信息、连接信息、树根信息、地面信息、附属信息)上存在差异。另一项对汶川地震灾区儿童与非灾区儿童的心理评估的比较结果显示,在震后1年,灾区学生仍存在明显的心理创伤,并采用退行的防御机制处理负面情绪,表现

出内隐性、多元性和相互交织等特征,其心理健康状况与非灾区儿童相比要差很多。

王文超等探讨了 PTSD 对儿少的亲社会行为的影响,对汶川地震 8.5 年后的中学生调查显示,PTSD 可以直接负向预测亲社会行为,也可以通过降低存在意义感进而负向预测亲社会行为,还可以通过提高寻求意义感进而正向预测亲社会行为,提示 PTSD 的症状除了会给个体带来一系列不良的身心反应之外,还会对个体的社会行为产生不良影响。一方面,PTSD 可能会造成个体心理资源的耗竭,使得个体难以积极有效地应对学习和生活中的各类事件,在社会行为上则表现为亲社会行为的减少;另一方面,PTSD 症状会导致更多的愤怒、敌意等消极情绪,而这些消极情绪可能会和 PTSD 共同作用,进而抑制个体亲社会行为的发生。

第三节　国内外儿童和青少年 PTG 研究

一、儿少 PTG 简介

PTG 最早由 Tedeschi 与 Calhoun 于 1996 年提出,指个体在经历创伤性事件后,与之进行抗争后所体验到的心理上的积极改变。有些人经历创伤性事件,如地震后,会在逆境中奋进或成长,会在对自我的理解、与他人的关系、人生的哲学观等方面出现一些积极变化。2000 年,Calhoun 等明确把 PTG 定义为"个体在应对重大生活危机中体验到自我十分明显的积极改变",主要表现为对生活欣赏、与他人关系亲近、个人力量获得、精神变化、新的可能性等。PTG 是对创伤事件进行斗争、应对的结果,是基于个体自我认知结构重建而产生的对环境的理解、认知与应对的提升,对于个体发展具有积极、建设性的功能。

Tedeschi 等详细阐述了 PTG 的产生过程:创伤事件(如地震)带来的痛苦情绪会引发个体的反复"沉思"与试图减轻痛苦的行为尝试;最初的"沉思"多是自动发生或侵入式的,表现为经常回到创伤相关问题的思考,在最初的应对成功(情绪困扰减轻)之后,"自动沉思"转变为更有意地对创伤及其生活影响的思考;个体开始舍弃旧的认知图式、生活目标和价值假设,从而获得新的认知图式与生活叙事,最终促使 PTG 产生。在后续研究中,学者在不断完善和修订 PTG 的产生机制。在此过程中,进行新情况分析、意义发现和再评估的沉思被认为在个体成长中起了关键作用。而创伤前个体变量、社会支持和持续的痛苦则会影响应对过程和 PTG 的出现。

有关 PTG 的研究大部分关注成年人,但近年来儿少 PTG 也逐步进入研究者的视野。Meyerson 等对儿少 PTG 的研究进行了系统综述,发现研究主要探讨了儿少 PTG 的可能相关因素(与成人 PTG 相关的因素),包括环境因素(创伤类型和严重性、创伤后时间、既往创伤经历)、应激反应(创伤后应激反应等)、社会因素(社会支持、宗教信仰)、心理过程(反刍、应对)、心理预后(心理症状、积极心理健康资源),以及人口学变量(年龄、性别、种族、社会经济状态),并在此基础上提出了儿少 PTG 的假设模型,见图 3-1。

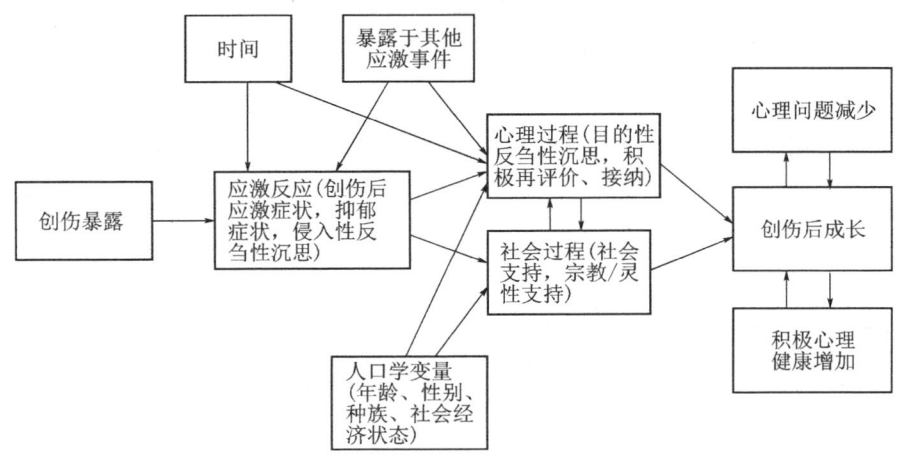

图 3-1　儿童创伤后成长的假设模型

(摘自：Meyerson DA, Grant KE, Carter JS, et al. Posttraumatic growth among children and adolescents: a systematic review[J]. Clin Psychol Rev, 2011, 31(6): 949-964.)

二、国内儿少灾后 PTG 的水平和表现

经历地震后，儿少会面对严重的应激反应，但同时也可以体验到 PTG。对汶川地震发生 8.5 年后的青少年调查发现，46.13% 的青少年报告其出现了明显的 PTG，其中，女生和少数民族学生的 PTG 水平更高。有研究显示，在 PTG 各因子中，女生较男生"对生活感悟"得分较高；高中生"新的可能性"得分较初中生更高。

伍新春团队对灾后学生的追踪调查显示，随着时间的推移，震后青少年 PTG 的水平呈下降的趋势。其可能原因为，震后 1 年青少年的创伤暴露带给个体心理压力，可能会促进青少年采取积极的应对方式来处理创伤给其带来的消极结果。在这个过程中，青少年可能需要对创伤事件重新界定和理解，这有助于他们实现创伤后的恢复和成长。然而，随着时间的推移，创伤事件对人们的消极影响可能在减少，这不仅降低了个体的心理压力，同时也减少了个体实现 PTG 的动力。

因文化等各种原因，国内儿少 PTG 表现与国外研究报道存在一定的差异。对汶川地震后极重灾区学生的深度访谈发现，灾后青少年的 PTG 表现在个人力量增强、人际关系改善、对未来展望、更注重品德和责任感强烈五个方面。该结果与西方的研究结果存在一定的差异，在西方人群中常见的对生命的欣赏、灵性的改变两个维度在该群体中没有过多体现，更注重品德、责任感强烈这两个维度则具有明显的中国文化特异性。同时，该研究结果发现在该群体中内省沉思、主动应对、社会支持、社会压力四种因素影响了 PTG 的产生和水平。此结果与西方文化背景下的维度既有相似之处，也存在一定差异，具体表现为：内省沉思、主动应对、社会支持的作用，与功能描述性模型、生活危机与个人成长模型所提出的影响因子相似；但社会压力这一因素较为独特，在中国的青少年群体中，社会压力可促使个体为接下来可能发生的变化做好准备，就像产生了心理抗体一样，并因此不会轻易被不幸

事件所伤害。

对汶川地震后青少年的追踪研究发现,地震后青少年 PTG 的发展呈现四种轨迹:高、低、稳定和增加(图 3-2)。高 PTG 组的受访者年龄较大,有更多的侵入性症状。此外,在高唤醒症状群中出现更多症状与高 PTG 的发生有关。相反,在回避症状群中出现较少的症状增加了 PTG 升高或升高的可能性。较多的侵入性、高唤醒症状和较少的回避症状增加了 PTG 升高的可能性。

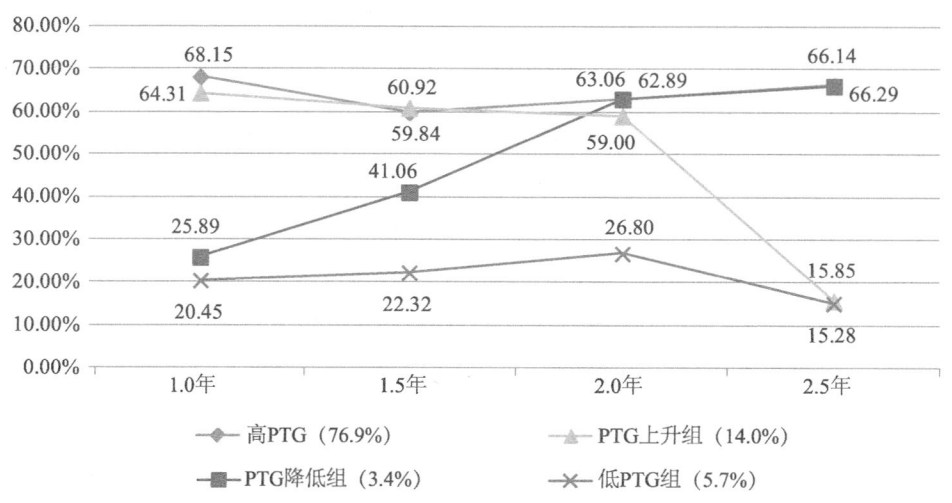

图 3-2 创伤后成长发展的四种轨迹

(摘自:Zhou X, Zhen R, Wu X. Trajectories of posttraumatic growth among adolescents over time since the Wenchuan earthquake[J]. J Adolesc, 2019,74:188-196.)

三、儿少灾后 PTG 与 PTSD 的关系

(一) PTG 和 PTSD 的共存关系

PTG 和 PTSD 分别作为出现于个体身上的消极与积极心理反应,二者之间的关系受到了研究者的关注。有研究者认为个体的 PTSD 程度越高,其 PTG 水平也越高,PTSD 与 PTG 之间存在正相关;有研究者发现 PTSD 可能会负向预测 PTG;也有研究表明 PTSD 与 PTG 是相互独立的,是经历灾难后的两种平行结果;甚至还有研究者认为 PTSD 与 PTG 之间呈倒 U 形的关系,即 PTSD 的水平中等时,PTG 的水平最高,太低或太高的 PTSD 水平都不利于 PTG 的形成。对于 PTG 和 PTSD 之间的关系目前没有明确的结论,有研究者对两者相关性报道的 Meta 分析显示,PTG 与 PTSD 症状存在关联,年龄、创伤类型和创伤时间对 PTG 与 PTSD 症状关系有影响。

在地震灾后儿少中,伍新春团队发现了 PTSD 与 PTG 同样具有普遍的共存特征。在汶川地震后 1 年、1.5 年、2 年、2.5 年、3.5 年、4.5 年、5.5 年、8.5 年、9.5 年和 10 年共 10 个时间点对汶川地震极重灾区汶川县的青少年进行重复横断测量结果发现,震后不同时间点青少年心理健康状况整体表现为高 PTG、低 PTSD 的态势。随着时间的推移,参与调查的青

少年在上述 10 个时间点的 PTSD 发生率分别是 12.29%、12.05%、12.52%、12.12%、6.86%、6.64%、5.76%、5.74%、4.32% 和 4.91%，PTG 的发生率分别是 61.11%、52.80%、56.07%、63.20%、48.35%、45.31%、46.15%、46.07%、51.26% 和 51.23%。对二者平均数的分析发现，随着时间的推移 PTSD 呈下降趋势，PTG 长时间维持在较高水平。二者之间的相关系数在上述 10 个时间点分别是 0.051、0.072、0.152、0.248、0.129、0.141、0.124、0.002、0.004 和 0.043，呈两边低中间高的状态，其中在 2 年、2.5 年、3.5 年、4.5 年和 5.5 年，PTSD 和 PTG 呈显著的正相关，在其他时间点二者的相关性不显著。性别、年龄、民族等因素在震后不同时间点对 PTSD 和 PTG 的影响不同。这些结果都说明震后青少年 PTSD 和 PTG 发展变化具有一定规律，要根据震后不同时间点 PTSD 和 PTG 的特点对创伤后青少年进行心理援助。

伍新春团队对 PTSD 与 PTG 的关系进行了深入分析，结果发现 PTSD 与 PTG 在创伤后的青少年个体中表现为低 PTSD/低 PTG、低 PTSD/高 PTG、高 PTSD/高 PTG 三种不同的共存关系。另一项对汶川地震后成人 PTSD 症状与 PTG 的研究的结果类似，显示最优拟合模型由低 PTSD/低 PTG（20.7%）、低 PTSD/高 PTG（58.2%）和高 PTSD/高 PTG（21.1%）三种模式构成（图 3-3），提示 PTSD 是 PTG 产生的充分非必要条件，PTSD 对 PTG 具有显著的促进作用，但 PTG 的出现并不能显著地影响 PTSD。

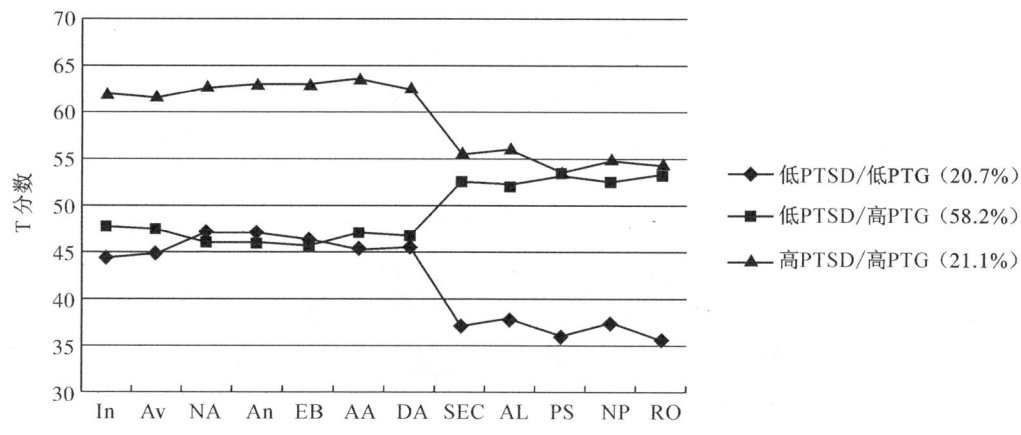

图 3-3　基于 PCL-5 和 PTGI-X 不同维度得分的 T 分数得到的三类别分布

（摘自：Cao C, Wang L, Wu J, et al. Patterns of posttraumatic stress disorder symptoms and posttraumatic growth in an epidemiological sample of Chinese earthquake survivors: a latent profile analysis [J]. Front Psychol, 2018, 9: 1549.）

（二）PTG 和 PTSD 的调节因素

为进一步了解 PTSD 与 PTG 的关系，有学者提出在二者之间存在调节和中介因素。目前研究中相关调节因素包括认知融合、心理弹性、主动反刍、情绪调节策略等。

认知融合指个体的认知和行为受语言法则和思维内容过度控制的倾向，是心理僵化的表现。对四川某职业高中一年级全部新生的心理调查结果显示，PTSD 与 PTG 的相关系数无统计学意义，但在控制性别的影响后，认知融合对 PTSD 和 PTG 的调节作用有统计学意义。进一步分析发现,当个体认知融合水平较高时(高于平均数一个标准差),PTSD 对 PTG 的负向预测作用有统计学意义,当个体认知融合水平较低时(低于平均数一个标准差),PTSD 对 PTG 的正向预测作用无统计学意义,该研究结果提示青少年的认知融合水平对 PTSD 和 PTG 的关系有调节作用,可通过降低认知融合水平减弱 PTSD 对 PTG 的负面影响。

心理弹性作为积极心理学研究的一个领域,是指暴露于创伤或丧失等压力事件后仍能维持相对稳定和健康的身心功能的特征。它是衡量个体能否从压力和逆境中恢复身心健康,并良好适应社会生活的一项重要指标。周宵等考察了汶川震后 1 年的青少年,发现心理弹性在震后 1 年的 PTSD 预测震后 1.5 年的 PTG 过程中起着调节作用。在高心理弹性水平的条件下,震后 1 年的 PTSD 对震后 1.5 年的 PTG 没有显著的预测作用;在低心理弹性水平下,震后 1 年的 PTSD 对震后 1.5 年的 PTG 发挥着显著的正向预测作用。可见,PTSD 对 PTG 的预测作用随着复原力水平的增加而减少,这说明 PTSD 与 PTG 关系不稳定可能是因为复原力在其中的调节作用所致。

主动反刍是个体主动有目的地重新检测和思考创伤事件及其相关线索的过程。一项对主动反刍在 PTSD、PTG 中的作用的分析显示,PTSD 与 PTG 之间跨时间点的直接预测作用不显著,但震后 3.5 年的 PTSD 可以通过震后 4.5 年的主动反刍间接地正向预测震后 5.5 年的 PTG,说明创伤后的个体能否从消极的心理反应走向积极的心理变化,关键在于个体是否会对创伤相关线索进行主动反刍,实现创伤后的积极建构。

根据 Gross 的情绪过程模型,情绪调节策略包括认知重评和表达抑制,采用认知重评的个体,会通过改变自己过去的认知而对事件形成新的理解;而采用表达抑制的个体则会抑制自身对于事件的真实感受,不将其表达出来。对雅安地震后 14 个月青少年的调查发现,表达抑制能够显著地调节 PTSD 与 PTG 之间的关系,具体表现为:在低表达抑制水平的条件下,PTSD 对 PTG 没有显著的预测作用;在高表达抑制水平下,PTSD 对 PTG 发挥着显著的正向预测作用。其可能原因是采用表达抑制的个体,压抑导致的强烈的负性感受会促使个体向内寻求力量面对和处理负性的体验,在此过程中,个体能对创伤有更深入的领悟,从而使自身获得更高程度的成长。

第四章

国内几次特大地震对儿童和青少年身心健康的影响

第一节 汶川震后儿童和青少年身心健康研究综述

一、汶川震后儿少心理状态

(一) 汶川地震给儿少带来严重的心理创伤

汶川地震发生后,大量心理工作者奔赴前线参与心理援助,深入地震第一线了解儿少的心理症状。在掌握地震灾区青少年心理症状的主要方法上,大多数采取与常模进行比较的方法,统计各项因子的显著性,判别具体的心理症状。大量研究发现,地震给儿少带来了严重的心理创伤。

1. 地震发生 1 个月内

汶川、都江堰等地发生地震灾难后 20 天,对 137 名中小学生的心理健康状况进行调查发现,地震灾区青少年学生群体的心理问题发生率为 31.3%,主要表现出强迫(35.8%)、人际关系敏感(30.7%)、焦虑(24.1%)、抑郁(22.6%)、敌意(20%)和恐惧(15.3%)的情形。

2. 地震发生 1 个月后

对四川省绵竹市的两所中学学生进行调查发现,汶川地震 3 个月后,震区中学生在强迫症状、抑郁和焦虑因子上的得分显著高于常模。另一项针对地震重灾区中小学生的研究发现,汶川地震 5 年后,地震灾区中小学生在"很难集中注意力""感到焦躁不安或容易发火"方面得分高于临界值,症状明显。在"持续性警觉"维度上得分较高,症状普遍存在,但低于临界值。学生认为灾后的心理状况对自身学习的影响最大。

(二) 汶川地震灾后青少年心理创伤特点

1. 创伤持续时间长

一项针对四川省绵阳市安州区与绵竹市(地震重灾区)中学生的研究发现,灾后 6 年,灾区中学生在躯体化、强迫、忧郁、焦虑、恐怖、精神病性 6 个因子上的得分均高于非灾区中学生,并在焦虑、恐怖、精神病性 3 个因子的得分上显著高于非灾区。另一项研究发现,汶川地震 8 年后,经历地震的绵竹中学高中生 PTSD 检出率仍为 10.8%。尽管个体的 PTSD 症状会随着时间推移而得到改善,但地震造成的心理创伤仍然可能长期存在,对学生的学习活动及学业成绩可能产生负面影响。

2. 地震给青少年带来的心理创伤有性别差异

大部分研究发现,汶川震后男生心理状况好于女生。比如,2008年8月3日至2008年8月4日,以四川省绵竹市的两所中学413名学生为研究对象,研究发现,震区女生在抑郁、焦虑、恐怖因子上的得分显著高于男生。2009年5月至2009年6月,对四川省绵竹市、什邡市、安县(现绵阳市安州区)等极重灾区的青少年进行研究发现,不同性别的学生在"反复重现创伤性体验""回避与刺激相关的情境""持续性警觉"三个维度上均存在显著差异,女生在三个维度上的得分均显著高于男生,说明女生的灾后心理健康状况较男生更差。2016年10月至2016年12月,编者团队跟踪研究四川地震灾区青少年的心理健康状况,对汶川地震的10个重灾区进行了抽样调查,以892名汶川地震四川10个受灾市(县)的15～23岁青少年为被研究对象发现,在躯体化、焦虑和恐怖因子得分上,女生显著高于男生。

但是,也有小部分研究发现男女并无差异。比如,某项针对地震灾区188名青少年的研究表明,虽然震区青少年在面对死亡的威胁、亲人的离去、家庭的毁灭及恶劣的生存环境时,其心身问题的发生率要明显高于非震区同龄青少年,但男、女生之间未有明显差异。这与以往研究结果,即女生的心身问题比男生重不相符,其认为重大灾难性事件对男、女生的打击都是同等的惨重。焦虑的产生可能与青少年经历、目睹了地震的惨烈景象及青少年的个性心理特征有关。

3. 地震给青少年带来的心理创伤有年龄和年级差异

一般情况下认为,年龄越小,受到的伤害越大。低龄儿童因为语言能力不强,所以感受能力特别强。2008年7月,选取灾区初二、初三、高二、高三四个年级学生作为调查对象进行研究,研究发现,初三年级学生心理健康状况相对最差,初二年级学生心理健康状况相对最好。2009年5月至6月,以四川省绵竹市、什邡市、安县(现绵阳市安州区)等极重灾区的青少年进行研究发现,和中学生相比,小学生在"反复重现创伤性体验"维度上得分显著高于中学生。

4. 地震给儿少带来的心理创伤在不同类型的学校有统计差异

2008年6月,对四川省广元市剑阁县两所普通高中和一所职业高中的高三学生进行调查发现,职业高中的心理创伤检出率要明显高于普通高中,并且在各因子方面的问题都比较严重。这是由职业高中的学生在参加高考之前先找工作的特殊性决定的。职业中学中参加高考的学生都是由于找工作失败,才退一步参加高考的,他们比普通高中学生的压力更大,使他们在各项目上分数偏高。

5. 地震给儿少带来的心理创伤在不同的民族有差异

在地震后一年半,某研究采取分层随机方法,抽取汶川县第一中学学生共1 500人,回收有效问卷1 490份。其中,汉族学生135人,羌族学生814人,回族学生212人,藏族学生26人,其他(父母属于不同民族)学生303人。研究发现,不同民族学生SCL-90的总分无统计学差异。但在躯体化因子、焦虑、偏执、强迫、人际和抑郁因子上,有显著差异。事后检验显示,在躯体化因子上,藏族大于羌族和其他民族。在强迫因子、人际因子、抑郁因子、焦虑、敌对、偏执和精神7个因子上,藏族大于汉族、羌族和其他民族。在恐怖因子上,藏族大于汉族和其他民族。地震后中学生的心理健康教育应该根据民族的不同而有针对性地开展,重点是藏族学生。汶川县聚集了汉、羌、回、藏四个民族的居民,每个民族都有自己的文化特色。汶川县中学生虽然在一个学校,接受相同的学校教育,但是受家庭成员和民族文化的影响不同。其心理健康水平虽总体上无显著差异,但是在躯体化、焦虑、偏执、强迫、人际和抑郁因子上,藏族学生的得分显著偏高,而羌族、回族、汉族学生之间的差异不显著。其他研究表明,即使在正常情况下,藏族学生的心理健康水平也显著低于汉族学生。究其原因,可能是藏族学生缺乏自信心,对环境的适应力较差导致的。

6. 暴露水平的高低对儿少的影响有差异

以都江堰市某中学初三学生为研究对象进行团体施测发现,亲历教学楼倒塌与目击教学楼倒塌学生在SCL-90各因子上得分差异有统计学意义,说明地震对亲历教学楼倒塌的学生影响更为严重。2008年6月,对540名重灾区的儿少进行研究发现,重度暴露组儿少与轻度暴露组儿少相比,情绪方面出现的问题更多,证明暴露水平越高,对儿少情绪的影响越大;另外,两组儿少困难出现的时间分布也不相同,重度暴露组儿少在震后才出现各种困难的比例高于轻度暴露组,也间接证实了不同的暴露水平对儿少心理健康状况存在影响。通过分析还发现,震后被转移至安全地点的间隔时间的长短是儿少困难程度的危险因素,在灾难发生之后越早使儿少获得安全感,则其心理方面出现问题的危险性将会越低。2010年5月,对602名小学三年级至六年级的学生进行研究发现,家人伤亡越严重者、震后被转移至安全帐篷或房屋的间隔时间越长者,越有可能罹患PTSD。研究还发现,震后安全时间对是否罹患PTSD也有影响,越晚被转移至安全地点者,罹患PTSD的危险性越高。2009年9月,对1 490名汶川县某中学学生研究发现,不同受灾情况学生SCL-90分数存在显著差异,事后检验表明,地震中有亲人或好友死亡的学生、有亲人或好友在地震中受伤住院的学生、家里财产损失较大的学生,其SCL-90的分数明显高于家里没有人员伤亡和财产几乎无损失的学生。

二、汶川震后儿少身体状态

某研究发现,被试学生躯体化异常检出率为18.43%;另一项针对867名汶川地震灾区青少年的研究发现,青少年由于生理发育尚不成熟,抵抗力、免疫力较低,在地震中缺乏一定的自我保护能力和脱险生存能力,而且他们对食物与水等基本生存物质的依赖性更强,在地震中更容易出现各种躯体症状。其研究表明,震区青少年主要的躯体症状有头痛、肠胃不适、食欲不振、呼吸困难、心慌、疲乏、肌肉疼痛等。震区青少年心理问题与躯体症状之间存在明显正相关,进一步证明了躯体症状与心理的相互联系、相互影响。此外,一项针对188名汶川地震灾区青少年的研究也发现,遭地震伤害的青少年躯体症状各因子分明显偏高,说明青少年正处于身体生长发育的关键时期,抵抗力和免疫力较低,对食物与水等基本生存物质的依赖性更强。

三、汶川地震灾后的心理干预

（一）心理工作者实施的心理援助

心理工作者包括外来志愿者和当地志愿者。方式有电话咨询、当面团体辅导、当面个体辅导等。青少年群体作为地震灾后心理干预的重点对象，是灾后教育重建的重要内容之一。某项研究以四川绵竹市两所中学的初二、初三、高二、高三年级共413名学生作为调查对象，采用团体辅导、个别辅导、心理讲座与心理晤谈四种干预方式，有效降低了汶川地震后中学生在躯体化、人际敏感、焦虑和精神病4个因子的症状。另一项研究采用班级团体结合个别辅导，从震后2个月开始开展持续1年的心理干预，低年级儿童的心理创伤康复得到肯定的疗效。

（二）以教师为主体实施的心理干预

某项针对极重灾区20所中学2 628名学生的调查发现，通过每周两次体育教学、每天半小时课间操和课外1小时体育锻炼的系统干预后，学生的心理健康各项因子逐渐趋近全国常模水平，且参与运动可减少学生的焦虑和抑郁情绪。另一项研究通过随机抽取异地寄读的150名汶川中学生，对其进行心理症状诊断测试，发现86%的学生产生了不同程度的心理障碍。该研究通过交际类运动处方、情绪宣泄运动处方（即对抗类体育运动）、修心养性运动处方、生态体育运动处方、体育服务运动处方对实验对象进行为期3个月的体育干预，调查结果表明：经过3个月的体育干预后，青少年学生在强迫症状、抑郁、焦虑、敌对4个因子上与干预前有显著性差异，在人际关系敏感和恐怖2个因子上较干预前有显著降低，说明体育运动对促进青少年的心理健康有良好效果。

北京师范大学的某课题组提出了专家-教练-教师相结合的创伤干预模式。该课题组认为，提供心理援助的都是外来人员，一旦他们离开后，当地学校后续在遇到类似或相关的问题时，仍然没有解决能力；同时，以往心理援助关注点主要落在中小学生身上，干预都是直接面对学生，而教师群体在这些心理干预体系中几乎被忽视。实际上，教师本身承担的社会责任很容易使其处于各种压力的包围之中，从而造成各种心理行为问题；另外，教师的心理行为问题会以显性或隐性的方式，对学生的心理行为造成巨大影响。汶川地震后，教师不仅要承担重建家庭的责任，还是重建校园、安抚学生、恢复学校正常教学秩序的主要力量。可以说，教师是灾后学校重建和学生心理健康维护的重要力量，提升教师的心理健康水平和心理健康教育能力，促进灾区教师的自我成长，有助于带动一批又一批的中小学生健康成长。因此，结合灾后实际情况及相关理论基础，应建立一种以教师为中心的培训体系。这一培训体系不仅可以对教师心理进行干预，促进教师身心发展，而且能通过教师影响学生，并最终促进学生的心理健康发展。专家-教练-教师相结合的创伤干预模式实质是以教师兼任治疗师的理念为核心，以培育学校内部力量、完善学校心理健康教育体系为根本落脚点，以家长为辅助的整合性的创新干预模式。

第二节　玉树震后儿童和青少年身心健康研究综述

一、玉树地震灾后儿少心理状态

（一）玉树地震给儿少带来严重的心理创伤

针对玉树地区1 000名中学生的研究发现，玉树地震发生62天后，玉树中学生PTSD症状的检出率为73.1%。针对玉树地区650名小学生的研究发现，玉树地震以后，当地小学生出现了不同程度的情绪变化。其中有33.4%的小学生产生了非常害怕、慌乱的情绪，23.1%的学生出现非常悲伤的情绪，17.3%的小学生感到敏感、脆弱，还有16.3%的学生感觉到悲观无助。另一项针对845名某小学四至六年级小学生的研究发现，玉树地震发生半年后，PTSD的筛查阳性率为12.5%，闯入症状表现最明显（67.3%）。抑郁症状阳性率达61.7%，主要表现为积极情绪缺乏。

（二）玉树地震灾后儿少心理创伤特点

1. 持续时间长

某项于玉树地震5年后对青海玉树震区玉树州第二民族中学2 000名藏族学生学校适应能力的研究发现，地震对在校藏族青少年的心理健康重构的远期影响依然存在，尚需对灾区青少年的心理健康重构过程给予关注。

2. 有性别差异

对玉树地震发生62天后的某研究发现，女生在IES-R各个维度及总分上均显著高于男生，即女生比男生有更显著的创伤后应激反应。另一项研究发现，玉树地震发生半年后，女生的PTSD检出率高于男生。

3. 有年龄和年级差异

某研究发现，不同年级的中学生在IES-R量表的闯入、高唤醒两个维度及总分上存在显著差异，具体表现为初二的学生在闯入维度和IES-R总分上的得分显著低于高三学生。这可能与随着年龄增大，对灾害事件的创伤性体验、对灾害后果的认识更加深刻有关，也可能与高三学生面临升学考试和地震这一双重应激性事件压力有关。另一项研究选取青海省玉树震区玉树州第二民族中学经历"4·14"地震的藏族初、高中生为研究对象。整体而言，高年级的学生在校的适应能力比低年级学生强。这是由于步入青春后期的高中生，处于身心健康趋于定型的时期，随着年龄增长，高年级同学从过往经历中吸取经验，获得成长，使个体的思想、智慧得到提升，心理抗压能力也得到提高，故地震后心理恢复较快。而初中生年龄较小，心理承受力弱，玉树地震无疑对其造成重大精神心理创伤，容易出现行为不恰当、认知不正确、心里不平衡的现象。

4. 其他特点

某研究发现，汉族与藏族中学生在IES-R各维度及总分上不存在显著差异，对处于同一地区、相同学校的汉藏学生来说不存在显著差异是合理的。这与汶川地震灾后的相关研究结果不同。其研究还发现，个体的受灾级别越严重、创伤暴露程度越高、遭受的损失越大、经济条件越差，个体的创伤后应激反应越明显。另一项研究发现，在校适应感在暴露因素不同水平下有所不同，暴露程度越高，心理健康状况越差。可见当下灾难的严重程度与远期心理反应存在着不可分割的联系。造成这种现状的原因是青少年正在生理心理发育的关键时期，面对严重灾难过后的损失和重建的困难，会有强烈的失落感，部分青少年不仅要承受瞬间失去亲人的巨大悲痛，还要面对家园尽毁的惨痛情景等情况，从而产生巨大的心理创伤，并长期沉浸在恐惧的回忆中，对他们的生理和心理状况产生更持久的影响。这提示在灾后心理健康干预中应更加关注创伤事件初始暴露程度较高的个体或群体。赵品良对玉树灾区某小学845名四年级至六年级的小学生进行调查发现，曾目睹亲人死亡的学生PTSD检出率和抑郁阳性率都高于未曾目睹亲人死亡的学生。

二、玉树地震灾后心理干预方法

四川师范大学某课题组心理援助队在半年时间内对相关群体做了11次有针对性的心理辅导，明显改善了学生的不良心理反应。除做传统的个别心理辅导外，还注重加强团体心理辅导。中学生的心理弹性即心理复原力越好，越不容易出现创伤后应激障碍反应。这种心理复原力除与人格因素有关外，与学生感受到的社会支持系统尤其是人际关系密切相关。其在心理辅导的实践中也明显感受到，由于心理救援队的介入，学生体验到的那种希望感、归属感对他们的心理康复起到了积极的作用。这也说明教师对学生的积极支持、鼓励、赞赏与信任，亲戚对个体的积极支持、帮助、鼓励及高期望值，民主的家庭氛围和良好的人际关系，以及通过心理教育，训练良好的自我觉察能力、解决心理困惑问题的能力、积极参与学校各种活动的能力，对个体创伤后应激反应症状的恢复都具有非常积极的促进作用。另一项研究对17名15~19岁的藏族学生分别于玉树灾后半个月、一个月及半年进行3次绘画心理投射测验，对每个学生的绘画作品进行分析。其研究结果表明，绘画心理投射测验是评估灾后学生心理状态和心理功能较有效的工具，并且可治疗灾难后创伤性情感体验。

第三节 雅安芦山震后儿童和青少年身心健康研究综述

2008年"5·12"汶川大地震后，中国初步建立灾后社会心理援助模式。由于有了汶川地震实施援助的成功经验，其社会心理援助的理论、方法，特别是具有四川本土文化特色的干预模式也被快速移植到芦山地震灾后社会心理援助的全过程中，使得芦山地震灾区社会心理援助的管理更为规范有序，干预方法更加科学有效。

一、芦山地震灾后儿少心理状态

(一) 芦山地震带来严重的心理创伤

在芦山地震2周后,对四川省芦山县地震灾区的284名初中生的心理健康状况开展调查,研究发现,芦山地震2周后,39.78%的灾区小学生存在心理问题,最常见的心理问题依次是不安紧张或担忧、不快乐、易受惊吓、很难从日常活动中得到乐趣、易疲劳以及很难做决定等。以芦山地震灾区3~6岁儿童为研究对象,按不同受灾情况分为轻灾区和重灾区,研究发现,灾区组学前儿童心理健康总分、情绪障碍、性格缺陷、社会适应不良、其他障碍因子得分高于对照组。

(二) 地震给儿少带来的心理创伤有性别差异

对地震2周后芦山灾区372名三年级至六年级小学生进行调查分析发现,女生在心理影响的范围和程度上均高于男生。同时,对小学生的研究发现,女生出现急性应激障碍症状的范围以及严重程度均高于男生。芦山地震5个月后,以550名雅安灾区中学生作为研究对象,研究发现,女生在强迫、抑郁、焦虑、恐怖等维度得分上显著高于男生。以芦山地震灾区568名3~6岁儿童,205名非灾区3~6岁儿童为研究对象发现,不同性别学前儿童的性格缺陷和品行障碍差异存在统计学意义,表现在男孩的得分明显高于女孩,说明男孩在地震发生后更倾向于表现出不礼貌、耍聪明、冒失、不爱惜东西、经常弄坏自己或他人的学习用品、不守纪律、性格和品行方面的心理问题等。

(三) 地震给儿少带来的心理创伤有年级、年龄差异

以芦山地震灾区568名3~6岁儿童,205名非灾区3~6岁儿童为研究对象进行研究发现,小班学前儿童的情绪障碍、交往缺陷比中班和大班严重。对地震2周后芦山灾区372名三年级至六年级小学生进行调查分析发现,灾区初中生的SRQ-20得分和阳性检出率均随着年级升高而依次递增,其中初三学生SRQ-20得分大于初一学生,这说明初三学生存在的心理问题更为突出,这可能与初三学生除了要承受地震所带来的巨大心理创伤,还要承受中考的压力有关。

(四) 不同来源中学生心理健康有差异

某研究选取526名芦山灾区中学生作为研究对象,研究发现,不同来源中学生心理健康各因子存在差异,来自农村的中学生在人际关系敏感、抑郁、焦虑因子上显著高于城市学生。

(五) 暴露水平的高低对儿少的影响有差异

四川省精神卫生中心的某项研究发现,芦山震中龙门乡的婴幼儿情绪行为反应评分明显高于非震中者。不同家庭房屋受损和亲人罹难或受伤情况的学前儿童在情绪障碍、社会适应不良、不良习惯、其他障碍方面的差异均有统计学意义,表现为房屋受损严重或倒塌者高于轻微受损者,有亲人罹难或受伤者高于无亲人罹难或受伤者。

二、芦山地震灾后心理干预方法

某研究对雅安地震中对于灾后儿童心理创伤干预设置对照组和实验组,分别采取传统心理干预和设计团体心理干预方案两种方式,对干预结果进行分析,结果显示团体心理援助更适用于有共同发展课题或有共同心理困扰的人群。莫非通过对包括芦山县芦阳小学在内几所小学的走访调查,在灾后心理援助中发现灾区青少年存在依赖心理等问题,学校也存在心理教育和道德教育缺失的问题,文章就此分析问题的深层原因并从政府、学校、家庭三个层面提出重建对策。

第四节 鲁甸震后儿童和青少年身心健康研究综述

一、鲁甸地震灾后儿少心理状态

(一)鲁甸地震给儿少带来严重的心理创伤

研究发现,在鲁甸震后1~2个月,根据CBCL-PTSD,震后1~2个月得分在9分及以上的学龄前儿童占51.9%。而根据访谈(同时满足创伤后应激症状3个主要症状检出标准),学龄前儿童创伤后应激症状检出率为26.9%。

(二)鲁甸地震灾后青少年心理创伤特点

1. 地震给青少年带来的心理创伤有性别差异

某项研究以鲁甸灾区中学七年级至八年级学生为测量对象,在心理干预前后分别进行前测和后测。研究发现,女生与男生存在创伤后成长的显著差异,女生得分高于男生。另一项研究以鲁甸极重灾区中学生为对象,发现震后学生PTSD量表检出率存在男女差异,女生的PTSD量表得分要高于男生,并且在闯入性症状、回避性症状、认知与负性改变症状上,女生要比男生得分更高,说明女生的心理问题更为严重。

2. 地震给青少年带来的心理创伤有年级及年龄差异

某研究发现,七年级学生和八年级学生的PTG得分存在极其显著性差异。不同年级PTG存在显著性差异的结果,可能也与不同年级的社会支持频率不同、自我效能感不同有关。而且七年级学生正处于小学到中学的转折期,对老师、同学和学校环境都不如八年级学生熟悉,或许没有建立起稳定和睦的关系,从而导致其社会支持、自我效能感、认知等方面都不如八年级学生。另一项研究发现,震后学生PTSD检出率存在年级差异,七年级学生的PTSD量表得分要高于八年级学生,且在总分和闯入性症状、回避症状、认知与心境负性改变3个维度上存在显著差异。

3. 其他特点

某研究发现,在鲁甸震后1~2个月,除闯入症状数与高警觉症状数的相关性不具有统计学意义,创伤后应激症状数、各子症状数、CBCL-PTSD 得分之间呈显著相关。经历地震个体的闯入症状检出率高于未经历地震的个体,地震中受伤的个体闯入症状检出率高于未受伤的个体。学龄前儿童创伤后应激症状检出率相对较高,地震时目睹房屋倒塌或石头滚落以及有被困经历的学龄前儿童创伤后应激症状更多。

二、鲁甸地震灾后心理干预方法

除之前地震灾后常采用的团队心理辅导、个体心理辅导等方法外,某项针对鲁甸地震灾区的研究证明,经过沙盘和绘画治疗干预模式的干预,震后灾区学生的 PTSD 症状有明显治疗效果,特别是在闯入性症状、认知与心境负性改变以及唤醒和反应改变 3 个维度上。

第五章

关注震后儿童身心健康，非政府组织在行动

灾害问题的全面化、深刻化和全球化是当代社会最严重的问题之一，这个问题在中国也日益受到重视。2016年7月28日，习近平总书记在河北唐山市调研考察时指出："我国是世界上自然灾害最为严重的国家之一，灾害种类多，分布地域广，发生频率高，造成损失重，这是一个基本国情。"现代国家治理体系中政府存在边界效应，不同企业间有着自身特长和运行规律，但有时也存在着政府和市场同时失灵的情况。此时，社会力量参与其中就成为一个必然选择。

第一节　国内社会组织参与灾害救援的发展与现状

非政府组织（non-governmental organization，NGO）又称"民间组织"或"社会团体"，是与政府、企业相独立存在于社会中的第三种组织类型。其为社会提供公共物品和服务，注重个人奉献的价值观念与人道主义的精神内涵，向政府倡议社会关切点，并保证政策在公民中的参与感，具有民间性（非政府性）、组织性（正规性）、非营利性、自主性、自治性、志愿性、公益性等特点，如今在生态环境、传统文化、科技教育、医疗卫生、灾难救助等多个领域发挥着越来越重要的作用，成为社会必不可少的一部分。非政府组织这个词是从国外引进的，后来被中国政府改称为"社会组织"。

一、参与灾害救援的社会组织

中国参与灾害救援的社会组织按性质主要分为三类：社会救援队、基金会、支持性组织。

20世纪80年代，中国出现了一批以中国儿童发展基金会、中国青少年发展基金会、中国妇女发展基金会、中国扶贫基金会为代表的民间组织，这批机构大都有政府背景，成立的背景多少都和当时中国政府大规模的扶贫开发有关。20世纪90年代，伴随着扶贫领域的国际合作，联合国及一些国际发展援助机构的援助项目大量进入中国，在国家划定的贫困地区开展各类的反贫困项目。国际非政府组织（international non-governmental organization，INGO）的工作手法通常是与当地的机构合作，于是便在项目所在地催生了一批当地的民间组织。2008年前后，由于《基金会管理条例》的出台和汶川大地震的刺激，中

国涌现了大批的以志愿者为主体的社会组织。

2008年被称为"中国民间公益元年",据不完全统计,有491万名志愿者直接参与了汶川救灾志愿服务,在汶川地震后半年内,全国为灾区募集款物762.14亿元(其中捐款652亿元)。此后十年,各地逐步探索建立了政府购买社会工作服务机制,在《中华人民共和国慈善法》等政策法规的规范下,社会组织开始登记注册,中国民间公益在曲折中走上专业化、组织化、协同化的道路,并触动了中国社会治理体系的重构,促使社会力量被逐步纳入政府社会治理改革范畴。

2008年,全国社会组织约30万家,而截至2018年初的统计数据显示,中国登记在册的社会组织已经突破80万家。

2018年10月,全国已有748个正式注册的民办非企业单位(社会服务机构)名称中含有"救援"二字,其中绝大多数是以安全教育等社会服务为日常业务,并有意识地定向提升应急响应和处置能力的社会救援队。《2018年广东地区社会救援队伍行动协同性观察》显示,国内社会救援队普遍涉及物资募集与发放、防疫消杀、人员转移等工作,但多数情况下仍以搜索救援为核心职责,以生命救援为目标定位。他们的行动带动了呈一定规模或零散的社会资源投入灾害领域。国内的社会救援队和许多其他类型的社会组织一样,在2008年的汶川地震响应的自发参与中形成雏形,逐渐发展为追求能力建设专业化、常备应急参与能力的团体。之后部分队伍也参与了洪涝灾害的救援,据应急管理部2020年统计,全国参与洪涝灾害抢险救援的社会应急力量累计有500多支,14 000多人,出动车辆640余辆,舰艇400余艘,协助转移群众4万余人。

二、参与灾害救援社会组织的业务范围

2008年至今,社会组织通过不断提升自身专业能力,创新灾害救援模式,在应对自然灾害过程中,充分发挥了组织灵活、服务多样的优势;救灾模式从属地救灾逐渐转向联合救灾,从单纯的紧急救援转向防灾减灾、备灾、救灾以及灾后重建全领域灾害风险管理;救援项目从"赠予式"向受益人"参与式""合作式"多重模式发展。相对而言,将灾后救助和恢复重建纳入业务范围并具备相应专门能力的社会组织,在数量规模上暂时还比较模糊;在日常能力建设、技术领域分化和标准、行业业务交流,以及在应急时的跨机构信息交换、决策协同、应急资金募集等方面,也都还在尝试或者探索有效机制的过程中。

1. 灾后服务培训

目前,许多在生活安置、脆弱人群服务、社区恢复和发展、环境卫生等综合领域参与灾害管理的社会组织,则持续推进专门的灾后服务培训学习,主要包括涉及灾后住所安置、粮食营养、水与环境卫生、健康管理和脆弱人群保护等技术领域中的标准和原则的《环球计划:人道主义宪章和人道主义响应最低标准》的多地系列培训,详细阐述灾后儿童保护和服务的《人道主义行动中儿童保护的最低标准》的多地系列培训,以及枢纽型社会组织在其灾害管理项目中提升基层组织合作伙伴救灾意识和能力的年度培训活动等。这些培训在多年延续和发展中逐渐形成在纲领和框架上大体一致的知识和技术框架,以地方社会组织为

主要培训对象,持续推动防灾意识和应灾准备在地方层面的普及。

2. 灾后物资救助

在灾后救助物资和服务领域,易善网的统计数据表明,自2014年至2018年,国内灾害救助领域的慈善投入总额、出资方数量和服务方数量均呈现总体下降趋势。从2019年的实时观察来看,这种趋势仍在持续。这很大程度上与近年灾情偏轻,公众对灾害的关注度和捐赠额下降有关,但从各个组织反馈来看,也与指导提供此类服务的社会力量的政策尚不明朗有关。在2019年,社会力量提供的灾后救助物资主要包括生活物资、卫生用品、儿童专用物资、应急粮油等,有些组织针对不同地域、不同灾种中的社区一级需求对物资种类做出了有针对性的调整;社会力量提供的灾后服务主要是安置点的儿童服务和心理抚慰服务,志愿者组织也常辅助政府管理物资。

第二节 国际灾害应对领域与人道主义

一、国际灾害应对的发展

国际灾害应对领域有长期发展历史,自成一定体系。由联合国等国际机构、西方发达国家国际发展机构以及那些全球活跃的INGO等所主导。一些领先的国际社会组织,如救助儿童会、乐施会、国际美慈组织等,广泛活跃在国际灾害救援领域,有着全球性的影响力,甚至可以与联合国的相关机构相提并论。

20世纪90年代之前,人道主义都难以称为一个领域。大型救助机构屈指可数,仅包括国际红十字委员会、国际红十字联盟、无国界医生(medecins sans frontieres,MSF),还有救助儿童会和乐施会等以救助机构起步,转入发展领域,随后又发展出应急响应能力(但一般并不使用人道主义话语)的组织。

20世纪90年代人道主义体系扩张,2004年12月26日的印尼海啸发生的数小时内,数十个INGO就展开了响应。

现在多数主流机构都有全球定位和执行体系,受过培训的专家可以迅速在需求所在地获得帮助。比如,MSF从20世纪70年代的两间办公室发展成今日的国际性网络组织,包括19个半独立分支机构,每年预算5亿美元,业务覆盖70个国家,雇佣2 000名国际职员和15 000名当地职员。

二、国际灾害应对运作机制

1. 红十字会与红新月会国际联合会运作简介

红十字会与红新月会国际联合会创立于1919年,它负责在红十字运动内部协调190个国家红十字会和红新月会的活动,秘书处设在瑞士日内瓦,在全球各国有60个代表处。联合会以援助行动来帮助灾害受害者,并将灾害援助和发展工作结合,增强各国红十字会(以下简称"红会")的能力。联合会的工作集中在四个核心领域：推广人道价值观、灾害响应、灾害准备、健康和社区关怀。

在灾害响应中，联合会为各国红会担当信息中心的角色，并在国际层面协调各国红会和联合会提供的援助。各国红会应在资源不足的情况下相互协助，但也尊重各自的独立性。为此，各国红会既为自身应对所在国的灾害做准备，也要对如何接受联合会协调的国际援助有所准备。各国红会也可和邻国红会建立灾害期间互助的协议，灾害多发国家的红会则可与联合会建立双方或三方的灾前协议。

在重大灾害发生后，灾害发生国的红会应立即将受损程度和国家救助措施告知联合会。如果该国红会请求国际援助，需将受灾地区的概述、受助人数、计划救助物资的类型和数量等报给联合会。联合会收到请求后，根据情况，动员所有的或一部分国家红会参与援助。受灾国红会须持续提供灾情、援助和需求变化的信息，由联合会转给接受协调参与援助的国家红会。如果受灾国红会没有发出请求，联合会就不会进行动员，但可以视情况直接提供援助，包括派出代表开展信息工作。

受灾国红会在申请国际支援时，会根据己方评估和工作计划，提出救助物资的类型和数量计划。如果参与跨国援助的国家红会想提供这个计划之外的物资，需要先和受灾国红会、联合会或国际红十字委员会沟通。没有经过这种沟通就发去的计划外物资，受灾国红会接收后有权自行酌情处置。

2. 对中国的启示

国际灾害救援主要面向全球较为贫穷、落后的国家和地区。在这些国家和地区，普遍存在国家能力不足、社会发展滞后等问题，从而造成联合国等国际机构、西方发达国家国际发展机构以及具有全球影响力的一些机构如 INGO 等，一定程度上在这些国家或地区的灾害应对中处于主导地位。

在国际人道主义响应体系中，联合国人道主义事务协调厅等机构以及组群方法等运作机制，是值得我们学习借鉴的。组群体系、组群机构及其协调在人道援助中起到了重要的作用，它实现了灾害应对中的专业分工，现有 11 个领域：后勤物流、营养、安置所、安置营地协调管理、医疗健康、脆弱人群保护、食物安全、应急电信、早期恢复、教育、饮水与卫生。每个组群有 1 或 2 个机构主导协调，以信息管理为核心协调手段，承诺在必要时充当某个特定方面或活动领域的"最终提供者"，所有参与某一救助领域的政府部门、联合国机构、社会组织、私营部门，均在响应组群下协同工作。

第三节　社会组织在灾后儿童身心健康保护方面的经验与实践

一、社会组织积极关注灾后儿童身心健康

灾害发生后，儿童正受到越来越多的关注。在中国，公众和社会组织常常在灾后捐赠

和发放孩子的衣物、文具、玩具,捐赠婴幼儿奶粉,来支援受灾的儿童。儿童在生理和心理上仍然需要依赖成人施以照料,因而相比成年人,其脆弱性尤其突出:他们难以自我保护,在自然灾害中受到生理或心理损害,或落入与家人离散、成为孤儿的境遇后,要恢复到正常的生活状态,面临的困难比成年人要大得多。

紧急儿童保护(child protection in emergencies)即对此类现象进行干预的专门领域。2011年,在该领域起主要协调作用的儿童保护工作组的成员针对应急状况中的儿童工作质量差距过大的现象,综合既有的技术、经验和教训,开始制定相关行动的最低标准。该标准的中文版在2016年译出,即为《人道主义行动中儿童保护的最低标准》。

除了常见的物资捐赠,为受灾儿童设立一个专门的空间,让孩子们可以在其间安全地游戏、学习,缓解恐惧和焦虑情绪,也是国内一些社会组织在灾难发生并观察需求后会自发采取的行动。此类行动已得到标准化,称为儿童友好空间(child friendly space, CFS),是国际组织和联合国机构广泛使用的方法。

二、社会组织保护灾后儿童身心健康实例

2008年汶川地震以来,国内开始成规模地应用和推广此种方法。联合国儿童基金会(以下简称"联合国儿基会")配合国务院妇儿工委在受灾地区建立儿童友好家园,救助儿童会设立和推广儿童友好空间,世界宣明会建设"儿童天地",国际计划建立儿童幸福空间;国内一些基金会也曾支持过授渔公益、泉心等本地组织在灾区开展同类项目,部分转化为社区内的常规服务。

2011年,壹基金的工作人员参观了联合国儿基会在四川绵阳建设的儿童友好家园,首次接触此类项目。同年,救助儿童会与壹基金在救灾和备灾领域开始了合作。2012年5月,救助儿童会应壹基金邀请,为甘肃岷县雹洪灾害联合救灾行动中的"儿童友好中心"项目提供了技术和资金支持,建设两个项目点,服务维持半年,后来项目定名为壹乐园。年底,双方合作开发了"以儿童为中心"救灾网络能力建设项目。2013年,四川芦山发生里氏7.0级地震,国内公众关注度高涨。基于受灾人群需求和源于公众募款的大量资金,壹基金设计了为期5年的灾后恢复和重建计划。从过渡安置阶段开始,"壹乐园-儿童服务站"项目作为壹基金灾后建设"4H计划"中的一部分,正式进入策划准备中。项目计划在芦山、天全、宝兴、雨城等重灾区县安置点及乡村建立50个儿童服务站。救助儿童会和壹基金再次就儿童服务站项目展开合作。经过几年多地的发展和实践,壹乐园-儿童服务站已经成为壹基金在过渡安置和灾后重建阶段,回应灾区儿童及社区需求的主要工作方法之一。

无论在日常情境还是灾害场景,儿童都受到了越来越高的社会关注。壹乐园-儿童服务站及其他的同类实践,不仅为灾区的孩子们扩展了社会支持系统,从而帮助他们恢复,还给乡村的孩子们带去了丰富多元的体验和资源,他们和他们的家人有可能受到长期的影响,由此"恢复得更好"(build back better)。基于此种观察,壹基金开始建设常态的社区儿童服务站。在灾后儿童服务站中积累的经验,能帮助项目小组更好地预测在社区儿童服务站建设中可能遭遇的问题;社区儿童服务站的完善又可为灾后儿童服务进行能力和人员方

面的准备。

　　就目前而言,许多国际经验的优势在于已经形成从理念、具体技术到操作标准的全套体系。这类国际上的成型方法及相关专家、课程的成套引入,配合适当的物资、资金、管理资源投入,则成为基层社会组织成长的优良契机——既可快速接触到全套成熟经验和方法,也有条件做出自己的探索。壹基金通过广泛的组织间合作和组织网络培育来运作和推广这一方法,恰好回应了中国基层社会组织发育不成熟的现状。事实上,社会组织培育呈现出的复杂性和挑战可能比服务受灾儿童还要大得多。在这个意义上,壹基金对儿童友好空间方法的引入及本地化探索与中国社会组织发展,恰是相辅相成。

第二部分

实证调研篇

第六章

玉树地震灾区儿童和青少年基本健康状况分析

第一节　健康体检基本情况介绍

一、参与学校简介

囊谦县隶属青海省玉树藏族自治州,北与海西蒙古族藏族自治州为邻,东与果洛藏族自治州相通,东南与四川省甘孜藏族自治州毗连,南同西藏自治区的昌都市交界。东西最长157.5千米,南北最宽130.5千米,总面积12 741平方千米。2020年人口普查数据显示,囊谦县总人口为10.11万人,其中有汉族,也有藏族、回族、土族等少数民族,下辖1个镇、9个乡:香达镇、白扎乡、娘拉乡、毛庄乡、觉拉乡、东坝乡、吉曲乡、尕羊乡、吉尼赛乡、着晓乡。2015—2019年五年间,编者所在团队在玉树州下辖囊谦县的5个乡开展健康体检。考察地点分别为:2017年在囊谦县着晓乡中心寄宿制学校和尕羊乡中心寄宿制学校,2018年在囊谦县吉尼赛乡中心寄宿制学校和扎西格参孤贫学校,2019年在囊谦县毛庄乡中心寄宿制学校和孜荣联村小学。

二、设计及意义

儿童健康是衡量社会与人类发展的综合性指标,曹立前《社会救助与社会福利》一书指出,儿童福利包括:生活物资保障、安全保障、教育保障、医疗保障、家庭关系及健康。根据世界卫生组织所提出的关于身体健康的定义,其主要包括身体生长发育及营养状况、患病情况、基本体征三个方面。身体发育又主要细分为身高、体重、视力、牙周疾病、嗅觉、听力等多方面,而基本体征则主要包括心率、肺活量、血压、儿童常见慢性病发病情况等。

三、健康体检项目

2015—2019年连续5年,编者所在团队在囊谦开展医疗知识普及培训及少儿健康体检。根据学龄期儿童及藏区地理环境特点,并结合2015—2016年两年间的体检数据反馈情况,在2017年我们规范了体检表,将其调整为附录1所示。本章数据以2017—2019年连续三年的体检结果为主。

四、评价标准

1. 体质指数

体质指数(body mass index，BMI[①])＝体质量(kg)/身高(m)^2。

体质量分组：轻体质量组(BMI＜18.5)，正常体质量组(18.5≤BMI＜24)，超重组(24≤BMI＜28)，肥胖组(BMI≥28)。

参考标准采用李辉、季成叶等人的《中国0—18岁儿童、青少年体块指数的生长曲线》，以其文中 P_{50} 值为正常 BMI 临界判定值。

2. 视力低下

采用标准对数视力表进行裸眼视力检查。凡裸眼视力≥5.0 者为视力正常，有一眼＜5.0 者为视力低下，视力不良分度标准为：4.9 为轻度视力不良，4.6～4.8 为中度视力不良，4.5 及以下为重度视力不良，以单眼结果计算，若同一人的两只眼视力有差别，则按视力较差的一只眼计算，统计其视力低下程度。

3. 辨色能力

根据《色盲检查图(第五版)》为参考进行诊断。

4. 龋齿

牙的窝沟点隙或光滑面有明显的龋洞、或明显的釉质下破坏、或明确的可探及软化洞底、或沟壁的病损即诊断为龋齿。牙冠因龋已被完全破坏只剩残根或牙上有暂时充填物(如氧化锌)也计为龋齿。D(Decayed)：龋齿；M(Missing)：因龋病而丢失的牙齿；F(Filled)：因龋病而修补过的牙齿；龋齿率：一定时期内，人群中新发龋齿的频率，常以百分率表示，计算公式：

$$龋齿率＝[(D \text{ 患者数}＋M \text{ 患者数}＋F \text{ 患者数})/\text{检查人数}]×100\%$$

5. 心音及心电图检查

安静环境下，学生处于情绪平稳状态时使用听诊器进行听诊，按照二尖瓣听诊区、肺动脉瓣听诊区、主动脉瓣听诊区、主动脉瓣第二听诊区和三尖瓣听诊区的顺序进行听诊，每个受检者听诊时间至少为 1 分钟，对疑似有心动过速、心律不齐、杂音和额外心音等异常心音听诊情况的学生进一步做 12 导联心电图检查。成人心率的正常范围常为每分钟 60～90 次，超过 100 次称为心动过速。

6. 肺活量检测

安静环境下，学生处于情绪平稳状态、无剧烈活动状态时，测试前向被检查者详细解释测定的要求和方法，以取得其合作。测试时，让检查者一次尽力吸气后，再尽力呼出，用肺活量测试仪进行测试，呼出的气体总量即为肺活量。肺活量正常判定标准采用《国家学生体质健康标准》中男女肺活量指标参考表，以表中 60 分及格所代表的肺活量值作为检测判定肺活量是否偏低的标准参考。

---

① BMI 单位为 kg/m^2，但在日常使用时常省略单位，本书在此做统一说明，后文不再赘述。

第二节 人口学特征与变化趋势

2017—2019年三年期间,编者所在团队完成健康体检共计1 137人(其中49人只进行了视力项目测试),男532人,女605人,年级分布为学龄前到小学六年级。

一、性别与年龄构成

2017年参与体检总人数共计348人,其中男性162人,主要年龄分布在9～14岁,女性186人,主要年龄分布在9～12岁,本次体检最小年龄者5岁,最大年龄者16岁(图6-1)。

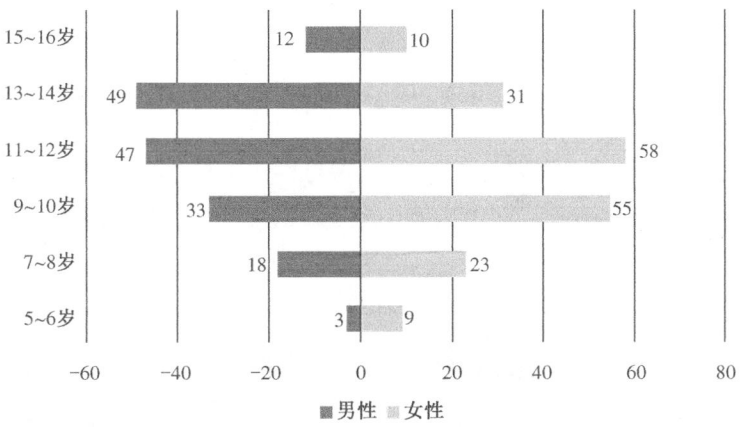

图6-1 2017年囊谦县着晓乡中心寄宿制学校和尕羊乡中心寄宿制学校各年龄段男女数量

2018年体检人数为135人,其中男性89人,主要年龄分布在10～13岁,女性46人,主要年龄分布在12～13岁,本次体检最小年龄者4岁,最大年龄者19岁(图6-2)。

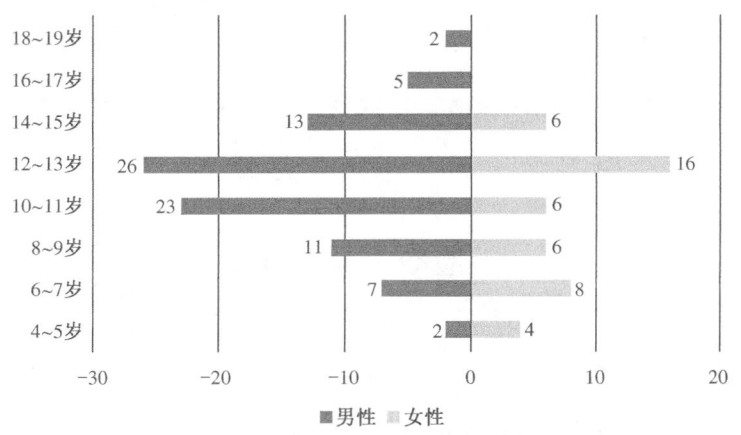

图6-2 2018年囊谦县吉尼赛乡中心寄宿制学校和扎西格参孤贫学校各年龄段男女数量

2019年孜荣联村小学参与体检人数为189人,其中男性90人,主要年龄分布在12~15岁;女性99人,主要年龄分布在12~13岁,本次体检最小年龄者10岁,最大年龄者17岁(图6-3)。

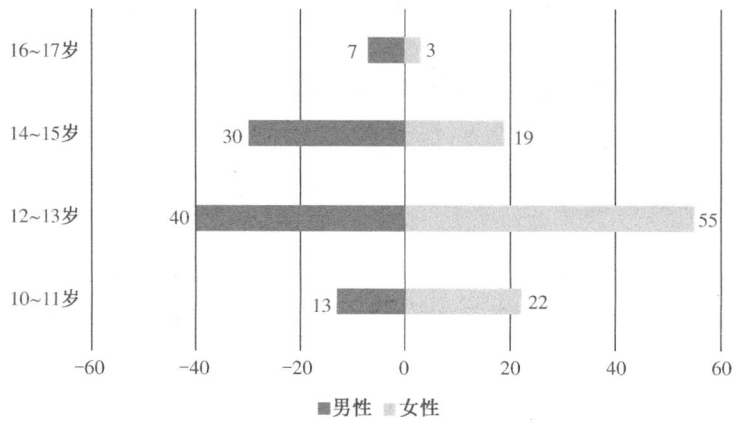

图6-3　2019年孜荣联村小学各年龄段男女数量

2019年毛庄小学参与体检人数为465人,其中男性191人,主要年龄分布在7~12岁;女性274人,主要年龄分布在9~10岁,本次体检最小年龄者5岁,最大年龄者14岁(图6-4)。

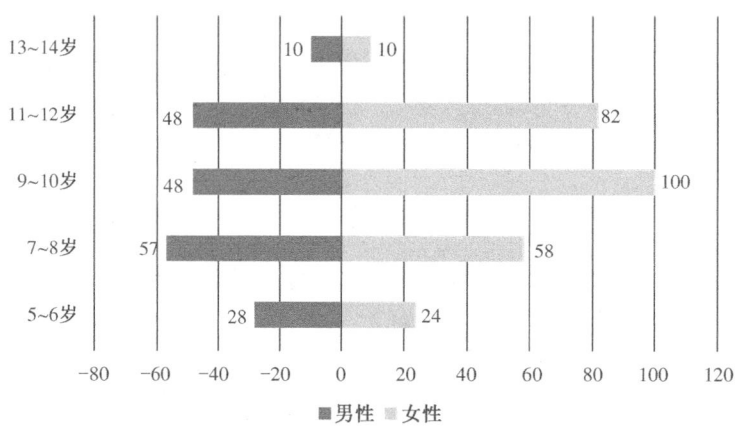

图6-4　2019年囊谦县毛庄乡中心寄宿制学校各年龄段男女数量

第三节　体检数据与体能现况分析

一、体检数据质量控制

每年体检任务由海军军医大学的临床医学八年制学生志愿者完成,并有专人负责质量控制任务,对医学体检、数据录入、数据整理统计进行全程跟踪,如有漏项或错项,检测后补录。

二、统计分析

团队专人将体检数据进行核查审校后录入 Excel 建立数据库,之后将其转化为 SPSS 数据库,用 SPSS 21.0 软件进行统计分析。所有分析均为双侧检验。置信水准 $\alpha=0.05$ 的比较用卡方(X^2)检验,大样本均数的比较用 u 检验。

三、结果

(一) 2017—2019 年体检总体情况汇总列表

表 6-1 表明,2017—2019 年,体检儿童的 BMI 大部分处于低体质量区,均占 90% 以上;视力下降检出率则随着年份的增加逐年下降,2018 年双眼视力在 0.6 及 0.3 以下者检出率均为三年中最低,辨色异常的检出率则为三年中最高;龋齿、缺齿等常见牙周疾病呈现高发病率趋势;而心脏杂音、心律失常等检出率虽未超过 10%,但仍提示需引起高度重视。

表 6-1　2017—2019 年体检总体情况汇总表

年份		2017	2018	2019*	总计
实检人数		348	135	605	1 088
体质指数	轻体质量	267(76.7%)	72(53.3%)	454(82.4%)	793(72.9%)
	体质量正常	71(20.4%)	36(26.7%)	83(15.1%)	190(17.5%)
	超重	5(1.4%)	20(14.8%)	11(2.0%)	36(3.3%)
	肥胖	5(1.4%)	7(5.2%)	3(0.5%)	15(1.4%)
视力与色觉	双眼视力 1.0 以下	195(56.03%)	58(42.96%)	13(21.65%)	266(24.4%)
	双眼视力 0.6 以下（亟需矫正）	80(22.99%)	6(4.44%)	59(9.75%)	145(13.3%)
	双眼视力不到 0.3（视力极为低下）	9(2.59%)	1(0.74%)	10(1.65%)	20(1.8%)
	辨色异常	11(3.16%)	12(8.89%)	3(0.50%)	26(2.4%)
口腔问题	龋齿	167(47.99%)	21(15.56%)	204(33.72%)	392(36.0%)
	缺齿	66(18.97%)	2(1.48%)	26(4.30%)	94(8.6%)
心肺功能	心脏杂音	21(6.03%)	6(4.44%)	未测	27(5.6%)
	心律失常	28(8.05%)	4(2.96%)	未测	32(6.7%)
	肺活量偏低	未测	40(29.6%)	176(29.1%)	216(29.2%)
五官科	听力低下	13(3.74%)	2(1.48%)	3(0.50%)	18(1.7%)
	扁桃体肿大	50(14.37%)	0	0	50(4.6%)
	耳、鼻异常	149(42.82%)		2(0.33%)	151(13.9%)
其他	隐睾	4(1.15%)	未测	未测	4(1.15%)

* 2019 年原计划体检人数为 551 人,但体检中途临时加入 54 名幼儿园学生(仅测量视力),因此实检人数为 551 加 54 共计 605 人,但除视力检测人数共计为此之外,其余项目均按照总人数为 551 人计算。

(二) 2017 年体检数据分析

1. 体质指数

超重率 1.4%（男 1.2%、女 1.6%），肥胖率 1.4%（男 1.2%、女 1.6%），正常体质量率 20.4%（男 9.9%、女 29.6%），轻体质量率 76.7%（男 87.7%、女 67.2%）。男女体质量构成差异有统计学意义（$X^2=20.678$，$P<0.0001$）。男生的轻体质量组高于女生，女生的正常体质量组、超重及肥胖组高于男生（表 6-2）。

表 6-2 2017 年不同性别学生体质量分组比较

性别	人数	轻体质量组人数	正常体质量组人数	超重组人数	肥胖组人数
男	162	142(87.7%)	16(9.9%)	2(1.2%)	2(1.2%)
女	186	125(67.2%)	55(29.6%)	3(1.6%)	3(1.6%)
合计	348	267(76.7%)	71(20.4%)	5(1.4%)	5(1.4%)

2. 不同 BMI 儿童心功能异常检出率比较

在此次体检中，心功能异常（心音异常及心电图检查异常）检出率在 10% 以上，听诊心音异常检出率为 10.34%（轻体质量组为 9.7%、正常体质量组为 9.9%、超重和肥胖组检出率为 60%）；心电图检查异常率为 10.92%（轻体质量组为 10.9%、正常体质量组为 11.3%、超重组为 0、肥胖组为 0）。心音及心电图检查结果显示，出现杂音及心音分裂者 21 例，出现窦性心律不齐等良性心律失常 28 例，结果提示器质性病变（如右室肥大）者等 4 例（表 6-3）。

表 6-3 2017 年不同 BMI 儿童心功能异常检出率比较

组别	人数	心音异常人数	心电图检查异常人数
轻体质量组	267	26(9.7%)	29(10.9%)
正常体质量组	71	7(9.9%)	8(11.3%)
超重	5	0	0
肥胖	5	3(60%)	1(20%)
合计	348	36(10.34%)	38(10.92%)

3. 不同性别儿童各项体检指标检出率比较

此次体检数据中既往有骨折外伤史，手术史，阑尾炎、胆囊炎等消化性病史及其他系统疾病病史发现率为 27.59%（男 32.72%、女 23.12%）。口腔科问题检出率 66.95%（男 51.85%、女 80.11%），存在不同程度缺齿者 66 例，龋齿者 167 例。双眼视力 1.0 以下的 195 人（56.03%），其中男生视力低下检出率为 54.32%，女生检出率为 57.53%；双眼视力 0.6 以下（亟需矫正）者有 80 人；双眼视力不到 0.3（视力极为低下）者有 9 人。红绿色弱 10 例，色盲 1 例。截至检查时，共有扁桃体不同程度肿大 50 例，1 例有化脓性感染；单侧听力障碍者 12 例，单侧失聪者 1 例；耳耵聍过多、耳出血、耳化脓 124 人，以耳耵聍过多为多见；鼻出血、鼻肿大者 25 人，以鼻出血多见。双侧隐睾 2 例，单侧隐睾 1 例，单侧睾丸下降不全 1 例（表 6-4）。

表 6-4　2017 年不同性别儿童各项体检指标检出率比较

性别	人数	有既往史人数	口腔科（龋/缺齿）问题检出人数	五官科问题检出人数	视力异常人数
男	162	53(32.72%)	84(51.85%)	69(42.59%)	88(54.32%)
女	186	43(23.12%)	149(80.11%)	143(76.88%)	107(57.53%)
合计	348	96(27.59%)	233(66.95%)	212(60.92%)	195(56.03%)

(三) 2018 年体检数据情况分析

1. 体质指数

超重率 14.8%（男 16.9%、女 10.9%），肥胖率 5.2%（男 3.4%、女 8.7%），正常体质量率 26.7%（男 31.5%、女 17.4%），轻体质量率 53.3%（男 48.3%、女 63.0%）。男女体质量构成差异无明显统计学意义（$X^2=3.070$，$P=0.08$），女生的轻体质量组、肥胖组高于男生，男生的正常体质量组、超重组高于女生（表 6-5）。

表 6-5　2018 年不同性别学生体质量分组比较

性别	人数	轻体质量组人数	正常体质量组人数	超重组人数	肥胖组人数
男	89	43(48.3%)	28(31.5%)	15(16.9%)	3(3.4%)
女	46	29(63.0%)	8(17.4%)	5(10.9%)	4(8.7%)
合计	135	72(53.3%)	36(26.7%)	20(14.8%)	7(5.2%)

2. 不同 BMI 儿童心功能异常检出率比较

本次体检心功能异常儿童普遍分布于轻体质量组。窦性心律不齐 2 例，心脏杂音 4 例；心电图结果显示异常 4 例，其中结果提示心动过缓 2 例，右心室肥厚改变 2 例（表 6-6）。

表 6-6　2018 年不同 BMI 儿童心功能异常检出率比较

组别	人数	心音异常人数	心电图检查异常人数
轻体质量组	72	4(5.6%)	3(4.2%)
正常体质量组	36	2(5.6%)	1(2.8%)
超重	20	0	0
肥胖	7	0	0
合计	135	6(4.44%)	4(2.96%)

3. 不同性别儿童各项体检指标检出率比较

本次体检人群中均无既往病史，口腔科（缺齿或龋齿）问题检出率为 16.30%（男 17.98%、女 13.04%），其中缺齿病例 2 例，不同程度龋齿病例 21 例；五官科问题检出率为 9.63%（男 11.24%、女 6.52%），其中色弱病例 9 例，色盲病例 3 例，听力下降 2 例，裂纹舌 1 例；肺活量偏低检出率为 29.6%（男 29.2%、女 30.4%）；视力问题检出率为 24.44%（男

22.47%、女28.26%），视力在1.0以下33例，其中双眼视力0.6以下（亟需矫正）6例，双眼视力不到0.3（视力极为低下）1例（表6-7）。

表6-7 2018年不同性别新生各项体检指标检出率比较

性别	人数	既往史人数	口腔科（龋齿或缺齿）问题检出人数	五官科问题检出人数	肺活量偏低人数	视力异常人数
男	89	0	16(17.98%)	10(11.24%)	26(29.2%)	20(22.47%)
女	46	0	6(13.04%)	3(6.52%)	14(30.4%)	13(28.26%)
合计	135	0	22(16.30%)	13(9.63%)	40(29.6%)	33(24.44%)

（四）2019年体检数据情况分析

1. 体质指数

轻体质量率82.4%（男90.5%、女76.6%），正常体质量率15.1%（男8.2%、女20%），超重率2.0%（男0.9%、女2.8%），肥胖率0.5%（男0.4%、女0.6%）。男女体质量构成差异有统计学意义（$X^2=14.538$，$P<0.001$），男生的轻体质量组高于女生，女生的正常体质量组、超重组、肥胖组高于男生（表6-8）。

表6-8 2019年不同性别学生体质量分组比较

性别	人数	轻体质量组人数	正常体质量组人数	超重组人数	肥胖组人数
男	231	209(90.5%)	19(8.2%)	2(0.9%)	1(0.4%)
女	320	245(76.6%)	64(20%)	9(2.8%)	2(0.6%)
合计	551	454(82.4%)	83(15.1%)	11(2.0%)	3(0.5%)

2. 不同性别儿童各项体检指标检出率比较

本次体检人群中均无既往病史，口腔科问题（缺齿或龋齿）检出率为38.02%（男41.13%、女36.10%），其中缺齿病例26例，不同程度龋齿病例204例；五官科问题检出率为1.32%（男2.16%、女0.80%），其中辨色异常3例，听力低下3例，嗅觉问题2例，一例无法辨酸，另一例表现为无法描述味道。肺活量偏低检出率为29.1%（男48.5%、女17.1%）；视力问题检出率为21.65%（男22.08%、女21.39%），视力在1.0以下131例，其中双眼视力0.6以下（亟需矫正）59例，双眼视力不到0.3（视力极为低下）10例，P值均小于0.05（表6-9）。

表6-9 2019年不同性别儿童各项体检指标检出率比较

性别	人数	既往史人数	口腔科问题（龋齿或缺齿）检出人数	五官科问题检出人数	肺活量偏低人数	视力异常人数
男	231	0	95(41.13%)	5(2.16%)	112(48.5%)	51(22.08%)
女	374	0	135(36.10%)	3(0.80%)	64(17.1%)	80(21.39%)
合计	605	0	230(38.02%)	8(1.32%)	176(29.1%)	131(21.65%)

四、分析讨论

随着经济的飞速发展,科技的进步,防疫保健的开展,科学的生活方式和膳食结构对生活的推动,曾经常见的蛔虫病、钩端螺旋体、血吸虫等流行病逐渐消失。但与之相对,视力低下、龋齿、肥胖等却构成了新的学生常见疾病谱,因此常规开展健康体检工作、卫生习惯教育和疾病防治道路依然任重道远。

(一) 玉树地震灾区儿童和青少年身高体重情况

身高、体重是反映体格发育的最常见指标,常用体质指数(BMI)来表示。本节中三年的调查结果表明灾区儿童普遍属于低体质量组,占90%以上,正常体质量组仅占10%以下,偶见超重或肥胖。

造成低体质量的原因可能有:饮食结构不合理、一味追求苗条导致饮食减少、患有某些慢性消耗性疾病或高代谢疾病等。结合玉树地震灾区实际情况与实地走访,造成该地区BMI普遍偏低的现象更可能是因地处高原,可食用物资较低海拔地区匮乏,饮食结构常不合理;再者,当地大多数家庭可能收入较低,而成员较多,因而无力承担额外的饮食开销,这可能导致儿童在生长发育期营养摄入不足,从而呈现普遍BMI偏低现象。政府和学校方面需要对此引起重视,采取有效改进措施科学调整学生饮食结构,充分保障学生在生长发育期所需要的营养摄入。

(二) 心音异常、心律不齐检出率情况

表6-6的数据显示,心音异常与心律不齐等心功能异常情况检出率为低体质组较其他三组高。据相关文献报道,在体重正常的成人研究对象中,相较于无代谢综合征者,代谢综合征患者发生心肌梗死的风险(经校正后)增加了39%(95%CI:0.96~2.02),随着BMI的增加,校正后的危险比(HR)也随之增加,在超重和肥胖患者中分别达到了1.70(95%CI:1.35~2.15)和2.33(95%CI:1.81~3.00)。提示无论是否患有代谢综合征,超重和肥胖均是心肌梗死(myocardial infarction,MI)和缺血性心脏病(ischemic heart disease,IHD)的独立危险因素,并且在心血管疾病发病风险的评估上,BMI与代谢综合征的价值等同。因此BMI是心血管疾病的独立危险因素之一,但该类文献均表明BMI越高,缺血性心肌疾病的发病风险越高。这与本次体检数据中所发现的心功能异常病例普遍出现在BMI低人群的现象相反,但因为缺乏足够的样本量,因而该现象是否具有统计学偏差值得商榷,需要后期继续开展相关体检项目,获取相关数据来进行统计。

(三) 视力异常

学生近视在中国乃至世界范围内普遍存在,是发病率较高的青少年健康疾病之一。随着科技的迅猛发展,信息革命所带来的电子科技产品不断迭代,再加上不科学的用眼习惯,近视的发病人群日趋低龄化,逐渐引起人们的普遍关注。长期用眼过度可造成视网膜脱落、眼底出血、暂时性失明等,严重影响了学习生活和工作的质量。学生阶段近视常见原因:①不正确的读书写字姿势、睫状肌一直处于紧张状态、未合理休息;②在光线不充足或

熄灯后长时间面对各种电子产品,极易导致如青光眼等视力问题,造成视力急剧下降;③近视的高危因素包括一定的遗传因素,父母高度近视者其遗传倾向大于父母一般近视者;④营养摄入不均衡,缺乏维生素,例如某些夜盲症常因为摄入维生素A不足,导致视紫红质合成不足;⑤近视的形成也常与个人体质有一定关系,学习压力大、体育锻炼不足、睡眠不足也常导致视觉疲劳进而导致视力减退的发生。

本节体检数据表明,视力下降问题在儿童中较为普遍,检出率均在20%以上,其中从2018年的体检数据可发现女性检出率明显高于男性,而2019年的体检数据则表明男性与女性检出率差异无明显区别。针对此现象查阅相关文献后发现:李水冰等对广西全州县2007年高考学生体检情况分析显示,女性近视率明显高于男性;黄海芳等对福建连城县学生高考体检结果分析显示,女性近视率明显高于男性;但同时也有少数文献提示男女近视检出率差异无明显统计学意义。由于数据库中对于该问题的样本量还较少,编者也尚无法得出令人信服的结论,只能待之后几年进一步掌握样本量后,对此问题进行更为准确有效的统计分析。

对于视力下降的高检出率,学校要根据中共中央国务院颁布的《关于加强青少年体育增强青少年体质的意见》〔中发(2007)7号〕,做到:"帮助青少年掌握科学用眼知识和方法,降低青少年近视率。中小学教师和家长都要关注学生的用眼状况,坚持每天上下午组织学生做眼保健操,及时纠正不正确的阅读、写字姿势,控制近距离用眼时间。学校每学期要对学生视力状况进行两次监测。各级政府要进一步改善农村学校的办校条件,确保照明、课桌椅达到基本标准,改善学生用眼卫生条件。"同时需要加强对学生视力变化情况的掌握,每学期、每年进行一次视力检测,并登记在案。学生视力保护的责任在政府,学生视力保护的主体是学校,学生视力保护的关键是家长;在老师对视力保护知识相当缺乏,家长更是知之不多的情况下,学校加强学生视力保护知识的宣传教育显得特别重要。

辨色能力异常(色盲、色弱)者在之后选择职业、工种甚至大学报考专业时均会受到限制,一些学生常在升学、求职时才知晓自身辨色能力异常,最终被迫改选志愿,甚至直接被淘汰。因此通过筛查提前发现,及早知晓,可使学生对将来的择业规划更有计划性。

(四) 肺活量问题

肺活量作为检测肺功能辅助指标之一,在一定意义上可反映呼吸机能的潜在能力。体检所使用的肺活量项目是指一次尽力吸气后,再尽力呼出的气体总量。肺活量越大的人,其身体供氧能力便越强。影响肺活量的因素包括性别、年龄、身高、体重、胸围等。而作为生活在高原地区的玉树藏族儿童,其相较于普通低海拔地带的儿童来说,血氧饱和度较后者低,这可能与机体为适应高原少氧环境而主动降低需氧量有关。2018—2019年的数据显示肺活量偏低的检出率为29.2%,但其是否与被测者本身肺功能尚未发育成熟;是否具有功能性或器质性肺疾病;是否因处于高海拔地带,供氧能力低于低海拔地区儿童,导致判定参考标准不适用,这些都需要后续对其进行更详细的功能检查以检验或提出新的猜想,并予以验证。

(五) 口腔问题

上述数据表明,龋齿甚至缺齿较之视力低下的检出率丝毫不低,甚至高于视力低下,其中男生龋齿率普遍高于女生,这可能是由于女生生长发育较男生快,更快萌出恒牙,以及女生比男生更注重口腔卫生。

龋齿是牙齿在身体内外因素作用下,出现硬组织脱矿、有机质溶解、牙组织进行性破坏,导致牙齿缺损的常见病。龋患牙不能自愈,只能靠牙科充填方式治疗。患龋齿后,不仅会因牙痛而影响食欲,干扰咀嚼、消化和吸收,导致营养缺乏,且伴随龋病逐步发展,常引发牙髓炎、蜂窝织炎、根周脓肿、齿槽溢脓等一系列合并症,影响学生健康、学习和发育。它属于中国目前常见疾病之一,发病年龄跨度极大,不仅限于儿童和青少年人群。

对于龋齿的治疗重在预防,提倡早发现早治疗。小学阶段口腔预防保健意识不强是患龋齿的重要原因之一,这提示学校的教育工作者需要对此引起警惕,开展爱牙护牙的相关健康教育,教导学生从小树立良好的用牙习惯,注重口腔卫生,才能积极防控龋齿,使龋齿的发病率降低。同时也可学习其他相关城市做法,如使用氟化泡沫和进行六龄齿的窝沟封闭等。

五、建议

(一) 加强校医室本身的硬件和软件建设,提升健康保障能力

编者团队进行体检的学校常为乡镇学校,大部分没有校医室,校医也常未接受过系统的医学培训,这使得学校开展学生常规的健康体检、健康教育等都只能是心有余而力不足。对于该类学校来说,需要充分利用外界资源,加强与地方政府、相关社会志愿机构等的联系,完善基本硬件设施,有条件的学校可聘请相应专业的优秀人才;或结合实际,与当地医疗机构合作,分批按期做诊,弥补有经验校医人数不足这一缺陷。

(二) 加强健康知识普及教育

学校在定期对学生开展健康体检,掌握基本健康的基础上,更应重视相应的健康教育课程。可定期聘请经验丰富的全科医生或健康管理师来校举办不同的健康教育讲座;针对不同季节校园的易感疾病制作相应的宣传册等。

(三) 定期开展健康体检

学校在逐渐完善校医室的基础上应定期开展规范的健康体检,并为每位在校生建立个人健康档案。通过定期体检及早发现患儿并尽早干预,防止疾病进一步发展。

第七章

玉树地震灾区儿童和青少年生命质量分析(SF-12量表)

第一节 量表介绍

一、调查量表选择

青少年的健康状况通过中文版的健康调查12条简表(SF-12)进行评估,该量表是健康调查36条调查表(SF-36)的简化版。SF-36是在1988年Stewartse研制的医疗结局研究量表(medical outcomes study-short from,MOS SF)的基础上,由美国波士顿健康研究发展而来的。1991年浙江大学医学院社会医学教研室翻译了中文版的SF-36。SF-36是美国波士顿健康研究所研制的简明健康调查问卷,被广泛应用于普通人群的生存质量测定、临床试验效果评价以及卫生政策评估等领域。SF-36作为简明健康调查问卷,它从生理机能(测量健康状况是否妨碍了正常的生理活动)、生理职能(测量由于生理健康问题造成的职能限制)、躯体疼痛(测量疼痛程度以及疼痛对日常活动的影响)、一般健康状况(测量个体对自身健康状况及其发展趋势的评价)、精力(测量个体对自身精力和疲劳程度的主观感受)、社会功能(测量生理和心理问题对社会活动的数量和质量造成的影响,用于评价健康对社会活动的效应)、情感职能(测量由于情感问题造成的职能限制)以及精神健康(测量四类精神健康项目,包括激励、压抑、行为或情感失控、心理主观感受)8个方面全面概括了被调查者的生存质量。

SF-12是一种自我报告的结果衡量标准,评估健康对个人日常生活的影响。它经常被用作生活质量的衡量标准。SF-12的创建是为了减轻调研时参与者的响应负担。SF-12使用与SF-36相同的8个模块。SF-12中文版量表的信效度情况已被验证,同时SF-12量表使用方便,仅需2~3分钟即可完成。在使用方面,SF-12量表要求参与者根据过去4周的个人经历对量表中的问题作答。SF-12量表已在全球范围的较多研究中被使用,其内容包括从测量身体疼痛、总体健康、精力和社会功能的量表中抽取的问题;此外,SF-12量表还包含2个综合评分,即生理成分概况评分(physiological component summary,PCS)和心理成分概况评分(mental component summary,MCS),分别用于评价被调查者的生理健康情况(角色-身体)和心理健康情况(角色-情绪)。在本研究中,课题组使用Ware等人提出的方法计算PCS和MCS得分,分数越高,健康状况越好。

二、调研内容与方法

为了评价玉树地震对青少年健康的影响情况,我们将参与者分为两组:经历过地震的青少年(经历组)和未经历地震的青少年(未经历组),并且分别进行多元线性回归,以确定经历组和非经历组中青少年健康的影响因素。

本研究收集的社会学和人口学特征包括:"年龄""家庭居住区""是否与父母同住"(其中不与父母同住的学生即留守儿童)。

青少年的地震经历相关信息由"地震暴露情况量表"改编的问题得出,问题包括:"是否经历2010年玉树地震""房屋是否因地震受损""是否因地震受伤""家人是否因地震受伤""是否因地震失去家人或好友"。

第二节 数据分析

一、调查对象选择

2017年8月,在玉树地震发生的7年后,结合SF-12以及相关医疗知识普及培训计划,课题组前往玉树当地的小学开展调研。玉树当地的暑假时间为5月至6月,比中国大多数地区的暑假早两个月。因此,课题组选择于8月前往。课题组从25所小学中随机选择了2所参与研究,学生人数分别为433人和245人。在排除了4份问卷(3份缺少"是否经历2010年玉树地震"数据,1份拒绝参加问卷调研)后,确定参与本研究的有效问卷为674份。

二、数据分析方法

所有数据的分析均使用社会科学统计软件包(SPSS)的第11版进行。课题组使用描述性统计(频率、百分比、均值和标准差)、非参数分析(用于两组独立样本比较的Wilcoxon秩和检验和用于多组样本比较的Kruskal-Wallis H检验)等方法对数据进行统计分析,使用多元线性回归分析确定PCS和MCS得分的影响因素。同时,课题组还进行了逐步线性回归分析,明确输入分析并保留在模型中的变量阈值分别指定为0.05和0.10。结果的beta系数(β)、系数的标准误差(SEB)以及其他相关统计信息均用于解释结果。使用两独立样本t检验分别对经历组、非经历组的PCS和MCS得分与中国青少年PCS和MCS得分平均值进行了比较。此外,我们也使用独立样本t检验比较了经历组和非经历组之间PCS和MCS得分的情况。统计分析中,小于0.05的P值被认为有统计学意义。

三、数据分析结果

(一) 人口学信息和地震相关经历情况

参与者的年龄从 8 到 15 岁不等。在 674 名参与者中,有 590 名(87.5%)生活在牧区,有 624 名(92.4%)与父母生活在一起。超过一半的参与者(346,51.3%)曾在 2010 年经历过玉树地震。此外,地震相关情况中,有 41 名(6.1%)参与者的家人受伤,120 名(17.8%)的家人或朋友死亡,53 名(15.4%)的房屋损坏,13 名(3.8%)在地震中受伤(表 7-1)。

表 7-1 参与人员的人口学特征和地震相关经历情况

影响因素		数量	占比
总数		674	100%
家庭居住区	城镇	14	2.1%
	农村	70	10.4%
	牧区	590	87.5%
与父母同住	是	623	92.4%
	否	51	7.6%
经历 2010 年玉树地震	是	346	51.3%
	否	328	48.7%
房屋受损	是	53	7.9%
	否	621	92.1%
因地震受伤	是	13	1.9%
	否	661	98.1%
家人因地震受伤	是	41	6.1%
	否	633	93.9%
因地震失去家人或好友	是	120	17.8%
	否	554	82.2%

(二) 不同组别 PCS 和 MCS 得分比较

经历组的平均 PCS 得分(48.76 ± 7.87)明显低于非经历组的平均 PCS 得分(50.64 ± 7.89)($P<0.05$)。但是,经历组的平均 MCS 得分(40.56 ± 8.56)与非经历组的平均 MCS 得分(41.42 ± 7.91)差异无统计学意义($P=0.18$)(表 7-2)。

经历组的平均 PCS 得分(48.76 ± 7.84)明显低于中国青少年人群的平均 PCS 得分(49.8 ± 6.6)($P=0.02$)。经历组的平均 MCS 得分(40.56 ± 8.56)同样低于中国青少年人群的平均 MCS 得分(45.4 ± 9.7)($P<0.05$)(表 7-2)。

非经历组的平均 PCS 得分(50.65 ± 7.89)与中国青少年人群的平均 PCS 得分(49.8 ± 6.6)差异无统计学意义($P=0.05$)。同时,非经历组的平均 MCS 得分(41.42 ± 7.91)明显低于中国青少年人群的平均 MCS 得分(45.4±9.7)($P<0.05$)(表 7-2)。

表 7-2 经历组、非经历组与中国青少年人群平均值之间的 PCS 和 MCS 得分差异情况

项目	分组比较	t	95% CI	P
PCS 得分	经历组与非经历组	−3.10	−3.03,−0.65	0.00
	非经历组与中国青少年人群平均值	1.84	−0.56,1.65	0.05
	经历组与中国青少年人群平均值	−2.46	−1.87,−0.21	0.02
MCS 得分	经历组与非经历组	−1.35	−2.15,0.35	0.18
	非经历组与中国青少年人群平均值	−9.00	−4.80,−3.08	0.00
	经历组与中国青少年人群平均值	−10.52	−5.74,−3.93	0.00

(三) 不同组别 PCS 和 MCS 影响因素分析

1. 经历组 PCS 和 MCS 的影响因素差异

经历组 PCS 得分与"家庭居住区""房屋是否因地震受损""是否因地震受伤""家人是否因地震受伤""是否因地震失去家人或好友"有关。同时,MCS 得分仅与"是否因地震失去家人或好友"有关(表 7-3)。

表 7-3 经历组与非经历组的 PCS 和 MCS 得分的非参数检验情况

影响因素	数量	占比	经历组 PCS 均数(SD)	P	经历组 MCS 均数(SD)	P	数量	占比	非经历组 PCS 均数(SD)	P	非经历组 MCS 均数(SD)	P
总数	346		48.76(7.87)		40.56(8.56)		328		50.64(7.88)		41.41(7.91)	
家庭住址				0.03		0.84				<0.00		0.72
城镇	9	2.60%	43.58(6.96)		40.65(8.43)		5	1.50%	54.18(7.00)		43.03(8.60)	
农村	31	9.00%	46.54(6.93)		38.98(10.88)		39	11.90%	44.21(8.74)		40.77(9.49)	
牧区	306	88.40%	48.76(7.87)		40.72(8.31)		284	86.60%	51.47(7.37)		41.42(7.69)	
与父母同住				0.48		0.11				0.05		0.00
是	320	92.50%	48.67(7.88)		40.77(8.54)		305	93.00%	50.86(7.95)		41.86(7.77)	
否	26	7.50%	49.87(7.78)		37.94(8.40)		23	7.00%	47.75(6.49)		35.54(7.48)	
房屋受损				<0.00		0.33						
是	53	15.40%	44.57(6.74)		41.91(7.15)		—		—		—	
否	293	84.60%	49.52(7.84)		40.32(8.77)		—		—		—	
因地震受伤				0.00		0.22						
是	13	3.80%	41.54(6.00)		42.61(10.29)		—		—		—	
否	333	96.20%	49.04(7.81)		40.48(8.49)		—		—		—	
家人因地震受伤				0.01		0.08				0.60		0.18
是	30	8.70%	44.76(7.51)		42.94(8.97)		11	3.40%	51.84(8.50)		38.44(7.73)	
否	316	91.30%	49.14(7.81)		40.33(8.50)		317	96.60%	50.60(7.88)		41.51(7.91)	
因地震失去家人或好友				<0.00		0.02				0.00		0.65
是	94	27.20%	45.40(7.18)		42.51(8.01)		26	7.90%	46.46(7.45)		40.33(11.64)	
否	252	72.80%	50.01(7.76)		39.83(8.65)		302	92.10%	51.00(7.83)		41.51(7.53)	

多元线性回归分析结果（表7-4）显示，经历组PCS得分的影响因素包括"房屋是否因地震受损""是否因地震受伤""家人是否因地震受伤""是否因地震失去家人或好友"。经历组MCS得分的影响因素为"是否因地震失去家人或好友"（表7-5）。

表7-4　经历组与非经历组PCS得分的单因素分析和多因素分析情况

影响因素	经历组单因素分析		经历组回归分析		非经历组单因素分析		非经历组回归分析	
	β	P	β	P	β	P	β	P
家庭居住区（城镇）								
农村	0.01	0.94			−0.52	0.00	−0.50	0.00
牧区	0.11	0.28			−0.22	0.14		
与父母同住［是(1)，否(2)］	0.03	0.63			−0.07	0.20		
房屋受损［是(1)，否(2)］	0.14	0.01	0.15	0.01	—		—	
因地震受伤［是(1)，否(2)］	0.11	0.05	0.13	0.02	—		—	
家人因地震受伤［是(1)，否(2)］	0.11	0.04	0.12	0.02	0.01	0.93		
因地震失去家人或好友［是(1)，否(2)］	0.20	0.00	0.21	0.00	0.18	0.00	0.19	0

表7-5　经历组与非经历组MCS得分的单因素分析和多因素分析情况

影响因素	经历组单因素分析		经历组回归分析		非经历组单因素分析		非经历组回归分析	
	β	P	β	P	β	P	β	P
家庭住址（城镇）								
农村	0.00	0.97			−0.18	0.25		
牧区	0.08	0.50			−0.16	0.29		
与父母同住［是(1)，否(2)］	−0.09	0.09			−0.20	0.00	−0.20	0.00
房屋受损［是(1)，否(2)］	−0.01	0.81			—		—	
因地震受伤［是(1)，否(2)］	−0.01	0.81			—		—	
家人因地震受伤［是(1)，否(2)］	−0.09	0.10			0.08	0.13		
因地震失去家人或好友［是(1)，否(2)］	−0.13	0.02	−0.14	0.01	0.04	0.50		

注：经历组为经历过玉树地震的参与人员，非经历组为未经历过玉树地震的参与人员。

2. 非经历组 PCS 和 MCS 的影响因素差异

非经历组的 PCS 得分与"是否因地震失去家人或好友"有关,MCS 得分与"是否与父母同住"有关(表 7-3)。

多元线性回归分析结果(表 7-4)显示,非经历组 PCS 得分的影响因素为"是否因地震失去家人或好友"。同时,MCS 得分的影响因素为"是否与父母同住"(表 7-5)。

第三节 讨 论

本书对玉树州两所初中的学生进行横断面研究,对两组进行比较。描述性统计、t 检验、Wilcoxon 秩和检验、Kruskal-Wallis H 检验、逐步线性回归用于分析数据。研究旨在比较经历过(Exp-Group)和未经历过(Non-Group)玉树地震的青少年的健康状况,此外还确定了特定群体的健康状况预测因子。

一、不同组别 PCS 和 MCS 得分比较

经历地震会对青少年产生长期的生理和心理影响。本研究旨在比较玉树地震发生 7 年后,经历过和未经历过玉树地震的青少年的健康状况,并确定不同组别青少年的身心健康影响因素。我们发现,经历组的平均 PCS 得分低于非经历组和中国青少年人群的平均 PCS 得分。同时,非经历组与中国青少年人群的 PCS 得分差异无统计学意义。这一发现可以归因于参与者对玉树地震的体验以及该地区相对落后的生活条件。另一方面,经历组和非经历组的平均 MCS 得分之间的差异无统计学意义,同时均低于中国青少年人群的平均 MCS 得分。这可以归因于玉树地震带来的经历以及灾后缺乏长期心理干预等。

二、经历组 PCS 和 MCS 得分影响因素分析

在经历组中,我们发现青少年的 PCS 得分与"房屋是否因地震受损"和"是否因地震受伤"有关。这些结果与以往的研究发现不同,以往的研究发现这些变量对自然灾害幸存者的 PCS 得分没有显著影响。但是,在其他研究中发现,灾后的 1~18 个月中,恶劣的住房条件(例如居住在临时避难所、缺乏清洁的水和食物)对身体健康有负面影响。研究发现,地震对青少年的 PCS 得分具有长期的影响。例如,房屋倒塌导致身体残疾和行动障碍的伤害可能会直接降低地震幸存者的 PCS 得分。这些结果表明,制定长期的后续干预措施以应对与地震有关的伤害并促进幸存者的康复非常重要。

在经历组中,我们发现地震中家人或朋友的死亡与身心健康具有负相关。这一发现与以往的研究结果相一致。其他研究表明,在灾难面前极度恐惧的孩子更有可能出现精神状况不佳,更容易遭受创伤后应激障碍,抑郁和焦虑。研究结果表明,即使在 7 年后,地震也会影响青少年的心理,因此需要适当的心理咨询以减少其潜在的心理影响。此外,必须建立长期的心理干预措施,以改善地震灾区幸存者的心理健康。

三、非经历组 PCS 和 MCS 得分影响因素分析

在非经历组中,我们发现居住地对身体健康有重大影响。许多研究发现,无论一个人生活在高原、农村还是城镇,生活场所都对青少年的营养摄入和饮食习惯产生不同的影响,进而影响他们的 PCS 得分。这一发现可能归因于中国快速城市化造成的贫富差距。

在非经历组中,与父母同住的青少年的 MCS 得分高于不与父母同住的青少年的 MCS 得分。之所以如此,是因为中国在过去几十年中一直在快速城市化,导致有十分之一的居民前往发达地区寻求就业机会。因此,相当多的参与者并没有与父母同住。

国家范围的研究结果表明,稳定的家庭环境有助于青少年的健康成长。此外,我们还发现留守儿童会表现出负面和不健康的行为方式、负面情绪以及不良的社会心理健康。同时,由于玉树地区是一个人口分散的高原地区,青少年必须前往寄宿制学校学习。鉴于他们刚刚开始上学,无法适应学校的氛围和生活条件方式,这也可能导致他们的 MCS 得分较低。

四、结语

经历过玉树地震的青少年的 PCS 和 MCS 得分均较低,主要是与地震导致的伤害有关,而没有经历过玉树地震的青少年的 PCS 和 MCS 得分较低,则与生活贫困和留守儿童问题有关。总之,必须为这些经历过玉树地震的青少年提供专门和长期的心理干预;此外,还必须向地震中受伤的青少年以及因地震而失去家人或朋友的青少年提供此类服务。另一方面,对于未经历玉树地震的青少年,尤其是留守儿童,学校和政府可以通过改善学校氛围和生活条件来帮助他们。

第八章

玉树地震灾区儿童和青少年主观生命质量分析(儿少主观量表 ISLQ)

第一节 量表(问卷)介绍

灾后生存质量研究当前被广泛开展,在内容上主要集中于伤痛、抑郁、焦虑和创伤后应激障碍(post-traumatic stress disorder,PTSD)等要素的关系,在人群上主要关注女性、老年人等成年人研究,部分文献针对儿少的灾后心理开展分析,如 Ke Cui 等开展失独家庭儿童生存质量(quality of life,QOL)研究,Ting Hu 开展了高中学生震后 PTSD 研究。但是针对震后青少年生活质量的研究相对匮乏。文献提示生存质量与情感认知存在明显相关,青少年在 13~15 岁逐步进入叛逆阶段,情绪变化大,容易受生活环境影响,易在不良情绪诱导下导致情感障碍,甚至发展成暴力和犯罪,这对家庭和社会都是极大负担。而已有文献表明震后少年容易产生情感麻木进而导致 PTSD,这容易导致更多的暴力和犯罪。儿少在地震中同样受到巨大伤害(suffered),地震中青少年死亡人数占总死亡人数 7% 以上,而地震造成的心理创伤能持续 2~8 年甚至更久,其造成的健康损失生命年远超过老年人。但这一切都可以被逆转,通过研究青少年地震较长时间后的生存质量及其影响因素,能够明确其对生活的长期和具体影响,进而提出针对性的干预和防治措施。

QOL 被广泛用于分析个体生活状况,其涉及多个维度,包括生理、心理、主观感受等方面。过往研究中发现震后 PTSD、情感麻木状态对 QOL 的下降具有介导作用。但是地震较长时间后,生活及主观认知各要素如何继续影响 QOL 并未明确。普遍认为客观生活质量影响主观生活满意度,其进一步分为生活满意度和主观幸福感,也称为情感成分和认知成分,由诸多主观生活评价共同组成。地震对青少年生活环境和社会关系的改变如何逐步影响其长期 QOL 值得研究。此外,文献指出针对 QOL 的社会干预和支持重在质量,要针对靶点精确干预。因此明确生活各维度对 QOL 的主要介导维度,进而针对特定维度开展干预具有重要意义,能为 QOL 的提升做出高效改善。

本研究主要关注三个问题:①探究 QOL 长期影响的效应以及生活满意度的改变情况(常模比较)。②研究青少年人口学特征和地震经历对长期 QOL 的影响因素。③进一步探究生活主观满意度各维度在 QOL 的生理和心理维度的介导关系。

本研究采用问卷为儿少主观生活质量问卷(inventory of subjective life quality, ISLQ),ISLQ 由中南大学湘雅医学院的程焰火、高北陵等人按照多维层阶理论模式所编制,其理论为三水平八维度模式。该问卷基于生活质量评定分为主观和客观生活质量这一前提假设,主要调查研究对象对自身健康状态和生活环境满意程度的主观评价,这在很大程度上取决于个体特有的评价标准。主观生活质量存在着较大的主观性、整体性和相对稳定性。目前多数生活质量评定问卷只评价个体的主观生活满意度或主观幸福感。众多研究表明主观生活质量包括2个主要成分:情感成分和认知成分,因此该儿少主观生活质量问卷即包括这两个层面。此外,儿童主观健康评价内容与成人有所不同,决定儿童主观生活满意度的维度有其特殊性。

儿少主观生活质量问卷采用三水平八维度模式评价个体的生活满意度,共计52个条目,负性条目删除较多,各维度条目和正、负条目混合编排。8维度分别为躯体情感(5个条目)、焦虑体验(8个条目)、抑郁体验(7个条目)、家庭生活(7个条目)、同伴交往(6个条目)、学校生活(8个条目)、生活环境(5个条目)、自我认识(6个条目)。8维度组成2个成分:情感成分和认知成分,情感成分由抑郁体验、焦虑体验和躯体情感3个维度组成,认知成分由家庭生活、同伴交往、学校生活、生活环境和自我认识5个维度组成。2个成分得分最后合成总分,以评价总体的满意水平。

在测量学指标上,该问卷8个维度的重测相关系数在0.541~0.805,2个主成分分级总分的重测相关分别为0.823、0.672和0.796。全量表的α系数为0.884,情感成分和认知成分的α系数分别为0.797和0.886,8个维度的α系数在0.540~0.835。全量表的分半信度为0.899,情感成分和认知成分的分半信度分别为0.800和0.911,8个维度的分半信度在0.520~0.862。构想效度5个认知维度与认知成分相关度高,3个情感维度与情感成分的相关度高,各维度与总分的相关在0.374~0.932;情感成分与认知成分的相关为0.228。

粗分计算维度的条目数不同,在问卷中是混合排列的,有些条目是正向计分,可以直接相加;有些条目是反向计分,先用5减去被试者所圈的数值,再相加。认知成分的粗分是家庭生活、同伴交往、学校生活、生活环境和自我认识5个维度粗分的总和,情感成分粗分是抑郁体验、焦虑体验和躯体情感3个维度粗分之和。总粗分是认知成分和情感成分粗分之和。各维度的记分键如下(注:下述数字为问卷中条目的序号,*表示反向计分条目,不能直接相加,须反向转换后才能相加)。

家庭生活=11+17+20+26+30+32+40

同伴交往=5+10+35+39+44+48

学校生活=1*+3+14+16+28*+34*+42+49

生活环境=8+13+21+29+46

自我认识=9+19+23+25+38+51

抑郁体验=2*+6*+22*+33*+37*+41*+45*

焦虑体验=7*+12*+24*+27*+36*+43*+50*+52*

躯体情感=4*+15*+18*+31*+47*

一般人们对生活质量表述的习惯为"十分满意"或"百分之百满意"等。因此规定维度满意程度取值范围为0~10分,成分或总体满意度的取值范围为0~100分。

分数的意义及解释。认知成分的 5 个维度，所得的标准分数越高，满意水平越高；情绪成分的 3 个维度，得分高者，生活比较愉快，没有紧张的感觉，躯体症状较少。这 8 个维度得分在 3 分以上者占被测人群的 95%，几乎没有人能达到十分满意的水平。得分在 5~7 分，满意度在一般水平，得分在 3~4 分不太满意，低于 3 分为极不满意，得分在 7 分以上为比较满意。

认知成分、情感成分和总体满意水平采用百分制，得分越高，满意水平越高，0~29 分为极不满意，30~49 分为不太满意，50~70 分为一般水平，71~90 分为比较满意，>90 分为极满意。

第二节 数据分析

本研究于 2017 年 8 月在玉树地区开展，采用随机整群抽样的方法，选取玉树地区 8 所中学中的 2 所开展调研。纳入标准：就读初中（年级为 7~9 年级）；经历过玉树地震，取得知情同意。排除标准：有慢性疾病或两周内患病。

此部分统计结果采用 SPSS 21.0 进行分析。文章采用均值和标准差进行描述性分析。正态性检验采用 S-W 检验，$P>0.05$ 为符合正态分布。单因素分析：PCS 和 MCS 相关研究中，分组变量符合正态性连续变量采用独立样本 t 和方差分析；不符合采用非参数秩和检验，连续变量八维度评分符合正态采用 Pearson 相关，不符合正态采用 spearman 相关性检验。多因素分析：采用线性回归，分别对 PCS 和 MCS 进行分析。

一、人口学特征、地震经历描述及单因素分析

该研究共纳入 591 名参与者。所有参与者均为初中生，平均年龄为 15.5 岁，其中近一半为女性（49.7%）；大部分是藏族（96.4%），其中大多数信仰藏传佛教（96.4%）；所有参与者都遭受了 2010 年的玉树地震；关于家庭财产损失，其中一半（42.6%）的房屋遭到了破坏；值得注意的是，在地震中，有 45% 的青少年的家人或朋友死亡（表 8-1）。

表 8-1 调研对象人口学、地震经历与认知心理及 PCS、MCS 单因素分析

			合计
人口学及社会信息			
年龄（岁）		<13	12(2%)
		13	36(6.1%)
		14	92(15.6%)
		15	164(27.7%)
		16	150(25.4%)
		17	68(11.5%)
		18	69(11.7%)

(续表)

		合计
年级	7	206(34.9%)
	8	254(43.0%)
	9	131(22.2%)
性别	男性	297(50.3%)
	女性	294(49.7%)
民族	藏族	570(96.4%)
	汉族	19(3.2%)
	回族	2(0.3%)
	其他	0(0)
信仰	藏传佛教	570(96.4%)
	其他信仰	16(2.7%)
	无信仰	5(0.8%)
居住地	城镇	72(12.2%)
	牧区	207(35%)
	其他	312(52.8%)
是否与父母居住	是	488(82.6%)
	否	103(17.4%)
地震相关经历		
玉树地震时被困或处于危险之中	是	219(37.1%)
	否	372(62.9%)
房屋损毁	是	252(42.6%)
	否	339(57.4%)
家庭财产损失	是	222(37.6%)
	否	369(62.4%)
地震期间感到害怕	完全不	40(6.8%)
	一点点	110(18.6%)
	害怕	127(21.5%)
	非常害怕	265(44.8%)
	不清楚	49(8.3%)
地震中受伤	是	107(18.1%)
	否	484(81.9%)

		合计
家庭成员在地震中受伤	是	165(27.9%)
	否	426(72.1%)
有亲友在地震中死亡	是	266(45%)
	否	325(55%)
认知和心理健康部分		
疏散技能训练	是	318(53.8%)
	否	273(46.2%)
接受心理咨询或心理健康教育	是	318(53.8%)
	否	273(46.2%)
现在对地震的恐惧	完全不	50(8.5%)
	一点点	117(19.8%)
	害怕	122(20.6%)
	非常害怕	253(42.8%)
	不清楚	49(8.3%)

二、生活满意度与常模对比

儿少主观生活满意度8个维度和2个方面分值与常模比较,全部具有统计学意义。除家庭生活和焦虑体验外,所有维度和成分都低于常模(表8-2),特别是躯体情感方面显著低于常模。

表 8-2 儿少主观生活满意度评价结果及其与常模对比

儿少主观生活满意度	男性			女性		
	平均值±标准差	常模	P	平均值±标准差	常模	P
家庭生活	19.67±4.52	16.92±4.50	<0.001	18.86±4.52	17.72±4.75	<0.001
同伴关系	17.06±4.18	17.56±4.20	0.39	16.32±4.43	17.66±4.52	<0.001
校园生活	23.11±4.28	25.92±4.35	<0.001	23.18±3.84	27.00±4.22	<0.001
生活环境	13.12±3.07	13.90±3.43	<0.001	13.15±3.29	14.02±3.76	<0.001
自我认知	14.68±3.63	15.94±3.59	<0.001	14.05±3.52	16.00±3.82	<0.001
躯体情感	21.62±3.86	17.74±2.06	<0.001	22.43±3.34	17.9±1.75	<0.001
抑郁体验	22.11±4.34	25.53±3.64	<0.001	22.22±3.87	25.45±3.89	<0.001
焦虑体验	14.76±2.51	25.09±2.65	<0.001	14.74±2.48	25.42±2.36	<0.001

(续表)

儿少主观生活满意度	男性			女性		
	平均值±标准差	常模	P	平均值±标准差	常模	P
认知成分	87.64±14.98	90.25±14.20	0.003	85.56±15.68	92.42±15.40	<0.001
情感成分	58.49±8.55	68.36+6.63	<0.001	59.39±7.76	68.76±6.40	<0.001
总分	146.13±15.70	158.61±16.67	<0.001	144.96±16.91	161.18±18.17	<0.001

三、儿少主观八维度描述及单因素分析

儿少主观生活质量评价中8个维度和2个方面分值与常模比较,全部具有统计学意义。除家庭生活和焦虑体验外,所有维度和成分都低于常模,特别是躯体情感方面显著低于常模,见表8-3。

表8-3 儿少主观生活满意度与SF-12得分单因素分析

儿少主观生活满意度	PCS P 值	MCS P 值
家庭生活	0.776	0.939
同伴关系	0.540	0.987
校园生活	0.034*	0.270
生活环境	0.651	0.579
自我认知	0.183	0.353
躯体情感	<0.001*	0.680
抑郁体验	<0.001*	0.308
焦虑体验	0.021*	0.957

注:*表示有统计学意义。

第三节 讨 论

地震是一种突然发生、覆盖范围大、具有极大危害的自然灾害,而文献研究表明,青少年容易产生灾后QOL下降,并且影响其行为进而导致当地经济社会发展。研究地震对青少年的长期生存质量的影响,探究一般影响因素及生活主观判断要素的关系,有利于寻找QOL长期发展规律,并开展针对性的干预,提升青少年的生存质量。本研究发现,生活满意度评价对生活质量结局有介导作用。

通过与中国青少年人群常模得分和儿少主观生活满意度八维度对比发现,除家庭生活和抑郁体验外,玉树震区儿少其余指标都低于常模。同样,在本研究中青少年参加者的家

庭生活和抑郁体验评分高于常模,表示其在这两个方面具有相对较高的满意度。我们发现,当前并没有文献系统研究不同宗教信仰对生存质量的影响,但是藏族人民安土重迁,极少选择出省谋生工作,以农牧业为主,家庭团聚状况好于中国其他地区人员。编者团队认为,较常模更高的抑郁体验得分可能源于其宗教的信仰,帮助其将情感寄托于信仰。这提示我们对于该地区人群在进行心理干预和生活支持时要注意更大环境范围的帮助,特别是学校、同学、周围环境的支出和建设。文献研究表明,社会支持重在质量而不是数量,需要针对性地提高生活主观满意度,进而改善生存质量。

在主观评价的情感和认知两个维度中,研究对象评分均低于常模。之前的研究表明,儿少容易在灾后存在情感麻木的情况,情感麻木是机体自我保护以便忘却灾害的一种本能反应,负面情绪的麻木将导致更多的暴力和犯罪行为,而外部创伤容易导致这种情绪,该项结果需要引起政府部门的注意。

本次研究验证了地震对青少年生存质量会产生较长时间的负面影响,与之前的研究中发现的灾民(特别是老年人)容易受地震长期影响的结果相近。目前普遍认为儿少时期的心理健康将对其个人行为塑造和一生发展产生持续性影响,大量文献表明,地震容易造成人员生存质量下降,且影响具有长期性,生存质量和心理具有密切相关,容易进一步造成PTSD。因此相关的心理干预和生活帮助需要长期且持续进行,并持续关注青少年震后生存质量变化,以减少其长期的负面影响。研究同样存在一定的不足:①缺少纵向随访研究(地震前后及震后不同时间段的随访)。②问卷测量工具可能存在主观回忆偏移。③样本量选取有一定局限,没有囊括不同经济状况和文化环境地区分析。

第九章

玉树地震灾区儿童和青少年心理状况改变分析（CIOQ-S量表）

第一节 量表介绍

负性事件后人并不一定被打垮，磨砺也能使人成长。逆境中个体既可能体验到心理方面的负性变化，如痛苦等，也可能体验到心理方面的正性变化，如亲密感增强等。观念变化问卷（changes in outlook questionnaire，CIOQ）是最早用于测量压力、创伤等负性事件后个体心理方面正负性变化的工具。其初始题项来自对多位船难事故幸存者进行的开放式问卷调查，由11道评定正性变化和15道评定负性变化的题项构成，最初的研究表明这两个子量表有着良好的测量学指标，具有统计上的独立性且分别各自计分，但不计问卷总分，问卷以6点李克特（Liket）的形式请被测试者就自己对每一题项的认同程度进行评定。探索性因素分析删除两道题后最终得到一个由正性变化（10道题）和负性变化（14道题）构成的两因素问卷，验证性因素分析支持了两因素模型。两个子量表有着可接受的内部一致性系数，两者仅有微弱的相关性。该表具有较好的汇聚与区分效度及预测效度，被用于各种各样的研究对象，这些对象都经历过严重的创伤和逆境，譬如经历过2001年9月11日美国恐怖袭击事件的人群、创伤治疗师以及其他经历过不良和创伤事件的人群。但是这个量表一共有26个问题，回答起来较为繁复，因此，Joseph等专家根据因素负荷大小，形成了10道题的简版CIOQ，简式量表具有良好的心理测量学指标，可靠性高，相对简易，耗时短，被各类研究用来衡量研究对象的心理状况改变情况。

本部分采用中文版观念改变量表-简短版（short form of changes in outlook questionnaire，CIOQ-S）来衡量玉树地震灾区儿少心理状况改变（附录4）。CIOQ-S是包括10个条目的简短量表，其中5个条目聚焦研究对象的积极心理改变（CIOP-S，比如："我现在更加珍惜生命"），剩余5个条目聚焦研究对象的消极心理改变（CION-S，比如："我不再期待未来了"），每个条目通过李克特6点量表来评估（从"1"的非常不符合到"6"的非常符合），其中"1"计5分，"2"计10分，以此类推，"6"计30分。分值越高意味着相应的积极或消极心理改变更加强烈。本研究中用到的CIOQ-S中文版已经在中国的地震灾民人群中经过信效度检验，其中CIOP-S的克朗巴哈（Cronbach's alpha）系数为0.87，CION-S的克朗巴哈系数为0.82，被证明是用来衡量中国地震灾民心理改变非常有效的量表。

运用此量表探讨受灾青少年的心理影响因素,可以帮助救援人员和医疗卫生服务人员界定重点健康干预对象,综合目前对于健康损害的高危人群进行靶向干预的研究,受灾青少年的健康危险因素可以从人口社会学、震中经历、震后经历等多维度多变量进行系统探讨。人口社会学因素包括性别、年龄、民族、教育、居住地以及是否与父母同住等;震中经历包括受伤、家人受伤死亡、地震受困、震中恐惧程度等。震后经历包括是否参与地震救援、逃生训练、心理支持等。

第二节 数据分析

本研究于2016年8月在玉树结古镇开展,调研对象在地震发生时的年龄为5～12岁,都已能够对当时地震的场景留存记忆。6年过去,地震的灾害场景是否依旧对他们的心理产生影响?这些影响是以正面还是反面的作用存在,抑或同时存在?这都是我们关注的问题。本研究采用随机整群抽样的方法,随机选取结古镇两所中学开展调研。纳入标准:就读初中(年级为1～3年级);经历过玉树地震;取得知情同意。

此部分统计资料分析主要通过SPSS软件21.0版本实现。分类变量用频率和百分比描述,连续变量用标准差(SD)描述。当数据符合正态分布和方差齐性时,通过t检验(两组比较)和方差分析(多组比较),评估各组间CIOQ-S得分的差异;反之则采用Wilcoxon秩和检验(两组比较)和Kruskal-wallish检验(多组比较)。以$P=0.05$和$P=0.10$为排除标准进行逐步线性回归分析,找出影响CIOQ-S评分的因素。具体数据分析结果如下。

一、社会人口学特征与地震相关经验

CIOP-S和CION-S的平均得分分别为19.28和13.08。在591名参与者中,297名(50.25%)为男生,459名(77.67%)为七年级或八年级学生。调查时参与者的年龄从11岁到18岁不等,平均年龄为15.49岁。绝大多数学生($n=570,96.45\%$)是藏族(玉树市的主要民族类别),大多数青少年($n=586,99.15\%$)有宗教信仰。在居住环境方面,只有72名学生(12.18%)居住在市中心,207名学生(35.03%)居住在农村农业地区,312名学生(52.79%)居住在牧场。共有488名学生(82.57%)与父母同住。地震期间,502名受灾学生(84.94%)感到恐惧;426人(72.92%)没有家庭成员受伤;325人(54.99%)没有家庭成员死亡。此外,大多数问卷参与者($n=484,81.9\%$)没有在地震中受伤,但219人(37.06%)在地震中被困或处于危险中。只有不到一半的参与者($n=252,42.64\%$)的房屋在地震中受损。同样,不到一半的学生($n=222,37.56\%$)的家庭因为地震造成了财产损失。共有318人(53.81%)在震后接受过心理逃生训练和(或)心理辅导。具体结果见表9-1。

表 9-1 玉树地震儿少灾民人口统计和地震相关经历

变量	人数	百分比	CIOP 值 均数(SD)	P	CION 值 均数(SD)	P
总体	591	—	19.28(6.10)		13.08(6.08)	
性别				0.0219		0.1322
男	297	50.25%	19.9(6.28)		13.44(6.25)	
女	294	49.75%	18.66(5.86)		12.71(5.9)	
年级				0.0251		0.5256
1	202	34.18%	18.32(6.77)		12.86(5.83)	
2	257	43.49%	19.52(5.89)		12.95(6.12)	
3	132	22.34%	20.3(5.17)		13.67(6.4)	
宗教信仰				0.8651		0.6091
有	586	99.15%	19.27(6.11)		13.06(6.07)	
无	5	0.85%	20.2(5.22)		15.2(8.41)	
居住地				0.1473		0.0069
城镇	72	12.18%	20.44(6.18)		14.44(6.7)	
农村	207	35.03%	19.35(5.81)		13.71(6.09)	
牧场	312	52.79%	18.97(6.25)		12.34(5.85)	
是否与父母同住				0.9528		0.2673
是	488	82.57%	19.26(6.08)		12.94(6.02)	
否	103	17.43%	19.41(6.21)		13.75(6.38)	
地震中是否受困				0.6584		0.1010
是	219	37.06%	19.13(6.64)		13.53(6.05)	
否	372	62.94%	19.37(5.77)		12.81(6.1)	
房屋是否因为地震受损				0.5770		0.9341
是	252	42.64%	19.36(6.52)		13.12(6.16)	
否	339	57.36%	19.22(5.78)		13.05(6.04)	
家庭是否因为地震损失财产				0.6568		0.1324
是	222	37.56%	19.33(6.69)		13.44(5.94)	
否	369	62.44%	19.25(5.72)		12.86(6.17)	
地震中是否害怕				0.5508		0.0168
否	40	6.77%	20.85(7.55)		16.65(6.9)	
一点点	110	18.61%	19.2(5.5)		13.08(6.39)	

(续表)

变量	人数	百分比	CIOP 值		CION 值	
			均数(SD)	P	均数(SD)	P
有点	127	21.49%	19.39(6.14)		12.77(5.46)	
非常	265	44.84%	19.09(6.2)		12.76(6.07)	
不清楚	49	8.29%	18.98(5.39)		12.65(5.6)	
自身是否因为地震受伤				0.026 3		0.008 7
是	107	18.1%	18.05(6.91)		14.5(6.46)	
否	484	81.9%	19.56(5.88)		12.76(5.96)	
家人是否因为地震受伤				0.295 4		0.158 0
是	165	27.92%	18.83(6.41)		13.69(6.33)	
否	426	72.92%	19.46(5.97)		12.84(5.98)	
家人是否因为地震死亡				0.952 6		0.674 9
是	266	45.01%	19.27(6.27)		13.31(6.36)	
否	325	54.99%	19.29(5.97)		12.89(5.85)	
是否接受逃生训练				0.350 1		0.033 1
是	318	53.81%	19.38(6.45)		12.65(6.09)	
否	273	46.19%	19.17(5.68)		13.58(6.05)	
是否接受心理辅导				0.238 6		0.002 2
是	318	53.81%	19.56(6.16)		12.36(5.83)	
否	273	46.19%	18.96(6.03)		13.92(6.27)	

二、积极心理变化的相关因素

根据 CIOP-S 相关结果,通过单变量分析(表 9-1)来评估地震后积极心理变化的发展。结果发现,积极心理变化得分与受教育程度($P=0.025\ 1$)和自我伤害($P=0.026\ 3$)相关。此外,多元逐步回归分析(表 9-2)表明,地震后积极心理变化发展的影响因素包括:具有较高的教育水平($P=0.011\ 7$)、男性($P=0.015\ 2$)和未受地震伤害($P=0.002\ 9$)。

三、消极心理变化的相关因素

接下来,再次利用 CION-S 相关结果进行单变量分析,以期评估地震后个体产生的消极心理变化情况(表 9-1)。发现负性心理变化趋势与居住环境($P=0.006\ 9$)、地震时的恐惧程度($P=0.016\ 8$)、地震中是否受伤($P=0.008\ 7$)、是否接受逃生训练($P=0.033\ 1$)以及是否接受心理辅导($P=0.002\ 2$)有关。多元逐步回归分析显示,地震后负性心理变化的显著预测因子包括居住在牧场（$P=0.0386$）、在地震中受伤（$P=0.0131$）和没有接受心理辅导（$P=0.0093$）（表9-2）。

表9-2 积极和消极心理相关因素的多元逐步回归分析

变量	系数[a]	标准误[b]	P 值[c]
因变量：CIOP-S			
年级（高）	0.9159	0.3621	0.0117
性别（男）	−1.2947	0.5317	0.0152
自身地震中是否受伤（否）	2.0339	0.6804	0.0029
因变量：CION-S			
居住地（城镇）	对照组		
居住地（乡村）	−0.3951	0.8487	0.6417
居住地（牧场）	−1.6847	0.8125	0.0386
自身地震中是否受伤（是）	−1.6671	0.6697	0.0131
是否接受心理辅导（否）	1.3601	0.5210	0.0093

注：a 非标准回归系数；
b 系数标准化误差；
c 逐步回归的纳入标准为 $P=0.05$；排除标准为 $P=0.10$。

第三节 讨 论

一、地震创伤对儿童和青少年心理影响研究现况

玉树地震过去已十余年，已有相当数量的研究关注此次地震对灾区儿少心理健康状况的影响。有研究表明，儿少由于成熟度不高且缺乏生活经验，抗压能力较弱，比成人更容易受到心理冲击并出现应激反应，一半以上儿少的PTSD症状会延续到成年。这些影响既包括抑郁、焦虑等负面情绪，但同时也会给灾区青少年带来正面的积极的心理改变，譬如自我恢复，创伤后成长等。过去的研究也表明，地震后儿少PTSD的患病率在2.5%~60%。同样，在地震后1到36个月，幸存儿少的抑郁检出率在13.7%~76%。然而，越来越多的研究报告显示，自然灾害后，儿少群体也普遍发生积极的心理变化。据报道，2004年有55%的美国儿童在经历卡特里娜飓风后的心理成长受到了影响。潜在的创伤后积极改变包括个体更关注机遇、与他人相处更融洽、对生活更感恩等。研究认为，逆境之后积极的心理改变能够对受灾群众今后的生活产生深远的影响。一些研究还认为，逆境之后受灾群众可以同时产生消极心理改变和积极心理改变，这意味着消极和积极心理改变是一件物体的两个独立组成部分，而非对立的两极。积极的心理改变并不是纯粹的消极心理改变的对立面，它也

会在一定程度上影响受灾群众的消极心理变化,帮助受灾群众更好地从逆境中恢复。因此,对于地震后灾区青少年的心理状态的评估,不仅要关注他们的消极心理变化,还要关注他们的积极心理改变,从而更全面地衡量地震灾区青少年的心理状态,以方便相关部门提供更具有针对性且更为有效的心理干预。

与成人相比,儿少更加容易因创伤事件遭受心理健康相关的问题,因为他们缺乏足够的应对经验、技能和社会资源来处理和解决可能影响他们心理健康的问题。因此,人们越来越重视地震中儿少幸存者的心理状况;然而,目前大多数相关研究的关注点在短期心理影响上。先前的几项研究表明,在短期内,地震幸存者中的儿少的消极心理影响是明显的。但是已有研究表明,心理影响不会随着时间的推移而显著降低,对儿少来说,创伤事件的心理影响会持续多年,并在其人格发展中发挥重要作用。近 20 年来,中国经历了汶川、玉树、芦山和鲁甸四次大规模地震,许多相关研究发现很多变量(如性别、学历、地震经历等)与受灾群众的短期心理状况存在关联,但对不同因素如何长期影响儿少的心理健康状况存在分歧,对消极和积极的心理变化是否具有相同的预测因素也仍待进一步讨论。因此,本部分关注灾区儿童在玉树地震 6 年后心理变化的特点及其相关影响因素,以期为类似事件儿少幸存者的长期心理援助提供循证依据和参考意见。

二、心理变化的影响因素分析

高年级学生的积极心理得分更高,这与课题组前期的研究结果一致。这可能是因为高年级学生在经历地震时年龄相对较大,他们的认知能力、心理状况和情绪应对都相对成熟,自我调节能力更强,心理反应的积极面更加明显。对于性别方面,已有大量研究证实,女性成年人比男性成年人更容易在灾难事件后经历消极的心理变化;我们之前对芦山地震的成年幸存者的研究也发现了这样的结果。一些研究表明,女性对逆境更敏感,更容易觉察到自己的身体、心理以及周围环境的变化,她们不太擅长使用有效的应对策略,而且往往对灾害的认知更加消极。此外,女性对于灾难的易感性在一定程度上和她们在家庭中的地位较低、社会经济资源有限、自我效能较低有关。所以,在灾后重建过程中,应该给予女性更多的关注。然而,儿少幸存者之间的性别差异并不像成人之间那样明显。研究发现,男生有更高的积极心理变化分数,这可能表明,由于先天性的性别特异性生理因素,男生具有更大的抗压能力。与此相反,对汶川地震幸存者的研究表明,女生灾后正向心理得分比男生更高,这在一定程度上与社会支持的中介影响有关,因为女生在压力下更愿意寻求他人的帮助。同时,男生和女生在负向心理变化得分上没有差异,这与以往的研究结果是一致的,例如,对玉树地震 3 年后青少年心理变化的研究就得出了这样的结果。在 PTSD 患病率方面的性别差异可以忽略不计,而在青少年中,与消极心理变化有关的性别差异也相对有限,美国国立卫生研究院的一项研究发现,女孩和男孩患抑郁症的概率相似。更有研究表明,女性的性别差异只在 35 岁以后出现。我们的研究中性别差异较小,很可能是由于儿少年龄较小,在这个阶段,性别导致的生理发育和荷尔蒙分泌差异并不明显。

我们发现,在地震中受伤的儿童幸存者更容易产生消极的心理变化,而那些在地震中没有受伤的儿童更容易产生积极的心理变化。地震往往会对受灾群众造成巨大的身体伤害,甚至可以导致受灾群众截肢甚至残疾,这些都会严重影响受灾群众的生活质量,从而加剧他们的负面情绪;相反,在地震中没有受伤或者没有受困的受灾群众更容易从负面情绪中摆脱,并对生活充满乐观。

玉树是中国西部的一个偏远地区,平均海拔超过4 200米,居民以藏族为主。这一地区的居民主要是居住在牧区的牧民,他们以畜牧为生,当地还有部分普通的城镇居民。研究结果表明,城镇居民子女比牧民子女更容易发生负向心理变化。这一结果与其他关于牧区和非牧区学生心理状况的研究不一致。例如,有研究显示中国哈萨克牧区中学生的心理健康状况比非牧区中学生好。对此的一个可能的解释是,地震往往导致房屋受损,社区服务设施严重中断,城市居民可能会流离失所,这会对日常生活造成严重影响。而牧区儿童本身就生活在草原上,多年来保持着游牧的生活方式。因此,地震对他们生活的影响并没有那么显著。

没有接受心理咨询的儿童的消极心理变化得分更高。这一结果强调了对地震幸存者进行心理辅导的重要性。先前研究已经表明,相当大比例的儿童在发生自然灾害后需要心理干预,无论这些干预的时间点如何(如灾后立即干预、灾后数天至数月干预)、干预目标如何(个体干预还是群体干预),干预的效果都较为显著。目前已有研究开始关注灾后青少年心理干预模式以及效果,比如通过整合当地普适性资源(如教师、学校校医和学校辅导员)实施的校本干预措施,对精神症状相对较轻的学生是非常有效的;使用心理-社会教育和临床干预的综合方法比单一方法能提供更好的干预效果等。

接受问卷调查的受灾青少年半数以上接受了相关的地震逃生知识培训,但是在本研究结果中是否接受地震相关培训并不是积极或者消极心理健康状况的危险因素,这在一定程度上提示前期灾害教育的有效性需要加强。在长期的防灾减灾研究和实践中,人们逐渐意识到:"灾害教育是最好的防灾减灾和对国民最好的灾害救援,不仅成本小、效益显著,而且比灾害救援更人道。"灾害教育由学校、家庭、社会三个维度构成,玉树州的文化背景使得家庭的教育干预比重较低,而学校是开展灾害教育的最佳场所和主要渠道。学校具有的制度化、规范化、大众化和媒介化等特点,不但有助于提升学生的防灾技能、培养积极预防的态度,让他们成为有科学防灾观念的负责任的公民,还可通过影响一个学生,带动一个家庭,进而辐射影响全社会,提高全民防灾素养,培育灾害文化,构建安全安心社会。当地学校在今后的地震知识普及工作中需要进一步丰富和改进培训的内容和方式,开发更容易被地震高发地区人群学习与吸收的培训模式,提高培训的质量与效果,譬如将灾害教育实施途径扎根学生日常生活,组织开展形式多样的防灾体验活动(避难住宿体验、灾害遗址情感体验等)。

三、结语

本章通过研究地震后儿童和青少年可能发生的消极和积极的心理变化,并探讨相关影响因素,进一步了解地震对受灾青少年造成的心理影响程度和易感因素,筛选地震心理创伤的青少年敏感人群,为震后心理救援力量部署以及心理救治靶向人群选择提供依据。但是需要注意的是,玉树藏族自治州是全国少数民族比例最高的自治州,截至2016年,全州总人口为403 656人,总人口中少数民族人口398 357人,占总人口的98.7%。在少数民族人口中,藏族397 721人,回族266人,其他少数民族370人(玉树州统计局2017年统计数据)。玉树地区属藏族聚居的全民信教区,宁玛、萨迦、噶举、格鲁等教派齐全,藏传佛教源远流长,佛教文化博大精深,已经有800多年的历史,尤以此次调研的囊谦县最为典型。截至2016年,囊谦县现有10个乡镇、69个村,共8万余人口,宗教活动场所达108座,平均每个乡镇有10座寺院,每个村有1.5座寺院,每10人中有1名僧人;当地至今仍有部分群众愿意将子女送进寺院接受宗教文化熏陶,而不愿意把子女送进学校接受现代文化教育。数据显示,全州适龄儿童、少年入学率低,2007年玉树当地初中阶段入学率为43.5%,而2007年全国初中入学率已达98%。而我们此次调研对象为初中学生,没有涉及该年龄段进入寺庙的青少年,我们的研究结果具有一定的局限性,这点需要读者注意。

第十章

玉树地震灾区儿童和青少年自我报告结局分析（PROMIS 量表）

第一节 量表介绍

一、PROMIS 量表简介

2004 年，美国国立卫生研究院（NIH）牵头，斥巨资研制了患者报告结局测量信息系统（patient-reported outcomes measurement information system，PROMIS），将其作为患者报告结局评估的国际标准工具。现有的 PROMIS 领域及亚领域包括了疲劳、焦虑、抑郁、愤怒、疼痛特征、疼痛的影响、疼痛行为、参与社会活动和社会角色的满意度、睡眠紊乱、睡眠相关损害等。大多数领域选择 7 天作为回忆期，大多数条目采用 Liket 5 级评分。每个单位维度亚领域均存在计算机自适应测验（CAT）和简表（short forms）两种测评形式。儿童患者报告结局测量信息系统（pediatric patient-reported outcomes measurement information system，pediatric PROMIS）则是 PROMIS 中针对儿童症状和生活质量等的自我评估系统。是患者报告结局测量信息系统的一部分，是儿童的症状、生活质量和功能测评工具系统。该系统框架包括生理、心理和社会三部分，该量表优势在于可在不同人群间进行同类比较，不仅可以应用于不同类型疾病患儿的主观健康比较，特别是患有慢性病（癌症、肾衰竭、哮喘、肥胖、风湿性关节炎等）的 8~17 岁儿少的感受和体验，还可以用于普通人群。当前已经被广泛应用于不同疾病患儿的主观健康评价中，用以分析患者在不同健康维度上的状态，并施加针对性的干预提高诊疗效果。当前 PROMIS 问卷在正常青少年主观健康领域应用不足，其应用研究能为青少年健康早期检测和及时干预提供有益的尝试。

二、基于 PROMIS 量表的问卷设计简介

本调查使用的结构化表格基于 PROMIS 量表，包括 4 个部分（即社会和人口统计信息、家庭状况、学校生活和主观健康质量）。收集的社会和人口信息则包括了年龄、年级、性别、民族和宗教信仰。家庭情况一大项中包括所在地（包括城市、农村、牧区和其他）、是否与父母同住、是否独生子女、父母的学历以及家庭收入。其中"不与父母同住"的学生是指留守儿童（即亲生父母去城市工作，把孩子留在家里与祖父母或其他直系亲属住在一起）。学校生活中包括了同宿舍人数、每月回家频率、回家路程、同学关系、学习压力、每天花在作业上

的时间以及每天的睡眠时长。回家频率包括每月 4 次、每月 2~3 次、每月 1 次和每月少于 1 次。回家路程以回到家所花费的时间来进行衡量,选择项包括少于 1 小时、2~4 小时、4~6 小时以及超过 6 小时。

学生的主观健康质量测评则是采用了中文版的儿童患者报告结局测量信息系统(PORMIS),包括小儿 v1.1-抑郁症状 8b、小儿 v1.0-愤怒 6a、小儿 v1.1-焦虑 8b、小儿 v1.0-疲劳 10a 和小儿 v1.0-同伴关系 8a。这些项目的选择基于专家共识,从而在 PORMIS 的全部 21 个领域中选择了这 5 个领域。简短的调查表格中包括上述 5 个领域中的 8 个项目,但疲劳(10 个项目)和愤怒(6 个项目)除外。所有这些 PROMIS 项目都使用上下文声明了"过去 7 天中"。回答包括 5 个选项,从"从不"到"几乎总是"。根据 http://www.nihpromis.org 上的评分手册计算每种简短形式的原始评分和 T 评分。每个 PROMIS 儿科域均产生 T 分数,平均值为 50,标准差为 10。平均值 50 反映了校准人群,并不代表一般人群或其他特定人群。较高的分数表示更多的可测症状,因此表示抑郁、焦虑、疲劳和愤怒的较差症状,以及与同伴关系的状况更佳。在简表下,PROMIS 儿科措施在 2 到 4 个标准差的范围内,始终能达到 0.85 或更高的可靠性。

第二节　数据分析

一、调查方法

调查由来自海军军医大学的 8 名本科生进行。项目负责人在研究开始前在上海对 8 名研究人员进行了集中培训,向他们介绍了研究的细节,并回答了他们关于研究的问题。调查于 2019 年 8 月 15 日至 25 日进行。这次调查在当地小学的教室里进行。研究人员向受访者简要介绍了问卷的细节,并回答了相关问题。学校校长批准并同意向学生们公布有关研究的情况。该研究也获得了海军军医大学伦理委员会的批准,所有参与者都自愿参加我们的调查。本研究采用随机整群抽样方法,在囊谦县 29 所小学中随机抽取毛庄乡孜荣小学。孜荣小学是一所寄宿制学校,学生一般每月回家一到两次。所有符合条件的孜荣小学学生都被邀请参加了这次调查。纳入三至六年级学生,有慢性疾病、近 2 周有急性病或拒绝合作者排除。孜荣小学 433 名学生中,有 250 名三至六年级学生符合纳入标准,其中 190 名学生完成整个调查。

所有分析均使用社会科学统计软件包(SPSS)版本 11.0(SPSS Inc., Chicago, USA)进行。首先采用频数、频率、平均值±标准差等形式描述各研究项目及体检状况。进而根据资料分布情况,选择 t 检验(两组比较)、方差分析(anova,用于多组比较)或非参数检验方法(两组比较的 Wilcoxon 秩和检验和多组比较的 Kruskal-Wallis H 检验)进行单因素关联性分析。双变量分析中 $P<0.1$ 的变量均进入多变量模型。采用多元线性回归分析确定主观健康结果的独立危险因素。多变量分析中变量的进入和去除标准为 0.05。认为 $P<0.05$ 的概率值具有统计学意义。

二、研究对象的体检结果

首先从缺齿、龋齿、视力、色觉、嗅觉、听力、咽喉情况 7 个项目对研究对象进行体格检查，各项结果均显示有一定比例学生存在异常或病变。其中缺齿患病率 4.7%，龋齿患病率 29.5%，近视患病率 15.3%，色盲患病率 1.1%，嗅觉异常患病率 1.6%，听力异常患病率 0.5%，咽喉炎症患病率 1.1%。综合 7 项结果，仅 57.9% 的学生正常，42.1% 的学生存在不同程度病变。详细结果见表 10-1。

表 10-1 体检结果表

项目	结果	例数	百分比
缺齿	正常	181	95.3%
	缺齿	9	4.7%
龋齿	正常	134	70.5%
	有龋齿	56	29.5%
近视	正常	161	84.7%
	有近视	29	15.3%
辨色能力	正常	188	98.9%
	色盲	2	1.1%
嗅觉	正常	187	98.4%
	异常	3	1.6%
咽喉	正常	188	98.9%
	异常	2	1.1%
听力	正常	189	99.5%
	异常	1	0.5%
总体检异常情况	正常	110	57.9%
	一项异常	51	26.8%
	两项异常	21	11.1%
	三项异常	8	4.2%
BMI 指数	BMI<18.5	165	86.8%
	18.5≤BMI<24	24	12.6%
	BMI≥24	1	0.5%
合计		190	100%

在所有检查项目中，BMI 指数的问题最为严重，86.8% 的学生 BMI 低于 18.5，营养不良现象普遍。190 名研究对象中，男生 91 人，女生 99 人，平均年龄为 12.83±1.60 岁。其平均身高为 142.27±9.96 cm，平均体重为 34.38±8.00 kg，BMI 指数为 13.05~27.09，平均为

16.76±2.01。

其中男性平均身高为143.9±10.32 cm,平均体重为35.6±8.31 kg,BMI为16.96±2.08;女性平均身高为140.73±9.40 cm,平均体重为33.26±7.57 kg,BMI为16.58±1.93。男女生在身高($P=0.026$)和体重($P=0.044$)两个方面有统计学差异,但是男女两组学生的BMI不存在统计学差异($P=0.194$)。

三、PROMIS问卷五维度信息

根据回收的190份有效PROMIS问卷,从抑郁、愤怒、焦虑、疲劳和同伴关系五个维度评估研究对象的健康状况结果。五项平均值分别为:58.9±5.3,53.3±8.0,58.1±7.3,52.8±8.0,39.3±6.6(图10-1)。与PROMIS人群常模标准50±10比较,研究对象的抑郁、愤怒、焦虑、疲劳4个维度得分高于人群常模,同伴关系得分低于人群常模。五项P值均小于0.001,差异具有统计学意义。根据量表评价标准,抑郁、愤怒、焦虑、疲劳4个维度得分越高,意味着相关健康状况越差;同伴关系得分越高,意味着状况越好。因此,可以认为本次评估对象的抑郁、愤怒、焦虑、疲劳以及同伴关系五个维度的健康状况均低于正常人群。

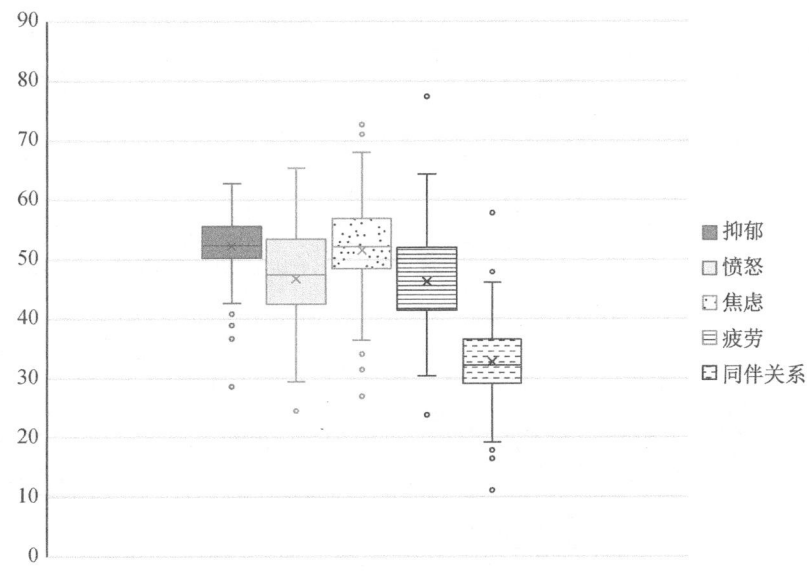

图10-1　PROMIS五维度健康评分箱型图

四、PROMIS各维度健康状况得分的危险因素分析

根据各维度得分与相关影响因素分布情况选择合适的单因素统计分析方法,分析各维度得分的危险因素,当$P<0.05$认为差别具有统计学意义。结果显示,研究对象抑郁维度健康状况与年级($P=0.032$)、家庭经济状况($P=0.023$)相关;愤怒维度健康状况与年级($P=0.001$)、母亲文化程度($P=0.027$)、学习压力($P=0.025$)相关;焦虑维度状况与家庭经

济状况($P=0.004$)、作业完成时间($P=0.033$)相关;疲劳维度健康状况与年级($P<0.001$)、年龄($P=0.006$)、所在地($P=0.001$)、父亲文化程度($P=0.011$)、母亲文化程度($P=0.003$)、家庭经济状况($P=0.031$)、回家路程时间($P=0.011$)、学习压力($P=0.026$)、作业完成时间($P=0.001$)、睡眠时长($P=0.042$)相关;同伴关系维度健康状况与年级($P<0.001$)、性别($P=0.049$)、年龄($P=0.020$)、所在地($P=0.048$)、父亲文化程度($P=0.039$)、同宿舍人数($P=0.021$)、睡眠时长($P=0.049$)相关。详细结果见表10-2。

表10-2 PROMIS五项健康维度评分与各要素单因素分析结果

项目	类别	数量	占比	抑郁	愤怒	焦虑	疲劳	同伴关系
一、人口学特征与体检情况								
年级	三年级	60	31.6%	58.600*	50.150*	56.243	49.070**	40.639**
	四年级	31	16.3%	57.165	51.355	57.310	50.535	35.298
	五年级	46	24.2%	59.193	55.935	59.226	55.124	37.807
	六年级	53	27.9%	59.877	55.623	59.717	56.272	41.518
性别	女	99	52.1%	58.792	53.616	58.788	51.843	38.446*
	男	91	47.4%	58.946	52.901	57.369	53.807	40.286
年龄	10岁	9	4.7%	60.367	54.667	60.189	55.811**	37.980*
	11岁	26	13.7%	60.815	51.462	57.823	49.869	40.300
	12岁	59	31.1%	57.107	51.661	56.146	50.115	38.333
	13岁	37	19.5%	58.938	54.108	58.557	53.781	37.361
	14岁	28	14.7%	59.964	54.929	58.343	54.314	39.315
	15岁	21	11.1%	59.295	56.571	60.510	57.514	43.052
	>15岁	10	5.3%	58.580	51.200	61.200	55.470	43.359
二、家庭情况								
所在地	城镇	9	4.7%	57.811	51.111	54.478	49.722*	44.202*
	农村	115	60.5%	58.358	52.435	57.736	52.201	38.615
	牧区	60	31.6%	59.933	55.533	59.662	55.265	40.170
	其他	6	3.2%	59.500	50.000	55.167	43.744	37.237
与父母一同生活	是	178	93.7%	58.853	53.292	58.008	52.784	39.507
	否	12	6.3%	59.058	53.000	59.592	52.775	36.659
独生子女	是	2	1.1%	54.300	48.000	48.450	48.000	36.710
	否	188	98.9%	58.914	53.330	58.211	52.835	39.355

(续表)

项目	类别	数量	占比	得分				
				抑郁	愤怒	焦虑	疲劳	同伴关系
父亲文化程度	小学及以下	73	38.4%	59.384	54.260	59.853*	54.899*	40.776*
	初中	10	5.3%	56.630	49.200	55.720	50.650	37.530
	高中及以上	7	3.7%	56.514	50.143	53.900	49.743	42.229
	不知道	100	52.6%	58.876	53.180	57.368	51.666	38.246
母亲文化程度	小学及以下	74	38.9%	59.918	55.054*	59.985	55.022**	39.910
	初中	6	3.2%	60.617	51.333	59.150	56.117	37.855
	高中及以上	7	3.7%	56.871	47.714	56.114	49.729	39.471
	不知道	103	54.2%	58.144	52.485	57.122	51.189	38.984
家庭经济状况	富裕	19	10.0%	55.916*	49.684	53.137**	48.263*	41.559
	一般	151	79.5%	59.064	53.795	58.860	53.373	39.155
	贫穷	20	10.5%	60.170	52.750	57.160	52.630	38.508

三、学校生活

项目	类别	数量	占比	抑郁	愤怒	焦虑	疲劳	同伴关系
同宿舍人数	小于5人	18	9.5%	59.906	51.889	59.239	54.028	36.336*
	5~10人	39	20.5%	58.469	51.974	57.997	53.862	39.282
	11~15人	111	58.4%	58.734	53.604	57.611	52.441	40.293
	15人以上	22	11.6%	59.382	55.045	59.891	51.582	36.982
每月回家频率	4次	119	62.6%	58.927	53.395	57.534	52.862	38.691
	2~3次	36	18.9%	58.525	51.944	57.978	50.906	40.608
	1次	27	14.2%	59.048	54.148	60.385	53.985	40.123
	有时一月不回家	8	4.2%	58.875	54.500	59.563	56.013	40.345
回家路程	1小时内	80	42.1%	58.244	52.238	56.691	50.711*	38.368
	2~4小时	81	42.6%	59.462	54.432	59.559	54.856	39.857
	4~6小时	22	11.6%	58.673	52.318	58.436	53.055	39.853
	6小时	7	3.7%	59.686	54.714	56.486	51.643	42.506
同学关系	好	141	74.2%	58.806	52.730	57.934	52.318	39.881
	一般	46	24.2%	58.600	54.326	58.374	53.833	37.621
	差	3	1.6%	65.767	62.667	62.233	58.567	39.480
学习压力	较大	34	17.9%	57.824	50.853*	56.300	49.929*	38.671
	一般	133	70.0%	59.356	54.308	58.771	53.638	39.197
	小或没压力	23	12.1%	57.574	50.870	56.952	52.065	41.048

(续表)

项目	类别	数量	占比	得分				
				抑郁	愤怒	焦虑	疲劳	同伴关系
作业完成时间	0.5小时内	72	37.9%	58.314	52.403	56.161*	49.904**	39.873
	0.5～1小时	70	36.8%	59.227	53.686	59.030	55.124	39.388
	1～2小时	30	15.8%	59.253	52.367	60.050	53.420	38.612
	2小时以上	18	9.5%	59.022	56.667	59.078	54.139	38.101
睡眠时长	10小时以上	24	12.6%	59.092	52.250	58.067	50.338*	37.879*
	9～10小时	34	17.9%	58.221	54.471	56.497	52.915	38.649
	8～9小时	80	42.1%	59.424	53.500	58.838	54.518	40.873
	少于8小时	52	27.4%	58.325	52.615	58.060	51.160	38.060
合计		190	100%					

注：* 表示该亚组 P 值<0.05，** 表示该亚组 P 值<0.01。

将上述单因素分析结果中 $P<0.10$ 的危险因素进一步纳入多重线性回归分析，得到结果如表 10-3 所示。其中，抑郁健康状况的影响因素为家庭经济条件（$\beta=2.11, P=0.01$），即家庭经济条件越差，研究对象抑郁状况越严重；愤怒维度的健康状况的影响因素为年级（$\beta=2.02, P<0.01$）和同学关系（$\beta=2.26, P=0.05$），即年级越高、同学关系越差的学生更容易表现出愤怒；焦虑维度的健康状况的影响因素是家庭作业负担（$\beta=1.34, P=0.02$），认为家庭作业负担量大的同学的焦虑状况更为明显；疲劳维度的健康状况受年级（$\beta=2.43, P<0.01$）、家庭作业负担（$\beta=1.14, P=0.05$）影响；而性别（$\beta=2.35, P=0.02$）和父亲受教育程度（$\beta=1.84, P=0.05$）能够影响受试对象的同伴关系维度，女性和父亲受教育程度低是同学关系状况不良的危险因素。

表 10-3 PROMIS 五项健康维度评分多因素分析结果

类别	项目	β	SE	P	95%置信区间
抑郁	家庭经济条件	2.11	0.83	0.01	0.47～3.74
愤怒	年级	2.02	0.46	<0.01	1.11～2.93
	同学关系	2.26	1.15	0.05	−0.1～4.54
焦虑	家庭作业负担	1.34	0.55	0.02	0.26～2.42
疲劳	年级	2.43	0.45	<0.01	1.54～3.32
	家庭作业负担	1.14	0.56	0.05	0.02～2.25
同伴关系	性别	2.35	0.97	0.02	0.45～4.26
	父亲受教育程度	1.84	0.94	0.05	−0.14～3.69

第三节 讨 论

PROMIS问卷被广泛应用于患有各类慢性疾病的青少年主观健康状况测量中,特别是癌症患儿。但针对非疾病状况下的青少年开展主观健康评价较少,更是少有与客观生理健康状态开展相关性分析。因此,本研究利用PROMIS问卷评估青少年主观身心健康状况,通过结合家庭生活和校园环境各特征分析,探究青少年成长关键时期的主观健康影响因素。以为后期低成本开展健康检测,及早施加健康干预措施,改善成长环境提供政策参考。

首先,在体检结果方面,本次研究对象的近视患病率为15.3%,低于既往同时期、同年龄段的国内其他地区青少年发病率。2018年全国儿少近视调查结果显示,初中阶段近视发病率为64.9%~77.0%。低近视发病率可能受当地教育状况影响,教育意识的欠缺以及师资力量的薄弱使当地儿少的学业压力小于国内其他地区,而畜牧业为主的生产方式增加了学生户外活动的时间,一定程度上有利于近视的预防。本次研究对象龋齿发病率为29.5%,而同时期同年龄段国内其他地区青少年健康状况调查结果显示,龋齿发病率为28.0%~55.6%,同样处于较低水平。既往研究结果证实龋齿发病的影响因素为刷牙漱口频率、进食甜食、饮用碳酸饮料等,可能本次研究对象饮食习惯的差异使得龋齿患病率较低,也可能因为整群抽样的随机误差导致了这一结果。

在BMI方面,通过对比文献,调研对象的BMI普遍低于在中国开展的各类研究中的青少年BMI值,Yun Wang测量的单一城市7~18岁少儿平均BMI为20.5,Miao Li研究的七至九年级青少年平均BMI从2014年的18.2上涨到2016年的20.1,本研究对象属于偏瘦范围。研究对象属于中国西部欠发达地区的少数民族青少年。美国学者的研究曾指出少数族裔容易受到歧视,对其心理和生理健康以及卫生服务利用产生负面影响。但在中国采取少数民族一视同仁甚至部分优待的政策,因此研究对象的健康不受歧视困扰而主要受经济发展影响。在前期的研究中普遍发现,经济发展水平和BMI值存在相关关系。因此需要针对经济欠发达地区的青少年提高营养水平,中国从国家层面实施了农村义务教育学生营养改善计划,是一种在经济发展有限背景下,精准提升青少年健康水平的手段。从文献研究和政府报告中发现,青少年身体健康得到较大改善。本研究结果提示,中国欠发达少数民族地区青少年的营养健康状况还有进一步提升的空间。

在主观健康评价中,目前尚无完整的基于中国青少年人群PROMIS各维度得分的常模,依照PROMIS量表官方说明,50±10的分布是基于美国特定儿童群体的特征来确定的。本研究发现,调研对象的主观健康评价中的抑郁、愤怒、焦虑、疲劳得分皆高于常模,但是同伴关系低于常模。根据PROMIS量表评价标准,本研究结果表明玉树囊谦县地区少数民族青少年主观健康评价低于常模,结果与生理评价指标BMI一致,提示该地区少数民族青少年在生理、心理和社会关系三个健康评价方面皆需要给予关注和提高。PROMIS分值能较好地判断HRQOL的具体影响维度,有利于针对具体维度开展精准干预。PROMIS作为一种经济效益较高的评价工具,未来可作为青少年开展定期健康评估的重要手段,提前发现关键干预靶点,当前已被证明在慢性管理中具有较好的效果。在干预的实践应用中,提高健康评估水平需要有所侧重,从关键影响因素出发开展健康干预,因此探究主观健康影响因素显得尤为重要。

针对不同维度健康状况影响因素的研究结果显示,男女性别在同伴关系维度上存在差异,而年级会较大影响主观健康的愤怒和疲劳两维度评价。本研究中,男生较女生有更好的同伴交往关系,这与生活实践感受类似相同。既往研究发现女生更容易产生孤独感,其感情更为细腻,容易受到周围影响而导致情绪波动,进而影响同伴关系。受排挤或者是同伴关系相处不好的学生既可能成为校园暴力受害者,也可能发展成为校园暴力施加者,这需要我们格外注意。一项来自中国7个省份的研究同样发现,与教师关系、同伴关系以及学习成绩会影响校园欺凌的发生。但是目前研究多认为男生群体更加容易发生校园暴力,而女生校园暴力以口头或冷战形式更常见。在经济欠发达地区,教育资源的欠缺容易导致校园暴力和欺凌发生频率的提高,此类行为将严重影响青少年心理健康发育并对未来成年后行为产生持续性影响,需要在早期开展干预和治疗。因此建议同样关心女生及女生宿舍关系,以保障学生间的健康关系,预防校园欺凌甚至暴力事件的发生。

随着年级提高,青少年主观健康中愤怒和疲劳维度评价结果变差,这可能与学生的压力相关。在中国的教育体系中,初中生承担着较大的学习压力,并且在初中三年级时面临着中考压力,其在一定程度上影响学生未来的工作选择和生活。随着中国经济的发展,家长对学习的重视也随着年级的增加而进一步加强,对学生的心理健康产生了较大的影响。本研究的结果显示,需要更加注重关心青少年表现出来的易怒和疲劳状态。愤怒和疲劳这种亚健康状态容易发展成为抑郁,进一步损害青少年身心健康发展,进而增加自残的风险,甚至导致自杀。在学校层面,对于高年级学生要给予更多的心理干预。中国教育部多次发布相关政策文件,要求重视校园青少年心理健康,并建设心理咨询室。从结果上看,经济发达地区的学校心理健康建设较为完善,欠发达地区还有待改进。因此需要学校,特别是欠发达地区的学校老师关注高年级学生的心理健康问题,重点观察其疲劳的表现形式(如上课瞌睡、注意力不集中),以及愤怒的表现(如容易与同学发生口角甚至打架)等情况。

此外,部分研究显示信仰宗教能减缓愤怒等心理相关疾病症状的发生。本研究对象均为藏族青少年,但是其主观健康各维度表现较常模差。这可能与青少年当下通过多种媒介接收较多世俗化生活影响,对宗教了解不多,甚至缺乏兴趣有关。但是目前由于新媒体的迅速发展,尚没有明确证据证明青少年的媒介接触与心理健康有直接关系,可在未来进一步研究。

在家庭相关要素分析中,家长的文化程度及家庭经济状况会对青少年主观健康中的抑郁状态和同伴关系产生影响。结果显示父亲的文化程度会影响青少年的同伴关系,这与父母亲在中国传统文化中的定位相接近。父亲一般更为关注孩子的学业和对外交往关系,而母亲更为关心孩子的情感状态,所以母亲更加容易对青少年情感心理产生影响。在既往研究中发现,高文化程度的父母更加容易体谅孩子的情感,对其同伴关系的正面引导作用发挥较强。在发生同学矛盾后,学校和家长的干预非常重要,研究发现,在社会适应和功能方面,母亲为主的教养方式少、父亲为主的教养方式多时,儿童的社会适应能力更加优秀。因此对于欠发达地区农村家长,学校应在家长会期间适当地给予如何发现孩子情绪变化、加强沟通和帮助等技术方法的介绍,帮助学生营造一个更为温暖的家庭环境。

本研究中,家庭经济状况的提高会改善青少年的抑郁状况。在以往的研究中多次发现,家庭条件会对青少年身心发展产生影响,经济状况会影响家庭接受教育、获得信息等渠道的可及性,进而影响儿童的心理健康。此外,由于家庭拮据的经济状况,同样会影响父母的心理压力,并对儿童产生进一步的负面影响。因此学校要对家庭条件一般的学生给予更多的关注。既往研究同样证明,除文化和经济外,家庭环境会对青少年的同伴关系、身体健康和抑郁状态等造成影响,不良的心理状态又会反过来影响青少年的家庭生活,降低生活质量。当前研究表明抑郁的发生多与学生有负面生活经历或者是不良的家庭环境有关,尚没有文献显示青少年的心理健康状态与其人生经验和社会认知经验有关,因此建议进一步加强对家庭条件一般的孩子的照顾,可适当增加家访、开展校园心理咨询室建设等措施,及时了解青少年在生长过程中的家庭环境,采取适当手段,保护孩子免受负面生活经历影响,保障其身心健康发展。

校园生活状态会对青少年主观身体健康产生影响,较多的课后作业数量则导致青少年的焦虑和疲劳状态。在中国,在校园内的教育多为应试教育,是一种人才选拔的方式,因此容易造成学生内部的竞争状态。因此通过重复作业,反复练习的方式提高对知识内容的掌握成了很多学校的选择,需要消耗学生较长的放学后时间。研究发现,过度的家庭作业可能导致学生睡眠不足,继而引发多种负面影响,包括注意力不集中、学习成绩差等,而这些负面行为将导致青年人的心理健康的恶化。本研究同样论证了,不合理的家庭作业量会对青少年的身心发展产生不利影响。Julius 等人分析了 10 693 人 10 年的心理和生理健康关系,发现心理健康会导致生理状态在长时间后的改变。而由此造成的健康状态改变甚至可能是永久的,其焦虑和疲劳状态会进一步影响青少年的家庭关系与生活,进一步产生其在生理发育和疾病状态方面的改变。因此建议学校要合理布置课后作业,统筹各科作业量,为学生提供充足睡眠时间。

总之,对于西部经济发展相对落后的少数民族地区,其青少年的生理健康发育状况等和主观健康评价皆较发达地区差,其家庭环境、校园生活等都对其主观健康结果产生不同程度的影响,而且其存在着男女性别和年级高低的差异。政府和社会需要进一步关注偏远落后地区青少年的身心健康发展,通过学生营养计划、心理健康室等机制措施提高青少年的健康水平,校园教师不仅需要关心学生学习发展,更要关心学生心理健康的变化,及早发现不良情绪和身体发育迟缓问题,尽早与其家庭共同提升青少年健康发展水平。

第十一章

玉树地震灾区儿童和青少年饮食卫生习惯分析

第一节 问卷介绍

儿少时期是饮食、卫生习惯养成的重要时期,不良的卫生习惯形成后难以纠正,且容易导致疾病的发生。因此,为全面细致地了解玉树地震灾区儿童卫生习惯状况,编者团队设计了一项包含家庭基本信息、膳食营养状况、手卫生以及饮用水卫生在内的问卷并开展调查。

家庭基本信息问题包括居住地、是否和父母生活、是否为独生子女以及父母文化程度及经济状况等。通过这些问题可以大致判断受访者的成长环境优劣、家庭教育程度等信息。膳食营养状况问卷采用了72小时膳食回顾的设计,所调查内容包括受访者3天内的一日三餐所摄入食物和零食的种类及重量,获取原始数据后根据膳食营养成分对照表计算得出受访者所摄入的各类营养素的量。手卫生及饮用水卫生部分的问卷主要包括了饮水习惯、洗手频率及方式、在特定情况下的洗手习惯以及淋浴频率。通过这一问卷,可以较为全面地了解当地儿童和青少年校园生活规律及卫生习惯。

第二节 数据分析

一、调查方法

1. 膳食健康状况调查方法

在玉树州囊谦县29所小学中随机抽取一所寄宿学校作为样本,对三至六年级学生进行膳食回顾调查。调查的主要方法为回顾询问法,调查内容为各参与者2019年8月8日~8月10日3天的早、中、晚餐菜品及数量。膳食回顾调查问卷由调研团队公共卫生专业专家设计,每日调查内容包括早餐、午餐、晚餐和零食,每餐调查内容包括摄入食物的种类和摄入量。摄入量调查采用"几个"或"半碗、大半碗、一碗"单位进行衡量,问卷填写完成后由研究者统一换算成质量单位。各类食物营养成分含量换算参考《中国食物成分表(2019)》。本次调研共发放问卷250份,回收问卷205份,其中有效问卷190份。

2. 饮水及手卫生习惯研究方法

编者团队 2018 年、2019 年两度赴玉树州囊谦县开展玉树地震灾区儿童和青少年饮用水和手卫生状况调查。采用整群抽样的方法，在全县 29 所小学中随机抽取 3 所小学，以其中所有的三至六年级学生为样本。有效发放问卷 700 份，有效回收问卷 548 份。所有参与调查者年龄在 9～18 岁。其中 9～10 岁 69 例，15～18 岁有 43 例，大部分参与者为 11～14 岁。

问卷设计由社会科学专业副高级职称研究者自行设计，问题主要聚焦于饮用水及手卫生两大问题，涉及校园饮用水供应、学生饮水习惯、学生洗手习惯及洗手的科学性等多个方面。能够较为充分地反映学生在饮用水及手卫生方面的健康程度。

二、膳食健康状况调查结果

本次共调查全校三至六年级学生 190 名，所有学生均为藏族。其中男生 90 名，女生 100 名，年龄区间为 10～17 岁。因参与调查学生均为寄宿生，所有就餐均于学校食堂集体进行。经对孜荣中心寄宿学校食堂调查得出一周饮食情况（表 11-1）。因此，所有参与者的每日正餐摄入营养素种类相对固定，不同之处仅在于零食的摄入以及各类营养素的摄入量。

表 11-1 孜荣中心寄宿学校食堂一周菜单

	星期一	星期二	星期三	星期四	星期五
早餐	糌粑 奶茶	粉汤 馒头	馒头 鸡蛋稀饭	糌粑 奶茶	粉汤 馒头
午餐	土豆炒肉 米饭	白菜炒肉 米饭	甘蓝炒肉 米饭	青椒炒肉 米饭	土豆炒肉 米饭
夏秋季营养配餐	凉拌黄瓜片	凉拌萝卜丝	凉拌黄瓜片	凉拌萝卜丝	凉拌黄瓜片
晚餐	蛋炒饭	面条	牛肉汤	面片	馒头

每个学生日均摄入食物总量 858.64 g，摄入量最多的类型为面食，日均 327.3 g；其次为米饭，日均 120.1 g；第三为薯类，日均 92.1 g，牛羊肉和牦牛奶日均分别为 88.8 g 和 86.0 g。

所有 190 名参与者日均摄入能量（1 920.7±355.1）kcal，每日最低值 841.6 kcal，最高值 3 175.3 kcal。根据《中国居民膳食营养素参考摄入量（2013 版）》（dietary reference intakes，DRIs）所推荐的各年龄段青少年的平均需要量（estimated average requirement，EAR），取中等身体活动水平下的人群平均日均能量需要量作为平均值，采用 EAR 切点法评价样本能量摄入量，共 33 例参与者日均能量摄入量达到推荐摄入量（recommended nutrient intake，RNI）要求，达标率 17.4%。各年龄段能量摄入情况及 EAR 见表 11-2。

表 11-2　各年龄段能量摄入情况及平均需要量*

年龄(岁)	性别	平均摄入量(kcal/d)	标准差(kcal/d)	平均需要量(kcal/d)
11～13	男	1 923.3	352.0	2 350
	女	1 920.5	355.5	2 050
14～17	男	1 921.7	357.0	2 850
	女	1 916.8	357.1	2 300

注：*指10岁年龄段因参与者例数过少(共9例)，未予统计。

参与者日均蛋白质摄入量(75.6±14.3)g，最低值31.3 g/d，最高值128.6 g/d。根据DRIs所推荐的各年龄段青少年的蛋白质EAR，采用EAR切点法评价蛋白质摄入量，共182例参与者日均蛋白质摄入量满足DRIs要求，达标率95.8%。各年龄段蛋白质摄入情况及EAR见表11-3。

表 11-3　各年龄段蛋白质摄入情况及平均需要量*

年龄(岁)	性别	平均摄入量(g/d)	标准差(g/d)	平均需要量(g/d)
11～13	男	75.8	14.1	50
	女	75.6	14.3	45
14～17	男	75.6	14.4	60
	女	75.5	14.4	50

注：*指10岁年龄段因参与者例数过少，未予统计。

参与者日均脂肪摄入量(42.5±10.8)g，最低值25.5 g/d，最高值109.8 g/d。脂肪供能百分比(20.5±6.7)%，最低值12.25%，最高值75.3%。DRIs推荐青少年脂肪摄入百分比可接受范围为20%～30%，共67例参与者符合要求，达标率35.3%。

参与者日均碳水化合物摄入量(326.5±66.8)g，最低值124.8 g/d，最高值583.2 g/d。DRIs推荐10～17岁青少年碳水化合物EAR为150 g/d，参与者中仅1例未达到平均值，达标率99.5%。

参与者日均膳食纤维摄入量(8.8±2.2)g，最低值3.5 g/d，最高值17.6 g/d。日均胆固醇摄入量(288.8±107.3)g，最低值75.6 g/d，最高值741.3 g/d。

参与者各项维生素日均摄入量、平均需要量及可耐受最高摄入量(tolerable upper intake levels，UL)见表11-4。根据表中结果可见，维生素群体摄入存在诸多不足，其中维生素A、D、K、B_{12}、B_6、叶酸六项维生素的达标率为0，仅维生素B_1和烟酸的达标率可达到50%。《中国居民膳食营养素参考摄入量(2013版)》中对维生素E、维生素K两种维生素仅给出了适宜摄入量(adequate intakes，AI)值，其中参与者的维生素E摄入水平远低于其相应的AI值，理论上不能评价群体的维生素E营养状况，但再观察其分布后可以认为190人中所有人维生素E摄入量均达到推荐量的半数，仅5%～10%参与者摄入量达到适宜水平。

详细分布见表 11-5。

表 11-4 各项维生素日均摄入量、平均需要量、推荐摄入量及最高可耐受摄入量评价

营养素	日均摄入量	EAR*	UL*	达标率
维生素 A(μg)	96.0±44.2	360～590	1 500～2 700	0
维生素 D(μg)	2.0±0.6	8	45～50	0
维生素 E(mg)	11.7±8.2	9～14**	350～600	—
维生素 B_1(mg)	1.3±0.4	0.8～1.3	—	132/190(69.5%)
维生素 B_2(mg)	0.7±0.2	0.8～1.3	—	11/190(5.8%)
维生素 B_6(mg)	0.4±0.1	0.8～1.2	35～55	0
维生素 C(mg)	77.6±58.0	55～85	1 000～1 800	76/190(40%)
叶酸(μg)	96.1±24.4	210～320	600～900	0
烟酸(mg)	14.0±2.9	8～14	20～30	151/190(79.5%)
维生素 K(μg)	0	50～75	—	0
维生素 B_{12}(μg)	0	1.3～2.0	—	0
泛酸(mg)	0	3.5～5.0**	—	—
胆碱(mg)	0	300～500**	1 500～2 500	—

注：EAR：平均需要量；UL：可耐受最高摄入量。
*：因不同年龄青少年数据不同，故表中给出包含所有年龄(10～17岁)的 EAR 及 UL 范围。
**：无 EAR 数据，此处为 AI 值。

表 11-5 维生素 E 日均摄入量的百分位分布 （单位：μg/d）

年龄(岁)*	10%	30%	50%	70%	90%	95%	AI
11～13	9.3	10.0	10.4	11.1	13.0	13.9	13
14～17	9.4	10.0	10.4	11.1	13.0	14.0	14

注：AI：适宜摄入量。
*：10岁年龄段因参与者例数过少，未予统计。

参与者各项无机营养素日均摄入量、EAR、UL 见表 11-6。结果可见，在五项常量元素（钙、磷、钾、钠、镁）中，钙、钾、钠、镁的摄取均存在不足情况，其中钙元素摄取量达标率为 0，镁元素摄取量达标率仅为 2.6%，无参与者的钠元素摄入量达到 AI 值。对钾元素的摄取进行百分位分布分析，超过 90% 的年龄区间为 11～13 岁的参与者钾元素摄入量可达适宜摄入量的一半，超过 70% 的年龄区间为 14～17 岁的参与者钾摄入量可达 AI 值的半数（表 11-7）。磷元素为摄取达标率最高的常量元素，为 98.4%。微量元素中，大部分参与者铁、锌、铜的摄取量可达到 EAR，而碘、硒、钼、铬、锰则远远不足。

表 11-6　各项无机营养素日均摄入量、平均需要量、可耐受最高摄入量评价

营养素	日均摄入量	EAR*	UL*	达标率
钙(mg)	338.0±123.0	800～1 000	2 000	0
磷(mg)	1 009.9±205.3	400～590	—	187/190(98.4%)
钾(mg)	1 362.2±271.8	1 500～2 200**	—	—
钠(mg)	417.3±140.4	1 200～1 600**	—	—
镁(mg)	162.6±49.2	180～270	—	5/190(2.6%)
铁(mg)	20.5±6.2	10～14	35～40	173/190(91.1%)#
碘(μg)	19.3±6.4	65～85	300～500	0
锌(mg)	8.9±2.1	5.9～9.7	19～35	114/190(60%)
硒(μg)	38.2±9.2	35～50	200～350	37/190(19.5%)
铜(mg)	1.0±0.2	0.4～0.6	4～7	188/190(98.9%)
钼(μg)	0	55～85	450～800	0
铬(mg)	5.4±4.4	25～35**	—	—
锰(mg)	0	3.0～4.5**	5.0～10	—

注：EAR：平均需要量；UL：可耐受最高摄入量。
　*：因不同年龄青少年数据不同，故表中给出包含所有年龄(10～17岁)的 EAR 及 UL 范围。
　**：无 EAR 数据，此处为 AI 值。
　#：不达标者其中 2 例为摄入过量。

表 11-7　钾元素摄入量的百分位分布　　　　　　　　　　　　(单位：mg/d)

年龄*	10%	30%	50%	70%	90%	AI
11～13	1 036.2	1 213.1	1 366.6	1 478.9	1 704.7	1 900
14～17	1 035.9	1 213.7	1 366.6	1 476.7	1 703.0	2 200

注：AI：适宜摄入量。
　*：10 岁年龄段因参与者例数过少，未予统计。

三、饮水及手卫生习惯研究结果

(一) 校园饮用水供应

548 名参与者中有 158 人表示自己可在 1 分钟内获得饮用水，而 170 名同学表示无法在 5 分钟以内获得饮用水。在饮用生水的问题上，绝大多数同学表示有时会饮用生水，能够做到很少饮用生水的同学仅占 18.3%。

(二) 洗手频率

大部分同学每天洗手次数不足 5 次，而洗手时间长短不一。也有不少同学洗手时间可以达到 20 秒以上。洗手次数上，与男生相比，有更多的女生洗手次数在 6～10 次；而在单次洗手时间上，男生表现似乎优于女生，洗手时间在 20 秒以上的男生比女生多 46 人。

(三) 洗手时机

80%以上的参与者有饭前便后洗手的习惯,但能够做到大部分时间都会洗的同学也只占一半左右。有饭前洗手习惯的比便后洗手更为普遍,可能与同学都是集体吃饭有关。至于其他时机如触摸面部后、接触牲畜后及户外活动后,有洗手习惯的同学则相对较少,但也有70%以上的同学有洗手习惯,能够做到大部分时间都洗的则更少一些,仅占30%～45%。在洗手时机上,男生与女生之间未见明显的统计学差异。

(四) 关于洗手的方式方法

问卷设计了是否用肥皂或洗手液、用动水还是静水、洗手后如何干手三个问题。结果显示,选择最多的答案项分别是大部分时间会用肥皂或洗手液、使用流动的水以及用毛巾干手。但仍有超过一半的参与者无法做到大部分时间都用肥皂或洗手液洗手,而这一点是影响洗手效果最重要的因素之一。此外,71.3%的同学能够经常使用流动的水洗手,绝大部分同学习惯使用毛巾擦手,使用卫生纸、自然晾干或直接在衣服上擦干的同学各占10%左右。

(五) 平均淋浴时间间隔

这个问题的结果分布较为分散,从一周到一年,各个时间段都有一定比例的同学选择。其中,能够每周淋浴一次的同学占比最多,约44.0%,其后依次为2周～1个月(24.2%),1个月～6个月(19.2%)和6个月～1年(12.6%)。据调查,不是所有的寄宿制学校都有洗热水澡的条件,这可能与学校基础设施建设有很大关系。(表11-8)

表11-8 饮水及手卫生习惯

		男		女		总*	
		频数	比例	频数	比例	频数	比例
你在多长时间内可获得饮用水?	1分钟以内	82	32%	73	30%	158	31%
	1～5分钟	94	36%	93	38%	189	37%
	5分钟以上	83	32%	81	33%	170	33%
你会饮用生水(未经加热、过滤、消毒等处理的水)吗?	大部分时间	46	19%	39	17%	86	18%
	有时会	163	68%	145	64%	313	66%
	很少或从不	29	12%	43	19%	72	15%
你每天大约洗几次手?	0～5次	179	67%	141	55%	329	61%
	6～10次	67	25%	91	36%	161	30%
	10次以上	22	8%	24	9%	47	9%
每次洗手大约多长时间?	0～15秒	72	28%	107	43%	185	35%
	15～20秒	98	38%	71	28%	173	33%
	20秒以上	91	35%	72	29%	166	32%

(续表)

		男		女		总*	
		频数	比例	频数	比例	频数	比例
你吃饭前是否会洗手？	大部分时间会	124	47%	103	41%	240	45%
	有时会	107	41%	112	45%	227	42%
	很少或不洗	31	12%	35	14%	69	13%
你触摸自己眼、鼻、口前是否会洗手？	大部分时间会	84	31%	84	33%	169	31%
	有时会	102	38%	103	40%	210	39%
	很少或不洗	86	32%	68	27%	161	30%
你大小便后是否会洗手？	大部分时间会	114	43%	99	39%	214	40%
	有时会	94	35%	113	45%	217	41%
	很少或不洗	57	22%	40	16%	99	19%
你户外活动后是否会洗手？	大部分时间会	101	38%	90	36%	192	36%
	有时会	108	40%	106	42%	220	41%
	很少或不洗	59	22%	56	22%	120	23%
你接触动物（牛、羊、狗）后是否会洗手？	大部分时间会	124	45%	118	46%	247	45%
	有时会	104	38%	99	39%	210	38%
	很少或不洗	48	17%	40	16%	89	16%
你洗手时是否会用肥皂或洗手液？	大部分时间会	125	47%	129	51%	259	49%
	有时会	101	38%	99	39%	207	39%
	很少或不洗	42	16%	25	10%	68	13%
你通常用下列哪种水洗手？	流动的水（井水、河水、自来水等）	196	72%	180	70%	386	71%
	装在盆、桶中的水	76	28%	76	30%	155	29%
洗手后你如何干手？	自然晾干	32	12%	22	9%	54	10%
	毛巾	185	69%	191	74%	387	72%
	卫生纸	30	11%	25	10%	56	10%
	在自己衣服或裤子上擦干	22	8%	20	8%	42	8%
请问你平均多久进行一次淋浴（洗澡）？	1周	105	39%	123	49%	234	44%
	2周～1个月	71	26%	55	22%	129	24%
	1个月～6个月	58	22%	43	17%	102	19%
	6个月～1年	34	13%	31	12%	67	13%

注：*指部分问卷性别信息不全，故总数略高于男性与女性的和。

第三节 讨 论

一、玉树地区膳食情况分析

(一) 玉树地区膳食结构

玉树州是青海省藏族人民聚居地之一。他们长期居住此地,主要牲畜是牦牛和羊,农作物以耐寒抗旱的青稞为主。食材的单一性决定了玉树州藏族人民的主要食物是牦牛奶、牛羊肉、糌粑等。因此,当地有鲜明的饮食特色,形成了独特的膳食营养结构。

除主食之外,饮"茶"是青藏地区饮食生活中的头等大事。藏茶是用采摘于海拔1 000米以上高山,当年生成的熟茶叶和红苔,经过特殊工艺精制而成的后发酵茶,属于最典型的黑茶,颜色呈深褐色。藏茶变化很多,早饭或者晚饭时,在熬的茶中加入牛奶,就成了奶茶;熬茶时添上酥油、核桃仁、人参果等又成了酥油茶。所以,玉树人民在当地的食材条件下也形成了独特的饮食文化。一项2002年开展的对青海省居民膳食调查的结果显示,城市居民膳食结构已趋于合理、质量较高,而农村村民各类营养物质摄入与DRIs相比仍有较大差距,且各类营养素摄入严重不平衡。为进一步评估玉树藏族自治州儿童和青少年膳食健康状况,我们在玉树州囊谦县开展了相关调查研究。

(二) 玉树地区青少年膳食营养素摄入情况分析

从结果上看,玉树藏族自治州青少年的膳食营养素摄入水平和同龄人EAR相比有很大差距。有半数以上参与者的摄入量可满足平均需要的营养素只有蛋白质、碳水化合物、维生素B_1、烟酸和少部分微量元素(磷、铁、铜)。其余各类营养素均存在摄入不足的情况,脂肪供能百分比则主要存在过高的问题。这一结果表明玉树藏族自治州儿童的营养水平存在很大缺陷:营养摄入量不足,营养结构不平衡。

本次数据收集方式为参与者连续3天记录自己的食材与食量,3天结束时回顾性填写食材与食量调查问卷。这一方法的优点是不存在回忆性偏移,但仍存在许多问题:①所有参与学生均为寄宿制,没有家长或成年人对食量进行称重核对,食量统计主要依靠容器来估算;②使用同一容器盛饭也会存在个体间的误差;③有些学生有吃零食的习惯,零食种类繁多,只能根据相应类别区分,详细营养素含量并不准确。由于这些问题,膳食营养摄入量的统计结果与真实情况之间会有一定程度误差,需要更为准确的研究。

本次调研中膳食营养摄入水平的评估采用切点法,即个体值与EAR比较判断是否合格后统计合格率。而《中国居民膳食营养素参考摄入量(2013版)》中不是所有营养素均给出具体的EAR值,对于没有EAR值的营养素,则通过群体百分位分布与AI值的比较进行定性判断。

对铁元素摄入量评估时,有两例参与者因铁元素摄入量超过UL而被判定为不达标。

这样的判定方法是误差的又一来源。理论上,UL值的推导过程中使用了不确定系数,不确定系数反映在推导过程中的多个环节上,可能存在一定程度的不准确,包括营养摄入量资料,健康危害剂量反应关系及动物实验资料外推过程等。待更多、更准确的人体研究开展后,总结出更准确的 UL 值计算及使用方法,摄入过量的判断将更加科学。

(三) 膳食结构调整建议

2011 年 2 月,国务院发展研究中心中国发展研究基金会一项关于中国贫困地区学生营养状况的调差报告揭示,中西部贫困地区儿童营养摄入严重不足,受调查的学生中 12% 发育迟缓,72% 上课期间有饥饿感;学校男女寄宿生体重分别比全国农村学生平均水平低 10 千克和 7 千克,身高低 11 厘米和 9 厘米。2011 年 4 月 2 日,由邓飞联合 500 名记者、国内数十家主流媒体、中国社会福利基金会发起的免费午餐项目率先在贵州省黔西市沙坝小学开餐,揭开了"中国第一所免费午餐试点学校"的帷幕。同年 10 月 26 日,国务院决定启动实施农村义务教育学生营养改善计划:中央每年拨款 160 多亿元,按照每生每天 3 元的标准为农村义务教育阶段学生提供营养膳食补助,2014 年 11 月起,中央财政将营养改善计划国家试点地区补助标准从每日补贴 3 元提高到 4 元。孜荣中心寄宿学校也是惠及院校之一,但本计划中涉及的午餐标准仅仅只是按照鸡蛋、肉食、蔬菜、水果等普适食物进行搭配,并没有考虑到各个年龄段儿童所需的营养摄入量与膳食结构搭配,同时又由于藏区主要牲畜是牦牛和羊,农作物又以耐寒抗旱的青稞为主。这可能是导致有半数以上参与者的摄入量可满足平均需要的营养素只有蛋白质、碳水化合物、维生素 B_1、烟酸和少部分微量元素(磷、铁、铜)。其余各类营养素均存在摄入不足,脂肪供能百分比则主要存在过高的问题。

青少年时期是身体发育的关键时期,合理、健康的膳食有助于健康体魄的形成。对于寄宿制学校的学生来说,其三餐均在学校食堂内统一就餐,因而及时调整其膳食结构与营养摄入便具有可操作性,而这就需要学校食堂人员具备一定的营养学知识。根据"健康中国"战略及《国民营养条例(草案)》,建议卫生部门或有能力的民间社会组织在藏区寄宿制学校开展食堂职工营养学培训,因地制宜,合理利用地方食物资源改善学生甚至居民的营养状况。

二、饮用水及手卫生习惯

(一) 玉树地区饮用水与手卫生现状

青海省玉树州地处青藏高原腹地,海拔 3 500 米以上,属典型的高原气候,降水量少。获得安全足量的饮用水是牧区人民基本的生活保障。2012 年玉树州疾病预防控制中心发布了对玉树地区部分生活饮用水的水质卫生细菌检测分析结果,显示水质微生物合格率极低。井水、河水、泉水、江水普遍受到不同程度的污染。2018 年一项针对青藏高原部分居民生活区饮用水的调查研究则显示,高原地区水质基本能够满足《生活饮用水卫生标准》(GB 5749—2006)中农村小型集中供水和分散式供水部分水质指标及限值的要求。表明青藏高原地区水质质量也在逐步改善。

建设寄宿制学校是玉树州提高基础教育水平的重要措施,实现了将分散的学校集中到城镇。而确保学龄期儿童顺利地适应寄宿制生活,养成良好的卫生习惯也是十分重要的。2012年,一项针对青海省寄宿制中小学学生卫生习惯的调查显示,寄宿制学校学生在洗脚、洗澡、喝生水、吃零食、刷牙、洗脸和吃早餐等几个方面不良卫生习惯形成率处于较低水平。但这次调查主要对象为四至九年级,寄宿制小学的卫生情况尚不明确。在手卫生习惯方面,玉树地区有其客观困难。高原地区常年气温很低,尤其是冬季,水温刺骨。不仅如此,过硬的水质使得皮肤在洗过手后变得粗糙甚至出现皲裂。调查研究显示,即便是医护人员,也存在严重的洗手不规范的现象。为此,我们在玉树州囊谦县开展了儿童和青少年饮水与手卫生现状的调研。

(二)饮用水与手卫生问卷情况分析

问卷中有些问题可能受校园基础设施建设的影响较大。在东部地区,几乎每个学校都能保障饮用纯净水以及热水淋浴,而在玉树,寄宿制小学发展时间较短,基础设施建设还存在需要改进的地方。学生能在多长时间内获得饮用水、是否饮用生水以及平均多久洗一次淋浴,都和校园建设有很大关系。相较于东部地区,西部地区特别是藏区,由于受自然环境、生活习惯、经济条件、文化习俗等因素的影响,对日常良好卫生习惯不重视,同时受到学校规模大小的限制,常规如烧水炉、集体食堂、淋浴房、卫生间等配套卫生设施并没有全面覆盖至每一所藏区寄宿制学校。

从回收问卷的统计结果来看,共回收548份问卷,而手卫生状况的13道题目中,没有任何一道题目的作答率能答到100%,且有13名参与者未填写性别,说明问卷填写质量存在一定的不足。但根据各题目结果分析来看,本次问卷调查结果可以基本反映玉树藏区儿童手卫生现状,具有一定的参考价值。根据本次调查结果来看,大部分参与者都或多或少具有了一定的卫生习惯,但喝生水和饭前便后不洗手的还较多。2014年,编者所在团队曾在本次抽样所在地区对1 200名平均年龄11.98岁的小学生和800名平均年龄15.46岁的中学生开展健康普查,数据显示不洁饮食、饮用生水、洗手习惯不良等现象在超过98.7%的学生中存在,与此不相对应的是,超过95%的学校没有保健室,专职校医比例接近零,兼职校医比例也仅为20%,通常未接受过专业医学培训。这便导致学生失去获得健康教育的渠道,这可能是导致学生良好手卫生习惯养成率低的主要原因之一。

(三)对于建立良好饮用水和手卫生习惯的建议

对于尚处于学校时期的儿童来说,接受卫生知识教育的主要来源便是老师的授课,但正如此前所述,通过评估以上地区儿童成长风险性因素可以得出,缺少具备基础医学知识的保健老师是影响藏区儿童健康成长的主要问题之一。而每培养一名保健老师,就能辐射200~400名学生,在改善不良卫生习惯的同时,使常见疾病得到预防,及时发现重大疾病,特别是如呼吸道传染病、肠道传染病和寄生虫病等常见的经手传播疾病。

时值新冠肺炎疫情期间,手卫生习惯的养成则显得更为重要。寄宿制学校的学生处于封闭管理模式,因此要提高良好手卫生习惯养成率主要应从两方面着手。首先,作为群体性集聚场所的学校,要尽力与当地政府部门沟通,重视相关配套硬件设施如基本淋浴设备、冲水标准化厕所等的完善;在例如食堂、教学楼、宿舍楼等密集场所均需完善洗手台、肥皂、消毒液等物品。其次,学校应重视卫生常识教育,可尝试开展如手卫生、用眼卫生、口腔卫生等课程,以及青少年群体中高发疾病的预防课程,从小便开始灌输讲卫生的理念与相应的正确措施。据相关文献报道,在卫生行为的形成上,女生明显优于男生,这可能与女生较为细心、认真、爱洁净有关。同时研究还发现一至三年级小学生卫生行为形成率四川省优于青海省;但到了四至六年级,无论是卫生知识知晓率还是卫生行为形成率,均为青海省好于四川省。这提示不同学校在开展相关健康教育课程时,要注意因人、因地制宜,结合当地民俗,根据不同对象、不同地区、不同情况侧重不同内容。

另一方面,在学校教导讲卫生的"理"时,作为与学生关系最密切的生活老师、保健老师,需监督学生养成讲卫生的"行",将学到的"理"化为"行",真正行动起来。例如可建立就餐前洗手制度、便后洗手制度等。

第十二章

玉树地震灾区学校保健社工医疗健康素养调查

第一节 问卷介绍

青海等地藏区小学的性质往往为寄宿学校,校内生活条件、医疗情况等直接与藏族儿童的健康水平相关。学校内保健社工作为各藏区小学中"保健老师"的角色,承担保障学生健康的工作任务。由于藏区高海拔地区的医疗资源匮乏,保健社工的医疗保健素养及工作水平实际上完全代表所属学校学生可获得的医疗保健服务水平。因此对某一地区保健社工群体进行卫生健康素养调查,对于研讨本地区藏区小学学生保健服务现况和指导地区医疗保障能力提升有重要意义。

2017年8月,编者团队对来自青海省玉树州周边的6所小学的16名保健社工进行健康素养相关调查。调查受众占6所学校(包括3 157名学生)全部医疗保障人员中的69.57%,具有较强的代表性。另外选取相关地区普通授课教师15名,予以相同调查作为对照。通过调查,以期掌握玉树地区保健社工群体特点、健康素养和医学继续教育需求,并由此了解藏区儿童保健服务现况。相关结果可引导卫生管理部门、社会公益组织等对于藏区医疗问题的援助方向及具体手段,以全面提升藏区儿童医疗服务和健康水平。

本次调查所应用问卷包括基本信息、继续教育需求调查及健康素养调查三部分。前两部分采用自拟问卷,第三部分采用2012年中国健康素养监测问卷,对调查对象的基本健康素养、"三个方面"健康素养及"六类"健康问题素养进行判定。调查问卷详细条目见后。

判定调查对象具备基本健康素养的标准是问卷得分达到总分80%及以上。其次,依据《中国公民健康素养——基本知识与技能(试行)》,将健康素养划分为三个方面,即基本知识和理念、健康生活方式与行为、健康技能。判定调查对象具备某方面健康素养的标准是以考察某方面素养所有题目的分值之和为总分,实际得分达到该总分80%及以上。此外,依据《中国公民健康素养——基本知识与技能(试行)》,结合主要公共卫生问题,将健康素养划分为六类健康问题素养,即科学健康观、传染病防治素养、慢性病防治素养、安全与急救素养、基本医疗素养和健康信息素养。某类健康问题素养水平,指具备某类健康问题素养的人在总人群中所占的比例。判定调查对象具备某类健康问题素养的标准是以考察某类健康问题素养所有题目的分值之和为总分,实际得分达到该总分80%及以上。

第二节 数据分析

一、社工群体基本情况

对回收的16份问卷中的基础信息部分进行汇总分析,可概括得到玉树藏区保健社工的基本情况和群体特点:在社工群体的工作任务方面,根据与学生总数的配比计算,每名保健社工("保健老师")平均需负责寄宿学校中150余名各年级学生的全天候医疗及保健任务。

所调查社工群体中,女性占比为75%,男性占比为25%;其平均年龄为(21.94±1.95)岁;学历水平为大专及中专毕业者占比68.75%,高中及以下者占比31.25%。受调查者均接受过正规医疗教育,而在入职时接受过公益组织医疗培训者占75%,未接受过培训者占25%,培训内容主要为医疗常见知识与基础等,个别人员接受过传染病相关知识、急救知识和内科病例解读等培训;群体中作为保健社工的工作时间在1年以下、1年、2年、3年的分别占比50%,25%,6.25%,12.5%;工作后经常性接受培训者占50%,培训主要内容为儿科学、传染病及临床实践技能等。

从以上结果可以看出,保健社工群体具有年轻化、女性多、学历较低的特点;存在专业性差、从业年限较短、继续教育匮乏以及工作任务繁重的基本特征。

二、医学继续教育需求

此部分调查内容总计发放16份问卷,回收有效问卷16份。全体受调查人员认为医学继续教育很有必要。通过调查社工在医疗保健工作中遭遇的常见状况,可以较好地了解医学继续教育的客观需求,其结果如表12-1所示。社工群体对医疗知识学习的主观需求及所需医学继续教育形式的调查结果分别如图12-1,图12-2所示。

表12-1 社工医疗保健工作中接诊常见状况/症状(前十位)

序号	情况/症状	意见占比	序号	情况/症状	意见占比
1	外伤	100.00%	6	腹痛	61.11%
2	发热	94.44%	7	恶心、呕吐	61.11%
3	咳嗽、咳痰	94.44%	8	呼吸困难	50.00%
4	黄疸	88.89%	9	头痛	50.00%
5	腹泻	72.22%	10	胸痛	38.89%

结果显示,保健社工群体在工作中最常遭遇的状况或症状为外伤、发热、咳嗽、咳痰、腹痛、腹泻等一般情况,并未显示出较强的倾向性。而在医学知识学习的主观诉求方面,常见病基础理论和传染病防控的知识需求较强。另外,基金会等机构举办的短期医疗知识培训是社工群体最倾向的医学继续教育形式。

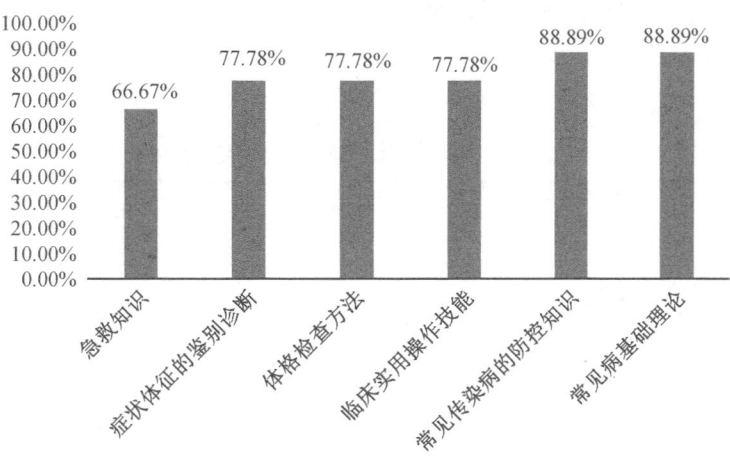

图 12-1　社工群体对医疗知识学习的主观需求

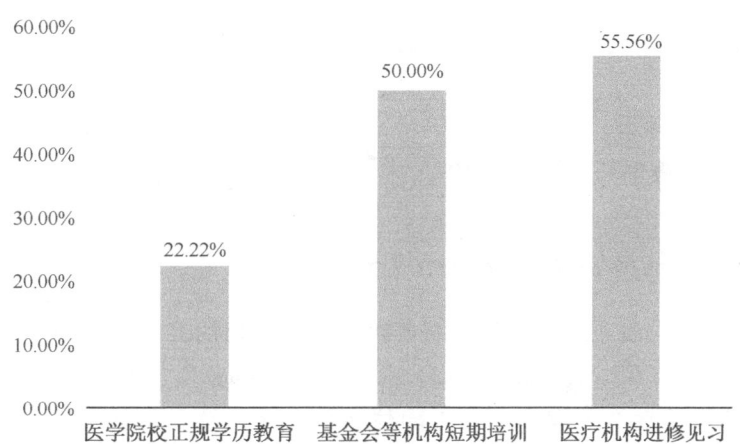

图 12-2　社工群体对所需医学继续教育形式的意见

三、健康素养水平

分别计算社工群体及对照教师群体的基本健康素养总得分,三类健康素养得分及六类健康素养问题得分。按得分率 80% 核算总体及各项通过人数,计算通过率。通过社工群体,对照教师群体及西部地区平均水平三者间的对比,直观显示社工群体健康素养水平(表12-2)。可以看出,社工群体的总体健康素养较对照教师群体较低,但并无统计学差异($P=0.309$),并且两组均远低于西部地区平均水平。社工水平的低下在健康技能、慢性病防治、基础医疗素养及健康信息素养等方面尤为突出。另外,在安全与急救健康问题素养方面社工群体可能优于教师群体。

通过统计学检验探讨社工群体及对照教师群体健康素养是否有实质差异。计算社工群体及教师群体的全体平均总分,对于总分在平均分之上的受调查个体,视其健康素养较高;对于总分在平均分之下的受调查个体,视其健康素养较低。对于社工群体和教师群体的健康素养高低差异,通过交叉表的Fisher确切概率法检验其是否有统计学意义。对于三类健康素养及六类健康问题素养水平分别进行同样检验。结果显示两群体总体素养情况及各项素养情况的差异并无统计学意义。

表12-2 社工群体健康素养水平及比较

评价内容		满分（通过界值）	社工平均分	教师平均分	社工通过率	教师通过率	西部地区平均通过率
三类健康素养水平	基本知识和理念	47(38)	23.63	27.4	0	6.67%	15.68%
	健康生活方式与行为	28(22)	13.25	15.47	0	0	9.02%
	健康技能	25(20)	11.75	12	0	0	9.45%
六类健康问题素养水平	科学健康观	17(14)	10.25	13.2	6.25%	53.33%	29.03%
	传染病防治素养	13(10)	6.56	6.2	6.25%	6.67%	15.69%
	慢性病防治素养	20(16)	8.81	9.2	0	0	0
	安全与急救	19(15)	12.56	11.93	18.75%	33.33%	25.80%
	基础医疗素养	18(14)	6.69	8.53	0	6.67%	3.23%
	健康信息素养	13(10)	5.25	5.4	0	20%	9.68%
总体健康素养得分		100(80)	51.06	55.27	0	0	6.86%

四、影响社工群体健康素养的因素分析

从表12-2中可看出,在"三类健康素养水平"部分的评价体系中,西部地区平均通过率并不高。在其中的"基本知识和理念"部分,教师中还有部分通过率,社工通过率为0。这可能与教师队伍整体受教育程度高于社工团体有关。在后续具体的"六类健康问题素养水平"问卷测试结果中,教师队伍的整体通过率均高于社工团体,特别是关于"科学健康观"部分,教师队伍的整体通过率首次超过50%,但西部地区整体的通过率仍较为低下,侧面反映出藏区高海拔地区的医疗资源匮乏现状,特别是目前保健社工团体还作为各藏区小学中"保健老师"的主要角色担当,承担了保障藏族学生健康的工作任务。这体现出当地卫生管理部门、医疗相关公益组织等应结合当前问卷反映现状,确定对于藏区医疗问题的援助方向及具体手段,以全面提升藏区儿童医疗服务和健康水平。

第三节 讨 论

一、社工群体的从业特点与地区健康观念相关

经实地交流学习,编者发现玉树周边高海拔藏区群众对于日常医疗保健问题几乎不重视,对于健康问题的处理主要基于自身经验及宗教方式解决,对于寻求专业医疗支持

的态度匮乏。这一方面与当地经济发展较缓慢、交通不便利、医疗条件不允许相关;更主要的是由于健康知识的普及不利造成的健康观念落后。而医疗知识宣教不到位的情况,又与此地区海拔较高,交通困难导致政府和社会公益团体难以开展工作等因素直接相关。

基于地区健康观念现况,学校保健社工作为新兴工作领域所受重视程度较低,多吸引低学历,未从事过医疗行业的年轻人。而在相关藏族地区,女性的社会地位较低,社工群体也呈现出女性较多的趋势。另外,由于藏区儿童寄宿学校医疗保障工作具有全天候、受众广、复杂程度高的特点,藏区社工群体面临着配比失衡、工作繁重、保障效果差的窘境。因此可以认为藏区学校儿童日常获取的医疗保健服务水准较低。

通过比较发现,社工群体呈现出较为低下的总体及各项健康素养水平,与学校教师平均水平相去甚远,更远低于地区平均水平。其中在健康技能、慢性病防治、基础医疗素养及健康信息素养等方面尤为突出。究其原因可能与社工群体年龄及从业年限低,学历较低的特点密切相关。相较于各学校任课教师,医疗保健社工群体尚未积累常年的医疗生活经验,又限于较低的基础教育水平,因此显示出较低的健康素养。这也从另一角度说明本地区对于学生医疗保健工作的忽视。藏族儿童在寄宿学校中可获取的医疗保健服务水平较低,不利于其健康发展;为进一步提高保健社工群体保健素养和学生健康水平,应对保健社工开展以外伤急救处置、常见病基础理论和传染病防控为首要内容的经常性短期医疗知识培训。值得一提的是,在安全与急救健康问题素养方面,社工群体表现优于学校教师群体。调查发现社工群体广泛地接受过各社会公益组织的安全与急救知识宣教,这提示社工健康素养的提升有赖于正规的医疗培训。

二、社工群体的工作特点与藏区儿童寄宿生活的特殊性相关

对于保健社工日常工作情况的调查显示,保健社工群体在儿童医疗工作中最常遭遇的状况或症状为外伤、发热、咳嗽、咳痰、腹痛、腹泻等。研究认为,这些常见情况与藏区学校儿童室外活动多、外伤发生概率大、卫生条件差、卫生习惯不良,以及寄宿生活中人员密集,呼吸道传染病、消化道传染病呈群体发病的特点相关。这一方面提示对于藏区儿童健康的关注应基于上述不足,另一方面提示对于保健社工的继续教育应对上述问题做重点培训。结合保健社工群体医学知识学习的主观诉求来看,培训应以外伤急救处置,常见病基础理论和传染病防控为首要内容。

三、经常性短期医疗培训是适合保健社工医学继续教育的形式

调查结果显示,基金会等机构举办的短期医疗知识培训是社工群体最常接受的医学继续教育形式,而统计学检验表示经常性医疗培训这一因素对社工健康素养有显著提高。结合健康素养调查中的特点以及社工的主观需求,研究认为,基金会等社会公益组织举办的经常性的、专业性较强的、内容集中的短期医疗知识培训有助于社工群体医疗保健素养和工作技能提升。

限于人力物力,本次调查所选取的调查对象样本量相对不足,未来应进行更广泛的调查以提高结论的可信程度。另外,限于地区文化差异和沟通困难,对于社工群体的教育水平、家庭背景、来源地区等因素的调查有待进一步加强,以探究对健康素养造成关键影响的因素,并有利于指导工作单位选用相应岗位人才。

第三部分

健康干预篇

第十三章

边远震后地区儿童与青少年身体健康监测与维护

第一节 儿童和青少年身体健康概况及主要问题

边远震后地区社会经济发展水平相对较低，健康观念和卫生条件与城镇地区相比相对较差，导致儿童与青少年体质健康水平偏低。本书第五章以青海震后地区为例，详细介绍了编者团队5年来在玉树地区中小学健康体检的开展情况及体检结果，本书第十一章介绍了边远震后地区儿少膳食营养、饮水及手卫生调研情况。本章结合团队实证调研情况和相关文献，对边远震后地区儿童与青少年身体健康概况和存在的问题总结阐述如下。

一、营养不良发生率高，膳食营养亟待改善

身高、体重和身体质量指数（BMI）是反映体格发育最常见指标。本团队2017—2019年在青海玉树地区学校开展的1 088例体检结果显示，该地区儿少身高均数远低于城镇和东部地区同龄人，以BMI评定的营养不良发生率更是高达72.9%。此外，边远震后地区大多居民在不同程度上存在膳食营养供给不足，营养成分种类单一的问题。本团队2019年在玉树囊谦县孜荣乡中心寄宿学校开展的190例膳食调研结果显示：仅33例（17.4%）参与者日均能量摄入量达到国家标准，其中碳水化合物摄入达标率99.5%、蛋白质摄入达标率95.8%、脂肪摄入达标率35.3%；维生素群体摄入存在诸多不足，其中维生素A、D、K、B_{12}、B_6、叶酸6项维生素的达标率为0，仅维生素B_1和烟酸的达标率可达到50%；五项常量元素（钙、磷、钾、钠、镁）中，钙、钾、钠、镁的摄取均存在不足情况，其中钙元素摄取量达标率为0，镁元素摄取量达标率仅为2.6%；微量元素中，大部分参与者铁、锌、铜的摄取量可达到平均需要量，而碘、硒、钼、铬、锰则远远不足。

二、近视龋齿发生率高，卫生习惯亟需养成

近视、龋齿是学龄期儿少常见健康问题，严重影响儿少的学习和生活质量。本团队2017—2019年在青海玉树地区学校开展的体检结果显示，24.4%的受检者视力在1.0以下，13.3%的受检者视力在0.6以下（亟需矫正），36.0%的受检者存在龋齿，8.6%的受检者存在缺齿。除高原地区紫外线辐射较强的因素，学龄期儿童视力低下与不良用眼习惯密切相关，而龋齿和缺齿的发生则与不良口腔卫生习惯密切相关。

三、先天性心脏病发病率高,听诊筛查亟待开展

流行病学研究报道,先天性心脏病的发病率与所处的海拔高度呈正相关关系,其原因可能与妊娠期间宫内缺氧,不良卫生习惯导致的妊娠期感染有关。本团队2017—2018年在玉树地区开展的483例体检结果显示,心脏杂音检出率为5.6%,经心脏超声确诊后先天性心脏病检出率为2.1%,显著高于低海拔平原地区报道的数值。

四、地方性传染病发病率高,防控常识亟需普及

部分边远震后地区地方性传染病发病率较高。以玉树地区为例,由于地处畜牧地区,加之卫生习惯淡漠,包虫病、布鲁氏菌病发病率较高。2012年6—8月在青海省玉树藏族自治州称多县、囊谦县、曲麻莱县、玉树市、杂多县和治多县开展的包虫病筛检结果显示:B超检查共7 025人,查出棘球蚴病患者319例,患病率为4.54%;血液检测共2 790人,血清棘球蚴抗体阳性率为16.38%(457/2 790)。四川西部藏区石渠县与甘孜县的8个调查点对3 999人开展的血清抗体检测阳性率为4.03%。

牧区传染病具有特定的传染源和传播方式。本团队2019年在玉树囊谦县孜荣乡开展的饮用水和手卫生调查结果显示,仅18.3%的学生很少或不饮用生水,仅约一半的学生大部分时间能做到饭前、便后、户外活动后、接触动物后洗手,学生对标准洗手法的掌握率不足10%。

第二节 儿童和青少年身体健康的关键影响因素

体质健康状况主要受遗传因素和环境因素的影响,特别是后天环境因素对体质健康的影响已成为相关研究的主要内容,本节以社会生态学理论视角,从自然环境、学校环境、家庭环境、社会与宗教环境四个维度分析探讨影响边远震后地区儿少身体健康的关键因素。

一、自然环境

边远地区自然环境对儿少身体健康的影响是长期的。以藏区为例,藏族儿童整体营养状况较差、生长发育相对迟缓。对藏区高原环境与儿童体质健康的相关研究显示,藏区高海拔造成了儿童早期的生长迟缓,慢于同龄低海拔地区儿童,但对儿童的后续长期健康影响不显著。高海拔地区土地相对贫瘠、物产稀缺,导致膳食供应不足、膳食种类单一,进一步加剧了营养不良和发育迟缓。此外,高海拔地区空气稀薄,紫外线暴露水平较高,导致皮肤病和眼底疾病高发。高海拔地区大部分为畜牧业地区,导致包虫病、布鲁氏菌病等牧区地方性传染病相应地高发。

二、学校环境

学校是学龄期儿少体质健康促进的重要载体和责任体。基于学校健康促进理论,学校

体育、健康教育、健康环境和卫生健康服务是影响儿少健康的主要因素。

1. 学校体育

学校体育主要包括体育课、课间活动、课外体育活动、运动训练、竞赛等，是促进学龄期儿少体质水平提升的重要因素。以青海玉树地区为例，大部分学校都配置了体育活动器材，学生每日基本可满足1小时左右课外活动时间，特别是以足球、舞蹈为代表的地方特色文体活动对玉树地区学校体育起到了积极作用，但学校体育的组织性、计划性、专业性仍然有待加强。

2. 学校健康教育

学校健康教育是通过课堂教学和健康教育活动，儿童青少年掌握常见病防治和卫生保健知识，增强学生自我保健意识，养成科学、文明、健康的生活方式和行为习惯，从而达到预防疾病、增进健康、提高学生个体和群体的健康水平的目的。目前由于受到应试教育和专业教师或校医不足的双重影响，学校的健康教育与学生健康需求之间有非常大的差距。以青海玉树地区为例，大部分学校没有执业资格校医和有专业知识背景的保健老师或健康教育老师，也没有专门规划健康教育课程，导致儿童青少年用眼卫生、手卫生、口腔卫生习惯较差，卫生水平低，基础疾病检出率高。

3. 学校健康环境

学校硬件环境方面，根据《学校卫生工作条例》要求，做好教室采光、通风、照明、噪声控制、温湿度控制、桌椅配置；维持校园环境卫生、食堂环境卫生，做好食堂消毒灭菌、每日菜样留取送检等工作；配置足够体育场地和器材，满足学生体育活动需要；寄宿制学校应做好学生宿舍寝具配置和卫生维护，建设足够洗漱、晾晒衣物、淋浴场地和设施；教室和宿舍应做好饮用水供应，为学生提供便捷、干净的饮用水，特别是水资源匮乏地区，避免学生缺水或饮用生水。制度机制方面，应做好卫生健康工作顶层设计，融入学生学习起居日常，修订完善并严格落实各项制度。膳食营养方面，按照国家卫健委发布的《学生餐营养指南》科学做好一日三餐营养搭配，做到营养供给充足，营养素种类丰富、搭配合理。

4. 学校卫生健康服务

包括学生体质健康监测和常见病、多发病的识别诊治。按照《国家学生体质健康标准》和《中小学生健康体检管理办法》定期开展体质健康监测和健康体检工作。根据《学校卫生工作条例》，寄宿制学校和600人以上非寄宿制学校须设置校医，其余学校应设置保健老师。以青海玉树地区为例，该地区中小学绝大部分为寄宿制学校，但极少有学校设置专门校医或保健老师，导致卫生工作的开展缺乏专业性、系统性和科学性。卫生工作专业人员力量的缺乏已成为制约边远震后地区学校卫生工作和学生健康水平提升的瓶颈因素。

三、家庭环境

家庭教育是儿少卫生习惯养成的根源。青海玉树地区实证调研结果显示，大部分学生家长，特别是居住于牧区的学生家长卫生健康素养有待提升，大部分儿少没有养成饭前便后洗手、保持合理阅读光线和距离、每天早晚刷牙等卫生习惯。高原牧区由于长期缺水，部分家庭数月淋浴一次,导致儿少个人卫生状况较差,疣、疥疮等皮肤病相对高发。此外,吸烟在青海玉树地区成人中较为常见,儿少长期暴露于二手烟烟雾中,会对呼吸系统及全身健康产生不良影响。

四、社会与宗教环境

以青海玉树地区为例,该地区居民主要信仰藏传佛教,形成了藏传佛教特有的宗教人生观。千百年来,藏区儿童在高原地区生活成长,宗教生活空间中营造了一种独特的人文环境,如:饮食要适宜、适量,避免过生或过熟,有病要遵医嘱服药,要避开灾害、厄难之事,要远离凶险的游乐活动等。

党的十九大以来,随着"全面打赢脱贫攻坚战"号角的吹响,边远震后地区迎来了新时代的改革红利、政策红利以及社会各界的广泛帮扶。到2021年,边远震后地区社会经济的发展迅速,绝对贫困现象已得到根本性消除,青海玉树地区农牧民社会生活也变得日益丰富,特别是定居点的农牧民生活摆脱了游牧时期的孤立状态,一切都与社会发展紧密地联系起来。青海玉树地区社会生活发生的变化也使儿童青少年的体质健康状况得到了一定改善。学校硬件配置水平、卫生工作开展水平、饮用水供应和膳食营养在各界的共同帮助下有了长足的进步。以"台州市青公益服务协会"发起的"古咕丁医疗知识普及计划"和"曾敏杰-杨浩联爱基金"发起的"西部医疗角项目"为代表的社会组织力量在边远震后地区学校卫生保健工作中起到了对接社会资源、撬动社会支持和吸引社会关注的积极推进作用。

第三节 儿童和青少年身体健康维护策略与干预方法

一、系统性加强学校卫生健康环境建设

严格按照《学校卫生工作条例》和《国家学校体育卫生条件试行基本标准》,系统性加强学校卫生健康环境建设,使教室、体育场地、生活设施、卫生(保健)室能够满足学生在校健康学习、生活需要。

1. 教室卫生环境

参照《国家学校体育卫生条件试行基本标准》,至少应满足如下要求(表13-1)。

表13-1 学校教室卫生环境基本标准

项目	要求
教室面积	1. 人均使用面积小学不低于1.15平方米,中学不低于1.12平方米; 2. 教室前排课桌前缘与黑板应有2米以上距离; 3. 教室内各列课桌间应有不小于0.6米宽的纵向走道,教室后应设置不小于0.6米的横行走道,后排课桌后缘距黑板不超过9米。

(续表)

项目	要求
课桌椅	1. 教室内在座学生应每人一席； 2. 每间教室内至少应设有两种不同高低型号的课桌椅。
黑板	1. 黑板应完整无破损、无眩光，挂笔性能好，便于擦拭； 2. 黑板下缘与讲台地面的垂直距离：小学为 0.8～0.9 米，中学为 1～1.1 米，讲台桌面距教室地面的高度一般为 1.2 米。
教室采光	1. 单侧采光的教室光线应从学生座位左侧射入，双侧采光的教室主采光窗应设在左侧； 2. 教室墙壁和顶棚为白色或浅色，窗户应采用无色透明玻璃； 3. 教室采光玻地比（窗的透光面积与室内地面面积之比）不得低于 1：6。
教室照明	1. 课桌面和黑板照度应分别不低于 150LX 和 200LX，照度分布均匀，自然采光不足时应辅以人工照明； 2. 教室照明应配备 40 瓦荧光灯 9 盏以上，并符合节能环保要求。灯管宜垂直于黑板布置，不宜用裸灯，灯具距桌面的悬挂高度为 1.7～1.9 米； 3. 黑板照明应设两盏 40 瓦荧光灯，并配有灯罩。
教室微小气候	1. 教室应设通气窗，寒冷地区应有采暖设备； 2. 新装修完的教室应进行室内空气检测，符合《室内空气质量标准》的可投入使用，并保持通风换气。

2. 体育设施配置

中小学须按照规定的数量、资质配置体育教师，体育运动场地和体育运动器材，具体参见《国家学校体育卫生条件试行基本标准》。

3. 生活设施配置

（1）学生宿舍

学生宿舍不应与教学用房合建，男、女生宿舍应分区或分单元布置，一层出入口及门窗应设置安全防护设施。学生宿舍的居室，人均使用面积不应低于 3.0 平方米。应保证学生一人一床，上铺应设有符合安全要求的防护栏。宿舍应保证通风良好，寒冷地区宿舍应设有换气窗。学生宿舍应设有厕所、盥洗设施。宿舍设室外厕所的，厕所距离宿舍不超过 30 米，并应设有路灯。

（2）学校集体食堂

学校食堂应取得卫生许可证，食堂从业人员应取得健康证明后方可上岗。食堂应距污染源 25 米以上，应有相对独立的食品原料存放间、食品加工操作间、食品出售场所。食堂加工操作间最小使用面积不得小于 8 平方米；墙壁应有 1.5 米以上的瓷砖或其他防水、防潮、可清洗的材料装修的墙裙；地面应由防水、防滑、无毒、易清洗的材料装修；配备有足够的通风、排烟装置和有效的防蝇、防尘、防鼠、污水排放以及存放废弃物的设施和设备。食堂应当有洗刷、消毒池等清洗设施设备。采用化学消毒时，需具备两个以上的水池（容器），不得与清洗蔬菜、肉类等设备混用。

(3) 学校生活饮用水

学校必须为学生提供充足、安全卫生的饮水以及相关设施。供学校生活用水的自备井、二次供水的储水池(罐)，应有安全防护和消毒设施，自备水源必须远离污染源。采用二次供水的学校应在取得有效的二次供水卫生许可证后方可向学生供水。

(4) 学校厕所

新建教学楼应每层设厕所，独立设置的厕所与生活饮用水水源和食堂相距30米以上。女生应按每15人设一个蹲位；男生应按每30人设一个蹲位，每40人设1米长的小便槽。厕所内宜设置单排蹲位，蹲位不得建于蓄粪池之上，并与之有隔断；蓄粪池应加盖。小学厕所蹲位宽度(两脚踏位之间距离)不超过18厘米。厕所结构应安全、完整，应有顶、墙、门、窗和人工照明。

4. 卫生(保健)室配置

卫生室是指取得医疗机构执业许可证的学校卫生机构，保健室是指未取得医疗机构执业许可证的学校卫生机构，寄宿制学校必须设立卫生室，非寄宿制学校可视学校规模设立卫生室或保健室。寄宿制学校或600名学生以上的非寄宿制学校应配备卫生专业技术人员，卫生专业技术人员应持有卫生专业执业资格证书。600名学生以下的非寄宿制学校，应配备保健教师或卫生专业技术人员，保健教师由现任具有教师资格的教师担任。卫生专业技术人员和保健教师应接受学校卫生专业知识和急救技能培训，并取得相应的合格证书。卫生室和保健室基本配置要求见表13-2。

表13-2 学校卫生室和保健室基本配置要求

指标	保健室	卫生室
面积	大于15平方米	大于40平方米
功能分区	根据需要	根据需要
基本设备	视力表灯箱、杠杆式体重秤、身高坐高计、课桌椅测量尺、血压计、听诊器、体温计、急救箱、压舌板、观察床、诊察桌、诊察凳、止血带、污物桶等	在保健室基础上增加诊察床、注射器、敷料缸、方盘、镊子、药品柜、紫外线灯、高压灭菌锅等

二、注重学校健康教育，养成良好卫生习惯

《"健康中国2030"规划纲要》明确提出，"加大学校健康教育力度，将健康教育纳入国民教育体系，把健康教育作为所有教育阶段素质教育的重要内容"，把开展学校健康教育提升到国家战略高度。然而，边远震后地区大部分学校无健康教育相关课程和专业人员，学校健康教育严重缺位，导致学生健康习惯养成不佳，基础疾病发病率居高不下。

根据教育部印发的《中小学健康教育指导纲要》，中小学生健康教育应包括健康行为与生活方式、疾病预防、心理健康、生长发育与青春期保健、安全应急与避险五大主要内容，特别是，对于边远震后地区，应着重开展手卫生(七步洗手法)、用眼卫生、口腔卫生相关教育，并加入包虫病等牧区传染病防治常识相关教育内容。置身新时代，学校要创新健康教育开

展形式,要借助互联网技术、借助融媒体平台,以学生喜闻乐见的形式开展学校健康教育,将健康教育内容融入学科教学、班会、团会、校会、升旗仪式、专题讲座等多种场合,融入黑板报、手抄报、墙报、绘本、视频动画、交互式学习系统等多种形式,真正做到让健康生活方式内化于心、外化于行。

三、科学改善日常膳食营养

膳食营养是维持儿少正常生长发育的基础,在学校卫生保健工作中具有重要地位。玉树州是青海省藏族人民聚居地之一,他们长期居住此地,主要牲畜是牦牛和羊,农作物以耐寒抗旱的青稞为主。食材的单一性决定了玉树州藏族人民的主要食物是牦牛奶、牛羊肉、糌粑等,不利于儿少膳食营养均衡。因此,以青海玉树为代表的边远震后地区更应该注重学校膳食供应的营养配比,实现能量供应充分、营养素摄入全面,为儿少健康成长发育提供充足的营养保障。

国家卫生健康委员会于2017年发布了《学生餐营养指南》(WS/T 554—2017),详细规定了每人每天能量和营养素供给量(表13-3)与每人每天食物种类和数量(表13-4)。部分边远震后地区农作物单一,交通运输不便,应充分协调采购、物流部门力量,做好学生日常食品供应。

表 13-3 每人每天能量和营养素供给量

能量及营养素(单位)	6～8岁		9～11岁		12～14岁		15～17岁	
	男	女	男	女	男	女	男	女
能量 kcal(MJ)	1 700 (7.11)	1 550 (6.48)	2 100 (8.78)	1 900 (7.94)	2 450 (10.24)	2 100 (8.78)	2 900 (12.12)	2 350 (9.82)
蛋白质(g)	40	40	50	50	65	60	75	60
脂肪供能比	占总能量的20%～30%							
碳水化合物供能比	占总能量的50%～65%							
钙(mg)	750		850		950		800	
铁(mg)	12		14		18		18	
锌(mg)	6.5		8.0		10.5	9.0	11.5	8.5
维生素 A(μg)	450		550		720	630	820	630
维生素 B_1(mg)	0.9		1.1		1.4	1.2	1.6	1.3
维生素 B_2(mg)	0.9		1.1		1.4	1.2	1.6	1.3
维生素 C(mg)	60		75		95		100	
膳食纤维(g)	20		20		20		25	

注:能量供给量应达到标准值的90%～110%,蛋白质应达到标准值的80%～120%。

表 13-4　每人每天食物种类和数量

食物种类		6～8 岁	9～11 岁	12～14 岁	15～17 岁
谷薯类	谷薯类	250～300	300～350	350～400	350～400
蔬菜水果类	蔬菜类	300～350	350～400	400～450	450～500
	水果类	150～200	200～250	250～300	300～350
鱼禽肉蛋类	畜禽肉类	30～40	40～50	50～60	60～70
	鱼虾类	30～40	40～50	50～60	50～60
	蛋类	50	50	75	75
奶、大豆类及坚果	奶及奶制品	200	200	250	250
	大豆类及其制品和坚果	30	35	40	50
植物油		25	25	30	30
盐		5	5	5	6

注：1. 表中所列食物均为可食部分生重(单位 g)；
　　2. 谷薯类包括各种米、面、杂粮、杂豆及薯类等；
　　3. 大豆包括黄豆、青豆和黑豆，大豆制品以干黄豆计。

四、全面提升学校卫生健康服务水平

1. 落实体质健康评定

根据《国家学生体质健康标准》，学校应每学期组织学生进行体质健康评定，并将分数计入学期总成绩，从而引导师生关注并着力提升学生体质健康。

2. 持续推进健康监测

根据《中小学生健康体检管理办法》，新生入学应组织体检并建立健康档案，小学新生可在家长或监护人的陪伴下前往指定的健康体检机构或由健康体检机构人员前往学校进行健康体检。在校学生每年进行 1 次常规健康体检。在校学生健康体检的场所可以设置在医疗机构内或学校内。设置在学校内的体检场地，应能满足健康体检对检查环境的要求。学生体检结果应做到及时反馈、妥善处理、动态跟进、全程管理。根据国家标准和编者团队多年实践经验，对边远震后地区中小学体检项目提出如下建议：

（1）病史询问；
（2）内科常规检查：心肺听诊、腹部触诊；
（3）眼科检查：视力、有无沙眼、有无结膜炎；
（4）口腔科检查：牙齿、牙周、扁桃体；
（5）外科检查：头部、颈部、胸部、脊柱、四肢、皮肤、淋巴结；
（6）形体指标检查：身高、体重；
（7）生理功能指标检查：血压、肺活量；
（8）新生入学体检还应包括肝功能检查，牧区新生入学体检建议加入包虫病筛查（B 超或血清检测)。

3. 开展常见病识别和初步诊疗工作

学校卫生室和保健室应能对轻微外伤、发热、腹痛、头痛等常见病情做出合理应对和适当处理,保健室应合理应用非处方药,卫生室应合理应用非处方药和部分处方药,校医和保健老师应及时识别需要至上级医院进一步诊治的病情,当好学生身体健康的"守门人"。

第十四章

边远震后地区儿童与青少年心理健康监测与干预

第一节 儿童和青少年心理健康评估

一、PTSD 评估

目前,儿少 PTSD 诊断标准主要依据美国《精神障碍诊断与统计手册第五版》(diagnostic and statistical manual of mental disorders, 5th edition, DSM-5),诊断标准见附录1。文献报道中多结合一些自评问卷进行诊断,常用于儿少 PTSD 的自评工具主要有以下几种。

1. 创伤后应激障碍检查表第五版(the PTSD checklist for DSM-5, PCL-5)

PCL-5 由美国 PTSD 国家中心的 Frank Weathers 及其同事于 1993 年开发设计,并在 DSM-5 发布后于 2013 年进行了修订。PCL-5 包括对应于 DSM-5 的 PTSD 症状的 20 个问题,要求受试者对最近 1 个月困扰自身的每一个症状进行 5 点严重程度评分,单条目得分≥2 表示满足该症状;同时满足至少 1 个闯入症状、至少 1 个回避症状、至少 2 个负性的认知与情绪改变症状以及至少 2 个高唤起症状即被视为满足 PTSD 阳性诊断。PCL-5 是目前应用最为广泛的 PTSD 筛查工具之一,具有良好的心理测量学特性。

国内周宵等采用 PCL-5 对 746 名汶川地震后 1 年的中学生进行评估,考察地震后青少年 PTSD 的潜在症状结构,结果发现包括侵入性、回避性、麻木性、精神痛苦性唤起和焦虑性唤起等 5 个症状的 PTSD 精神痛苦性唤起模型显著优于 DSM-4 的 PTSD 模型、4 维情感麻木模型和 4 维精神痛苦模型,可以作为判定震后青少年 PTSD 症状的有效标准。

2. 加州大学洛杉矶分校创伤后应激障碍反应指数(儿童修订版)(the University of California at Los Angeles posttraumatic stress disorder reaction index for DSM-4, revision 1, child version, UCLA PTSD-R1)

UCLA PTSD-R1 被广泛应用于测量各种类型创伤事件后儿童 PTSD 症状水平,具有良好的信效度。该量表在其他国家也被广泛使用,还曾被翻译成多种语言,并进行了修订及信效度检验,具有跨文化一致性。国内已有汉化版本,且具有良好的信效度,可用于灾后儿童 PTSD 的评估。

3. 事件影响量表儿童版(children's revised impact of event scale, CRIES-13)

CRIES-13 由成人版事件影响量表改编而成。2003 年,Smith 等根据 PTSD 诊断标准的 3 个主要症状,在既往学者 8 条目(包括侵入和回避两个因素)的基础上加入 5 个条目用来评估儿童 PTSD 中的高唤醒症状,形成 CRIES-13。研究显示,CRIES-13 信效度较高,且因条目较少、施测方便,是目前国际上应用广泛的儿童创伤评估工具之一。中文版 CRIES-13 也具有良好的信效度,是评估和筛查灾后儿童青少年 PTSD 症状的较好工具。

4. 儿童应激障碍检查表(child stress disorders checklist, CSDC)

儿童应激障碍检查表是美国国家儿童创伤应激网络推荐的量表,用于评估儿童创伤后应激症状严重程度,在美国已被证实有良好的效度和信度。该量表由 Saxe 设计,适用于 2~18 岁儿童和青少年,由儿童观察者(父母、照养人、老师等)填写。共有 36 个条目,包含 1 个创伤事件条目、5 个急性反应条目和 30 个近期反应条目。第 1 个条目需要描述创伤事件;急性反应条目对应 DSM-4 中 ASD 和 PTSD 创伤事件后主观体验标准条目,评定在创伤事件发生后立即出现的情绪或行为;近期反应条目对应 DSM-4 中 PTSD 的 B、C、D 症状群以及功能损害症状,评定在最近 1 个月内的行为,包括 5 个维度:再体验(7 条)、回避(5 条)、麻木和解离(8 条)、警觉性增高(6 条)、功能损害(4 条);采用 0(从不)~2(经常)3 级评分,总分 0~60 分。得分越高,应激反应症状的程度越严重。国内已有汉化版本,信效度良好。

二、PTG 评估

目前,最常用的评估 PTG 的问卷为创伤后成长问卷,其他还包括儿童版创伤后成长量表修订版、儿童压力后成长量表。

1. 创伤后成长问卷(posttraumatic growth inventory, PTGI)

该问卷由 Tedeschi 和 Calhoun 于 1996 年研制,原版问卷包含 21 个条目。国内已有汉化版本,汉化后问卷包含 5 个维度 20 个条目:与他人关系,新的可能性,个人力量,自我改变以及人生哲学。采取 6 级评分法,从"完全没有"到"非常多"依次评 0~5 分,总分 0~100 分,得分越高,预示伤者获得的 PTG 越多。研究表明,中文版 PTGI 不仅在成人,在初中生中也具有较好的信效度,可用于同龄人群 PTG 研究。

2. 儿童版创伤后成长量表修订版(PTGI for children-revised, PTGI-C-R)

PTGI-C-R 由 Kilmer 等在 PTGI 的基础上修订而成,包括 10 个条目,采用四级评分法,从完全没有经历这种改变到这种改变非常多依次记为 0~3 分,总分为 0~30 分,分值越高说明 PTG 越多。量表已被荷兰、美国等国修订使用,并证明具有良好的信效度。已有汉化版本,含 8 个条目,信效度良好。

3. 儿童压力后成长量表(children's post-stress growth scale, CPSGS)

广西师范大学覃春望等根据压力后成长四因素理论,结合开放式问卷和访谈结果编制适用于中国儿童群体的压力后成长量表,经探索性因素分析发现,儿童压力后成长问卷由人际关系、生活哲理、应对方式三个因子组成,共 15 个项目,验证性因素分析结果表明各项拟合指标良好;量表的内部一致性信度在 0.695～0.816,重测信度为 0.737,校标关联效度为 0.727,说明该量表符合心理测量学的标准,可以用于测量中国儿童压力后成长的情况。

三、抑郁评估

地震儿童及青少年的抑郁评估量表除了常用的贝克抑郁问卷、抑郁自评量表、流调中心用抑郁量表、简版抑郁-焦虑-压力量表,还有专用于儿童的儿童抑郁量表(children's depression inventory, CDI)和儿童抑郁障碍自评量表(depression self-rating scale for children, DSRSC)。CDI 根据贝克抑郁问卷改编,具有较高的信效度,已有汉化版本。DSRSC 由 Birleson 等编制,包含 18 个条目,采用 0～2 三级评分,量表总分≥15 分为检出抑郁,已有国内汉化版本,对中国儿童具有良好的测量学特征。

第二节　影响灾后儿童和青少年心理健康的关键因素

一、概述

儿少灾后心理健康受到多方面因素的影响。伍新春团队对汶川地震后青少年的 PTSD 和 PTG 的相关研究进行了全面梳理总结,将震后创伤后心理反应的影响因素分为直接诱发因素(创伤暴露程度)、个体稳定型因素(人口学变量、人格类因素)、个体状态型因素(核心信念挑战、反刍思维、复原力、控制感)和环境因素(社会支持)等四类,这些因素对 PTSD 和 PTG 都会产生影响,但影响机制不尽相同。因研究中对儿少 PTSD 和 PTG 的影响因素的探讨较多,下文将从 PTSD 和 PTG 的相关因素分别论述。

二、儿童青少年灾后心理健康的影响因素

(一) PTSD 的影响因素
1. 人口学因素

灾后儿少的 PTSD 的检出率在性别、年级上存在一些共性的规律,总体表现为女生高于男生,高年级低于低年级学生。女生是灾后 PTSD 和抑郁的易感人群,在 PTSD 各维度上的问题更突出;而年级方面的差异,则可能与创伤后的时间有关系,创伤后短时间内高年级学生的消极身心反应要多于低年级学生,但随着时间推移,这种创伤后的消极身心反应则表现出低年级学生多于高年级学生的状况。汶川地震 10 年后中职生中女生 PTSD 的检出率高于男生,非住校生的检出率高于住校生,非班干部的检出率高于班干部,父母再婚的检出率最高。芦山地震后儿童和青少年 PTSD 的发展轨迹有显著的群体异质性并且受到性别的影响,主要表现为 PTSD 发展轨迹有显著的性别效应(持续受损组的女生比例更高),但无显著的年龄效应。玉树灾后学生的调研显示女生诊断为 PTSD 高风险的比例(43.4%)高于男生(31.8%);在年级上,心理适应能力较差的初中生的 PTSD 检出率最高,

面临更多适应问题的高一学生的PTSD检出率也相对较高,初一学生在PTSD各维度上的得分相对较低。

2. 创伤相关因素

创伤暴露是影响亲历者创伤后身心反应的首要因素,包括客观创伤暴露和主观害怕两个方面。研究发现,相对于未经历地震的青少年,经历汶川地震的青少年有更严重的PTSD症状;另一项研究也显示客观创伤暴露程度对青少年的PTSD有显著的正向预测作用,主观害怕程度在灾难暴露程度对PTSD的影响中起部分中介作用;对震后1年的中学生调查发现,主观与客观创伤暴露程度都显著正向预测PTSD,而震后1年半,仅客观暴露程度显著正向预测PTSD。可见,客观创伤暴露程度对PTSD的预测作用更强。对庐山震后3年青少年的调查分析显示,地震暴露因素(包括主观极端恐惧体验、自己被困住、自己受伤、亲人受伤、目睹有人被困住、目睹有人在地震中死去等)是PTSD的风险因素之一。

创伤发生的时间也会影响PTSD的检出率,研究发现,PTSD的检出率会随着震后时间的变化而发生变化,总体趋势是震后1年时PTSD发生率最高。

3. 心理相关因素

(1) 社会支持

社会支持通常是指来自社会各方面,包括父母、亲戚、朋友等给予个体的精神或物质上的帮助和支持的系统。社会支持可以划分为不同的种类,如从性质上可以划分为工具性社会支持和情绪性社会支持,也可分为客观社会支持和主观社会支持(领悟社会支持)。社会支持利用度也是社会支持研究中比较关注的指标之一。

社会支持作为一种保护性因素,可以缓解儿少的PTSD。对雅安地震后小学生的社会支持与PTSD的调查发现,震后6至12个月之间,社会支持对PTSD发挥单向的缓解作用;对震后6个月和1.5年的跟踪调查发现,无论是震后6个月还是1.5年,社会支持都可以缓解PTSD。对舟曲泥石流后舟曲县小学生的调查也显示社会支持利用度负向预测PTSD。

社会支持不仅可以直接缓解PTSD,还作为中介因素对PTSD产生调节作用。对汶川地震后1年的儿少调查显示,社会支持在灾难暴露程度与PTSD的关系中起调节作用,但不能调节主观害怕程度与PTSD之间的关系。其中,无论支持的性质如何,父母和教师的支持都能缓解灾难暴露程度对PTSD的影响,而同学和其他人的支持则不具有调节效应。对雅安震区学生的调查显示,社会支持在创伤暴露程度与PTSD之间不起显著的调节作用,却可以显著地调节主观害怕程度对震后1.5年PTSD的影响,表现为主观害怕程度对震后1.5年的PTSD的正向预测作用随着社会支持水平的增加而降低。另一项对雅安地震后青少年的调查显示,社会支持可以显著地调节表达抑制策略对PTSD的预测作用,表现为表达抑制对PTSD的正向预测作用随着社会支持的增加而降低。

(2) 心理弹性/复原力/心理韧性(resilience)

随着积极心理学的发展,心理弹性对PTSD的影响得到了广泛关注。作为个体在压力和困境下能够迅速且有效地顺应环境变化的保护性因子,心理弹性能使灾后儿少更好地适应社会,对社会适应具有正向引导作用。心理弹性高的人也能够积极地采取问题聚焦性的应对,减少PTSD的发生。汶川地震后10年的中职生调查显示,心理弹性与PTSD呈显著负相关,心理弹性显著地负向预测PTSD。

心理弹性也可作为调节因素降低PTSD的发生。对汶川地震后中学生心理弹性的调查结果发现,心理弹性在创伤暴露程度对PTSD及其回避性症状与警觉性增高症状的影响上发挥负向调节作用,但在创伤暴露程度对闯入性症状的影响上不起调节作用。另有研究显示,心理弹性通过社会支持利用度和消极应对影响PTSD症状。

(3) 控制感

控制感是与客观控制相对的一种主观控制直觉,是个体对控制的一种感知、感受或信念。个体对事件的控制感高低是影响其PTSD的重要因素之一,经历创伤的个体会通过保持对事件的控制感,将创伤经验整合到个人信念中,以减少消极情绪,进而减少PTSD的出现。对于高控制感的个体而言,个体对创伤后的世界具有掌控的感知,能够利用有效的应对策略处理创伤带来的影响,可减少PTSD的出现。低控制感的情况下,个体对于创伤后世界掌控的自我效能感降低,导致个体出现无助、悲观等消极情绪,进而可能会增加其PTSD的出现。

个体获得控制感的不同方式也可能影响其调节作用。获得控制感的方式可以分为初级控制和次级控制,初级控制是指个体通过直接改变环境来获得控制感,而次级控制指调整个体自身去适应环境,以达到对外界的控制感。次级控制一方面帮助个体应对初级控制的失败,另一方面通过选择功能提高初级控制水平。对震后1年中学生的控制感的调查分析发现,初级控制与次级控制都显著负向预测PTSD,初级控制负向调节客观创伤暴露对PTSD的影响,而次级控制不起调节作用;在震后1.5年,控制感对PTSD的预测作用不显著;次级控制负向调节主观害怕程度对PTSD的影响,初级控制不起调节作用。

(4) 应对方式

为了有效地处理应激,人们常常采用一些特定的策略来应对应激。应对是个体在处理来自身体内外部、超过自身资源的应激事件时所做出的认知和行为上的努力。根据应对的指向性,应对可以分为以问题为中心的应对和以情绪为中心的应对,也可以根据所采取应对策略的性质分为积极应对和消极应对。一般情况下,积极应对更有利于个体处理应激,对舟曲泥石流后舟曲县小学生的调查显示消极应对负向预测PTSD;对雅安地震后青少年的调查显示,认知重评策略可以显著地负向预测PTSD,表达抑制策略仅对PTSD有显著的正向预测作用。

(5) 其他

有研究探讨了个体的正念水平与PTSD的关系,结果发现正念可以直接负向预测PTSD,也可以通过心理弹性的中介负向预测PTSD。

4. 家庭因素

家庭已被证实是PTSD发病、维持以及好转康复过程中一个重要的影响因素,而家庭功能的改善也被纳入灾后重建的工作重点之一。

(二) PTG 的影响因素

1. 人口学因素

总体来说,地震后的儿童青少年中,女生的 PTG 水平高于男生,高年级高于低年级学生,少数民族较高。有研究对汶川地震后 3 年地震灾区 1 665 名初中生开展调查,结果显示少数民族、住校、父母受教育程度高的学生 PTGI 总分高于汉族、走读、父母受教育程度低的学生,回归分析显示,年龄与 PTGI 总分和他人关系、个人力量因子得分正相关。另一项对汶川地震后青少年的心理反应的跟踪研究发现,无论创伤后时间的变化如何,女生较男生更容易实现 PTG,高年级学生较低年级学生更容易实现 PTG;在女生、少数民族中的更高水平的趋势一直持续到汶川地震发生 8.5 年后。对鲁甸震后灾区七年级和八年级的 1 249 名中学生调查发现,震后 7 个月女同学 PTG 水平显著高于男同学,七年级同学显著低于八年级同学。玉树灾后学生的调研结果也显示高年级的 PTG 要优于低年级学生。

2. 创伤暴露程度

目前研究中创伤暴露程度对 PTG 的影响结论不一致。对汶川地震 8.5 年后中学生的调查发现创伤暴露程度对 PTG 具有显著的预测作用。PTG 在目睹受伤、目睹丧生、好友伤亡三个暴露因素不同水平下差异有统计学意义,暴露程度高者获得更多的成长。但是,对鲁甸震后灾区七年级和八年级中学生调查发现,震后 7 个月,创伤程度不同的被试者 PTG 不存在显著差异,但创伤程度与 PTG 存在一个倒 U 形的关系。

3. 心理因素

从文献中可见,心理弹性、社会支持、外向、认知重评策略等与灾后儿童和青少年的更高水平的 PTG 相关。

研究可见,心理弹性与 PTG 呈正相关,且对 PTG 有预测作用。对汶川地震 1 年后的中学生的追踪测量发现震后 1 年的心理弹性对震后 1.5 年的 PTG 有显著的跨时间点正向预测作用,在汶川地震后 3 年的调查显示心理弹性总分与 PTGI 总分及各因子得分均呈正相关,在汶川地震后 10 年的中职生调查显示心理弹性与 PTG 呈显著正相关。

数据显示,社会支持不仅与 PTG 呈正相关,且可以直接预测 PTG。对汶川地震 10 年后高中生的调查显示,社会支持既能直接正向影响 PTG,也能通过心理弹性正向影响 PTG,有效的社会支持和心理弹性有助于促进青少年的 PTG。社会支持还可以通过自我效能感和自尊促进 PTG。

个体人格也与 PTG 存在相关性。研究显示,简明大五人格量表的外向性、宜人性、谨慎性、开放性因子得分与 PTGI 总分均呈正相关,神经质因子得分与 PTGI 总分及各因子得分均不相关。

针对地震后 4.5 年的青少年的调查研究显示,核心信念挑战(core belief challenge)可以直接正向预测 PTG,也可以通过侵入性反刍对 PTG 起负向预测作用、通过主动反刍对 PTG 起正向预测作用、通过侵入性反刍经主动反刍正向预测 PTG。依据 PTG 过程模型,核心信念挑战是促进 PTG 发生的前提。核心信念挑战是指创伤事件挑战了个体原有的核心信念系统,迫使个体在一定程度上认真审视每个核心信念的现象。当核心信念受到挑战,个体的心理失衡就会迫使个体重建新的核心信念体系,而这种重建会使创伤经历者重新思考个体对于自己、他人和世界的认识和假设,进而促进 PTG 的发生。

第三节 心理健康促进策略与干预方法

一、儿少心理健康促进策略

(一) 概述

传统的 PTSD 治疗主要包括认知行为治疗、药物治疗,以及眼动脱敏与再加工等。庞焯月等对 2006—2016 年 ISI web of science 数据库中的论文进行了知识图谱的可视化分析,结果表明近 10 年来美国儿少 PTSD 治疗研究可分为两个大的研究领域。

领域一为儿少 PTSD 的精神科和神经生物学相关的治疗,包括两个研究热点:①儿少 PTSD 精神科药物治疗相关的研究。②儿少 PTSD 眼动脱敏再加工治疗等神经生物学机制。

领域二为儿少 PTSD 的心理学治疗,包括两个研究热点:①家庭暴力导致的儿少 PTSD 心理学治疗研究。②儿少 PTSD 的认知行为治疗研究。其中关于儿少 PTSD 的认知行为治疗研究是研究的热点和重点领域,但关于儿少 PTSD 治疗效果的长期纵向研究还较为缺乏。

针对儿少的特点,学者们也尝试新的心理治疗方法对儿少进行干预,取得了良好效果,如游戏治疗、体育活动干预、箱庭疗法、心理剧疗法、阅读疗法、粘贴画疗法等。国内有学者在对汶川灾后青少年心理重建的研究回顾的基础上,提出在震后青少年中开展叙事治疗的探索建议。

(二) 儿少心理健康照护模式

1. 昆士兰儿少分级照护模式

澳大利亚昆士兰大学 McDermott 等在文献系统回顾的基础上提出了灾后儿少的心理健康服务的分级照护模式(stepped-care model)。该模式中,位于最底端的第一级照护,也是最基础的,主要是沟通,包括各种渠道的信息沟通和共享;第二级照护包括由专业人员训练学校老师和开展灾后重建项目——3P 项目(triple p programme, positive parenting programme);第三级照护包括预防性的心理筛查,以及在筛查基础上针对有问题人群开展的以创伤为中心的认知行为治疗(trauma-focused CBT)(图 14-1)。

2. 以学校为基础(school-based intervention)的心理重建模式

儿少多处于在校学习阶段,很多灾后的心理干预是基于学校开展的。以学校为基础的心理干预根据儿少身心发展特点,在学校环境中对儿少进行干预。这种干预模式通过创建安全稳定的集体环境,教师和同伴提供支持,学校提供定期的心理辅导等增加儿少的适应性行为和心理弹性,减少 PTSD 及其他症状。

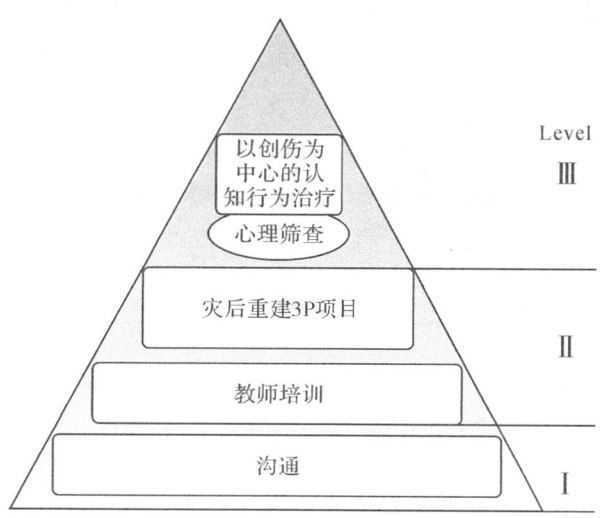

图 14-1 昆士兰儿童、青少年及其家庭灾后分级照护模式

(摘自：McDermott BM, Cobham VE. A stepped-care model of post-disaster child and adolescent mental health service provision [J]. Eur J Psychotraumatol, 2014, 5: 24294. doi: 10.3402/ejpt.v5.24294.)

以学校为基础的儿少心理干预是在专业人员指导下由教师担任干预者，或者专业人员与教师合作进行干预，有时还会根据需要邀请家长一起参与制订干预计划，目的是减少儿少的 PTSD 以及焦虑、抑郁等症状，改善其心理健康水平，促进其在学业技能和社交适应性等方面的发展。以学校为基础的干预多为团体干预，干预对象为校内全体学生，干预情境一般包括全校范围内、班级内和个别化干预等。当前已有实证研究证明该类方法能够有效减少儿少的 PTSD 症状，增加其适应性行为，如有研究根据学校场地、设施情况运用适宜的运动处方、教学方法对汶川地震后寄宿学生进行为期 3 个月的体育干预，目的在于通过有针对性的体育干预方式提高学生的运动能力、促进学生的心理健康，培养他们的个性及意志品质。

二、心理健康维护的具体策略与方法

1. 认知行为治疗

认知行为治疗（cognitive-behavioral therapy, CBT）由两种解释和治疗心理障碍的不同理论（行为疗法和认知疗法）整合而成。其最基本的技术是改变来访者对事件或者情景的解释，从而改变来访者的反应，它同时包含认知和行为的治疗方法，如心理教育、放松技巧、情感的表达与管理技巧、认知应对、创伤叙事与处理等。

研究证明，CBT 能缓解自然灾害后各人群的 PTSD 症状，也一直是治疗儿少 PTSD 的首选方法。儿少在接受 CBT 过程中可以有意识开展创伤暴露、积极参与放松疗法，且儿少 PTSD 患者在接受创伤相关的个体 CBT 过程中，不仅 PTSD 的症状有所改善，其抑郁、焦虑情绪也会得到很大程度的缓解。

当心理治疗医师数量有限时，可以设置短期团体 CBT，也可以明显降低 PTSD 症状，并降低其 PTSD 量表总体评分。一项针对 1999 年雅典地震幸存儿童的短期 CBT 的研究显示，所有患儿 PTSD 症状均有显著减轻，包括入侵、回避、警觉症状群，抑郁症状在干预后也明显改善。同时，治疗也对患儿的心理状态产生了积极效果。某研究采用短期 CBT（改编自 Children and Disaster: Teaching Recovery Techniques，为期 6 周，每周 1 小时的团体干预）对汶川地震后 32 名受灾孤儿进行干预，结果显示相对于对照组和支持组，短期 CBT 有效降低了孤儿的 PTSD 和抑郁症状，提高了心理弹性。

随着实践的发展，应用于创伤领域的 CBT 由一般的认知重构、技能训练逐渐聚焦于创伤事件，形成了目前结构性最完整的 TF-CBT。TF-CBT 是一种短程治疗，一般进行 12~18 次，每次 60~90 分钟，主要的治疗内容包括心理教育与亲子训练、放松训练、情绪调控训练、认知应对训练、创伤复述与对创伤经验的认知加工、创伤线索暴露、亲子联合治疗、促进安全与未来发展轨迹等 8 个方面。TF-CBT 能帮助来访者处理创伤记忆，克服有问题的思维和行为，发展有效的应对和人际技能。研究发现，TF-CBT 之所以能取得这样的效果，是因为它具有以下四个特点：首先，TF-CBT 的认知治疗成分主要针对个体的感知和思维尤其是产生歪曲观点的思维模式进行工作，以达到改变行为的目的；其次，TF-CBT 中的行为治疗强调对创伤情境或刺激的习惯化行为反应的修正；再次，TF-CBT 还将其他家庭成员纳入治疗中，以解释和改变家庭成员的互动模式，使家庭成员能更好应对孩子的情绪痛苦、更好地支持孩子；最后，TF-CBT 注意引导经历创伤的个体站在终生发展的框架上来看待创伤事件。

2. 眼动脱敏再加工疗法

眼动脱敏再加工疗法（eye movement desensitization and reprocessing，EMDR）和 CBT 被美国退伍军人事务部/国防部发布的《创伤后应激管理临床操作指南（2010 年版）》、澳大利亚创伤后精神卫生中心发布的《澳大利亚成人急性应激障碍和创伤后应激障碍治疗指南（2007 年版）》等权威文献归为"强烈推荐"（"A"类）的首选的 PTSD 治疗方法。EMDR 具有疗效肯定、结构性强、可操作性高和短程性的优点。研究也显示，EMDR 可以有效缓解儿少的 PTSD 相关症状。

EMDR 个体治疗是一种融合了精神分析、CBT 的省时、简单的疗法，在 EMDR 治疗中，患者想象一个创伤性记忆，或任何一个和创伤性记忆有关的消极情绪，然后要求患者大声清晰地说一个和他们的记忆相反的信念。在患者回忆创伤事件的同时，他们的眼睛被要求随着治疗师的手指快速移动。个体 EMDR 的每个疗程包括连续的 8 个阶段，即采集病史、进行准备、评估创伤、脱敏、灌输积极认知、身体扫描、终止、重新评估。

为解决重大灾难引起的爆发式 PTSD 治疗需求和 PTSD 治疗资源相对不足的矛盾，心理专家以个体 EMDR 为基础，开发了有更高治疗效率的团体形式的 EMDR，即眼动脱敏再加工整合团体疗法（the EMDR integrative group treatment protocol，EMDR-IGTP）。EMDR-IGTP 除具有 EMDR 的优点外，还具有团体治疗成本低、效率高的优势。此外，在处理病耻感、社会性孤立和学习新的应对技巧上，团体治疗的效果更好，而 PTSD 患者在这些方面通常存在问题。作为一种整合式团体疗法,EMDR-IGTP综合运用了个体EMDR疗法、团体治疗、艺术治疗、蝴蝶拍脱敏技术等多种治疗成分。

3. 沙盘游戏治疗

在经历创伤事件后,儿童往往会呈现出与成人不同的应激反应,同时由于他们的心理发展水平与成人存在非常大的差异,在处理儿童PTSD时常规的心理干预方法如认知治疗等可能无法适用。游戏是儿童天然的语言,对儿童身心的健康发展具有重要意义,基于儿童心理发展的特殊性,游戏治疗成为儿童PTSD的主要干预方法之一。实施游戏治疗一般需要准备模拟真实世界中的人或事物的玩具、发泄型玩具和表达性材料三类游戏材料,通过绘画、互说故事、玩偶游戏、棋类游戏等游戏来探索和反映儿童内心世界的感受与创伤。在游戏过程中儿童会逐渐获得或增强安全感、控制感和自由表达能力,以往的干扰性症状和问题性行为会不断减少,正向行为随之增多。

沙盘游戏(简称"沙游")治疗是来访者在特定规格的沙盘里,运用沙、水及原型物进行创作的技术或方法,在创作过程中,研究者在一旁陪伴,通过这种方式,儿童在自由和安全的环境下释放自己的意识及潜意识被压抑的情感,从而达到自愈。

沙游与其他治疗方法最大的区别是它容许来访者去创造一个"世界",这个"世界"为来访者的内在想法和感觉提供了有形的证据。对儿童而言,游戏和生活几乎是同义词,沙游中无意识内容的客观呈现会实现其与目前现实的整合。分析沙盘游戏时,治疗师可以从沙具的内容、空间、运动、情感等四个大类的主题来考察,以更好地理解儿童沙游历程中大量未知的信息。如儿童所选择的沙具是治疗师在理解沙游过程时关注的一个焦点,从众多的沙具中挑选出某些特定的沙具,这选择本身就具有重大意义。沙具的摆放顺序也是沙盘游戏内容的重要组成部分,在沙盘里哪个沙具先出现,哪个沙具后出现通常具有特殊的意义。

对地震后PTSD的学生使用沙盘游戏疗法,可以让他们在游戏的同时宣泄情绪、表现心理冲突,在安全保护的空间里统合多种感知觉通道,复演灾区学生心中想要出现的场景,可以让他们得到一些安慰,也可以帮助他们在这个安全被保护的空间里尝试着问题解决的不同方法,将在沙盘上认识到的生活适应、学习适应性行为和态度迁移到真实情景中,重新建构起他们因为创伤事件影响遭受扭曲的信念系统,构建合理化的认知和信念,最终恢复身心健康发展状态。

4. 绘画治疗

经历过创伤事件的个体,有时候很不愿意开口说话,或不愿意提及创伤事件,或拒绝与人沟通,特别是儿少,更不愿意与有代沟的成年人交流思想和感情。此时,就可以使用绘画治疗。绘画治疗主要是以分析心理学中的心理投射理论和大脑偏侧化理论为基础,运用非言语的象征方式表达潜意识中隐藏的内容,宣泄患者的不良情绪,提升患者社交等多种能力。这一疗法主要可以作用于以下四个方面:①促进心理辅导或心理治疗关系的建立;②促进儿少表达认知和情绪;③了解儿少的内心世界;④治疗。

在心理咨询中,绘画心理分析能对咨询过程起到重要的推进作用,其中绘画的形式包括具象画、抽象画、不限定画等,就咨访双方互动的程度而言,绘画心理分析又可分为静态分析和动态分析这两种形式。在绘画心理测验和分析中,巴克和哈穆尔所提出的房树人测验是影响最为广泛的绘画投射测验。

目前研究中,绘画治疗主要应用于灾后儿少的心理评估和心理治疗。有研究探讨了房树人绘画测验在雅安地震灾区初中生中的应用,结果证明了房树人测验作为评估灾后青少年心理健康状况的非问卷式评估工具具有很大的应用价值。还有学者使用绘画心理投射测验分别于震后1个月和半年对玉树灾后学生心理状态进行测验与评估,结果发现绘画心理投射测验是评估灾后学生心理状态和心理功能较有效的工具,且经过3次绘画,灾后半年第3次绘画作品表现出藏族文化的特点,表明学生的灾难创伤性情感加以呈现和释放,毁灭性能量变成建设性能量。学生在绘画的过程中,潜移默化中完成自我整合,即绘画治疗可治疗灾难后创伤性情感体验。有研究者使用沙盘游戏治疗和绘画治疗相结合的干预模式对地震后患PTSD的学生进行干预,取得了肯定的效果。

第十五章

社会组织开展边远震后地区中小学医学援助的实践探索

第一节 社会组织参与医疗援助的特点与现状

20世纪80年代以来,随着经济和社会的不断发展,中国社会组织逐渐兴起,特别是在1998年抗洪救灾、2003年非典疫情、2008年汶川地震、2020年新冠肺炎疫情等重要时期,社会组织的上百万志愿者都积极投入了救助与服务行动,引起了社会的广泛效应。改革开放后,社会团体数量由1978年的6 000个增加到2004年的28.94万个;而截至2021年1月,中国社会组织登记总数已经突破90万家,呈持续增长趋势,其中成立10年以上的超过24万家,5~10年的有29.513 9万家,3~5年的15.588 1万家,1~3年的15.266 1万家,1年以下的5.077 4万家。在各类社会组织中,民办非企业单位和基金会的数量增长较快,社会团体的增长稍慢,但都在社会各个层面具有让政府组织无法取代的意义。

一、社会组织参与医疗援助的模式

在医疗援助领域,社会组织参与的模式主要有直接救助与间接救助两种模式,分别又称为"输血型"与"造血型"。①直接救助是一种资源捐赠式的救助方式,主要包括:派出志愿者医疗队为受助地区提供体检、医疗以及科普服务,向患者、孕妇等提供资金补贴,向医疗机构援助医疗设备等物资。②间接救助则是一种资源开发式的救助方式,主要包括:对受助地区医务人员进行知识与技能培训;建立受助人群健康信息档案,并开展长期监测与疾病预防等工作。

二、社会组织参与医疗援助的作用与意义

主要作用与意义有以下几点:

1. 组织灵活,参与及时,问题导向,可以弥补政府在医疗救助领域的不足。社会组织将公益目标放在突出位置,因自身灵活性可深入偏远、贫困等基层地区给予特定群体帮助;在一定程度上可节省政府开支,减轻负担;且大都有明确的服务对象,可配备专门的技术人才,填补政府在特定专项医疗救助中的空白。

2. 提高全民参与意识,推动大众参与医疗援助。公益事业作为全体人民的事业,需要

广大社会公众的参与,社会组织能够吸引一些志愿者和爱心团体加入公益事业,培养其参与公益事业的意识和热情,可在物资捐赠、宣传合作以及人力扶持等方面推动全民的公益参与。

3. 促进社会公平,维护社会和谐与稳定。改革开放以来,社会经济发生急剧改变,贫富差距也随之扩大,势必存在弱势群体需要得到帮助的情况,防止弱者更弱。社会组织因其自身的草根性质,更能发现这一情况,也更能知道如何去援助这些弱势群体,且参与帮助的意愿性更强,有利于社会公平。

三、社会组织参与医疗援助的困境

只有认识到中国社会组织发展所面临的问题,并通过不断的创新与实践探索以求更好地解决实际问题,才能更好地推动社会组织健康发展,发挥其更大的社会效益。在目前的发展过程中,社会组织也存在一些不足,面临着一些困境。法律法规不完善、组织运作的体制机制不健全、资金来源渠道单一、依赖政府导致官方化倾向、整体志愿性较低等是普遍存在的问题;而对于医学援助类组织,援助对象单一、扶助范围小、公益模式传统低效、组织公信力较低、专业权威性不够等也是亟待解决的问题。

第二节 路径探索——以"古咕丁"医疗知识普及计划为例

医疗科技的发展突飞猛进,而中西部医疗卫生条件仍然相对落后。非政府公益组织以服务社会民生为宗旨,应当在地区医疗保健能力促进中西部偏远建设中发挥积极作用。在青海玉树地区中小学校,"古咕丁"医疗知识普及计划注重知识援助,创新公益模式,有效地起到了改善教育环境、促进医疗公平的作用,取得了良好的社会反响。

一、"古咕丁"概况

1."古咕丁"计划的缘起

中西部地理条件和历史、民族等因素导致了医疗资源分配的相对不平衡,偏远地区经济文化发展相对落后,医疗环境较差,校园健康教育更是堪忧。《中国教育发展报告(2015)》显示:贫困县村小或教学点能为学生提供的食宿、医疗、卫生、安全等生活设施相当匮乏,超过95%的学校没有医务室。国务院办公厅《关于印发国家贫困地区儿童发展规划(2014—2020年)的通知》指出:未来5年的主要任务是要加强儿童疾病预防控制和医疗卫生服务能力建设,寄宿制学校或者600人以上的非寄宿制学校要设立卫生室(保健室),配备人员器材。

缺少具备基础医学知识与技能的保健老师是影响偏远地区学生健康成长的主要问题之一,每培养一名保健老师就能辐射至其负责的200~400名学生,使常见疾病得到预防,重大疾病在早期得以发现。"古咕丁"医疗知识普及计划(青海站)应运而生,初步形成了"常态化、技能化、模拟化"的医学科普培训模式,并取得了一定成效。

2. "古咕丁"计划的主要内容与目标

"古咕丁"医疗知识普及计划是一项面向中国中西部偏远地区的学校、老师、校医、学生开展的包括保健室配置、健康档案跟踪、卫生习惯养成、急救护理操作、传染病防治、常见病多发病诊疗、特殊病种甄别、病例转移和远程会诊在内的医学科普培训计划。"古咕丁"源于蒲公英别称"古古丁"的变写:"咕"为象声词,本义为鸟的叫声,引申为传播和推广;"丁"包含了护理先驱南丁格尔"以同理和爱,改善医疗环境,庇佑生命尊严"的使命和理念。

开展多层次、多场次、实用性的医学科普培训,在体检中收集贫困学生健康指数并建立长期数据库,协助相关课题开展健康调研,帮助符合条件的学校配置保健室,使每所学校都拥有保健老师,从而改善医疗环境,促进医疗公正,最终通过3~5年时间,构建适应中西部偏远地区学校现状的公益医疗援助模式。

二、项目实施

1. 团队组建与志愿者培训

团队成员主要包括在读医学本科生(海军军医大学)、医生(联勤保障部队第904医院苏州院区)、社会公益组织人员(台州市青公益服务协会、上海城市搜救队、黑眼睛公益)等可对接医疗力量的相关人群。通过大范围的海选面试,选拔出具有专业医学背景并适合实践的大学生青年志愿者,并邀请教学与医疗实践经验丰富的院校专家开展志愿者培训,确保每名成员能够把医学知识讲清楚、讲简单。培训内容主要为高原常见病理论、高原紧急救护理论实践、青海民风民俗、教育心理学、沟通技巧、授课技巧以及医疗公益项目策划与媒体沟通等课程。活动发起人与公益医疗服务相关工作者负责统筹方案并全程跟踪指导。

2. 公益募捐

"古咕丁"医疗知识普及计划实施过程中涉及课程教学以及医疗资源等方面的所有支出均来源于面向社会的公益募捐,主要通过在腾讯公益乐捐平台发起项目众筹、公益人士物品拍卖与捐赠等方式筹款。截至2015年9月7日,第一期"古咕丁"计划共募款182 037.45元,支出179 277.49元,结余款项转入第二期活动。截至2016年10月3日,"古咕丁"二期共募款185 645.46元。

3. 医学科普培训方案

当地中小学校校医缺乏,保健老师由社会工作者或文化课老师担任,未经过系统的专业化培训,医学背景与医疗能力均十分薄弱。为此,针对不同授课对象,"古咕丁"团队精心设计了100多个课时的医学培训课程,具体编排见表15-1。

团队自编藏汉双语绘本《你应该知道的卫生习惯小常识》《"古咕丁"医疗知识普及计划教案》作为教辅,采用集中式理论授课与小班制实践教学相结合的模式,将理论授课结合实践操作,力求把深奥的医学科学知识用通俗易懂的方式讲清楚、讲透彻(图15-1)。同时,设置答疑课解答校园生活常见健康问题,增进教学双方交流。

表 15-1　"古咕丁"医学科普课程清单

	课程名称		课时数	课程名称		课时数
校医及保健老师医学课程	心脑血管系统疾病	高血压及血压测量	8	消化系统疾病	胃炎、胃溃疡	4
		冠心病	6		肠炎、阑尾炎	6
		脑卒中	4		肝硬化、肝癌	4
	传染病与寄生虫病	肺结核	2	风湿性疾病	类风湿性关节炎	6
		麻疹、水痘	4		痛风	2
		肝炎	4		骨关节炎	4
		肝包虫	2	泌尿生殖系统	尿路感染	4
	急救理论与实践	心肺复苏术（CPR）	8		常见妇科疾病	6
		创伤处理	8		不孕不育、避孕	4
		地震、火灾、溺水急救	8	青少年生理卫生与心理训练		8
	保健室使用		8	健康饮食与中医保健		8
学生课程	口腔卫生		4	手卫生		4
	眼卫生		4	饮用水和食品卫生		4
	校园安全（地震、火灾、溺水）		8	心理健康团队训练		8

图 15-1　藏汉双语绘本《你应该知道的卫生习惯小常识》封面

4. 健康普查及保健室配置

团队共为 4 所学校 500 多名中小学生进行了健康普查,其中约 95% 的学生是第一次参加体检。体检内容包括身高、体重、视力、辨色能力、口腔卫生、咽喉情况、嗅觉、心音、脉搏、听觉、睾丸发育(男)等,结果均已录入存档,将建立数据库进行健康监测与针对性援助。针对保健室缺、无情况,我们按照《国家学校体育卫生条件试行基本标准》先后帮助 3 所符合条件的寄宿制学校完成医疗保健室的标准配置,包括视力表灯箱、体重秤、血压计、听诊器、体温计、急救箱、压舌板、诊察床、注射器、敷料缸、方盘、止血带、药品柜、污物桶、紫外线灯、高压灭菌锅等设备,并指导保健老师正确使用与维护。

5. 相关课题调研

2015 年,团队通过问卷调查与实地走访的方式完成了"中西部偏远地区贫困学生营养指数"与"饮用水资源、饮食习惯与虫媒传染病传播"两项课题调研;2016 年,团队与国家自然科学基金项目合作,完成了玉树地区 1 200 余名中小学生健康相关生活质量及灾后心理成长状况的问卷调查。

三、项目成效

2015—2016 年,"古咕丁"医疗知识普及计划在青海玉树藏族自治州 23 个学校 1 个基金会的 109 名健康教育老师中推广基础医学知识,在 27 个学校 1 666 名学生中推广卫生习惯,在尖扎、玉树、囊谦、曲麻莱 4 个县(市)开展了 3 个层次 103 场次 8 886 人次的医疗科普培训;帮助符合条件的 3 所学校配置保健室;在健康普查中收集 475 名贫困学生健康指数并建立相对应的数据库(统计发现:龋齿与缺齿的发生率高达 57.3%,单眼或双眼视力小于 1.0 的学生占 44.4%,辨色能力差或听力障碍以及疑似有先天性心脏病、隐睾者共有 41 人)。体检中发现 1 名肝包虫患儿,联系当地专项基金会对其进行了定向救助。

团队编辑的藏汉双语绘本《你应该知道的卫生习惯小常识》已被当地 12 所学校作为卫生教材,还培训北京妇联基金会"西部卫生角"的驻校社工,间接覆盖了囊谦县 40% 以上的中小学校;培训后部分学校已在厕所旁安装了用来洗手的水桶,卫生意识有所提高。

目前,"古咕丁"计划取得了良好的社会反响,已获 2016 年第三届中国青年志愿服务项目大赛金奖,浙江省青年社会组织志愿服务项目大赛金奖,第三届浙江慈善奖志愿服务奖,第七届"知行杯"上海市大学生社会实践大赛二等奖。

第三节 对"古咕丁计划"的 SWOT 分析及未来发展趋势思考

纵观目前非政府公益组织的发展,在医疗援助领域仍处于较初步的阶段,也未形成成熟的研究体系,对问题研究还不够系统与深入。因社会组织具有较大的发展潜力与社会意义,本节将利用 SWOT 理论,对以"古咕丁计划"为代表的非政府公益模式进行深度剖析,在深入全面认知其优势与劣势、机遇和威胁的基础上,找到未来可持续发展的路径方法。

一、对"古咕丁计划"的 SWOT 分析

(一) 优势(内部,Strengths)

1. 组织实施方式灵活多变,行动快捷且适应性强

参与医疗援助组织的志愿者大多都具有高昂的热情,面对需求的多元化以及时代的发展,他们的组织活动方式也是多元多变的,呈现出更加灵活的做事方式,且抗压抗挫折能力以及团结协作精神更强。

2. 接近受助群体,更加了解需求,确保服务效果

只有充分具体地了解真正需求才能提供专业有效的解决方案,社会组织更能接近受助群体,在真正了解他们所需后提供更加人性化与针对性的服务,能够更好地满足受助人群的需求,有利于与他们建立起相互信赖的关系,从而更容易获得认同和支持。

3. 勇于开拓创新,探索医疗援助新模式

社会组织因具有独立性、非营利性、社会化、专业化等特点,在组织方式和工作模式方面更容易实现创新,不仅可通过直接提供物资和服务的方式解决社会问题,还可采取创新且激励的帮扶项目促进项目深入发展,从而更易探索出可持续发展的新模式。

(二) 劣势(内部,Weaknesses)

1. 资金缺乏,来源渠道单一,活动开展受制

社会组织资金来源渠道主要为政府支持(立项基金)和社会资助(现场或网络募捐等),总体来说均存在资金数量有限且经常变化的瓶颈,很多项目在开展过程中会由于资金不足而无法顺利完成,或者不得不压缩项目规模与内容,导致活动效果大打折扣。

2. 人员不足,总体素质偏低,缺乏高水平技术与管理人才

社会组织的从业人员多为兼职者,负责人中多是离退休人员,且报酬很低甚至没有,因此专职工作人员和志愿者等十分缺乏;再加上管理和服务理念相对滞后、资金缺乏、工资待遇较低、社会地位不高等问题,更加导致了组织内高水平技术与管理人员短缺的现象。

3. 效率较低,管理模式不完善,缺少评估和监督机制

社会组织的立法层次和质量较低,且主要为行政法规的指导与管理,导致社会层面的监督法制化程度较低。此外,由于社会组织很少存在市场与个人利益竞争,且无明确权威的组织领导模式,因此也缺乏相应的评估机制,容易出现效率低下的情况。同时在资源的筹资、分配、使用等环节缺乏监督机制,容易漏检错误行为,滋生贪污腐败。

(三) 机会(外部,Opportunity)

1. 国家政策支持,可行性更强

中共十八大明确提出:"加快形成政社分开、权责明确、依法自治的现代社会组织体制。"而中共十九大报告中提出:"人民健康是民族昌盛和国家富强的重要标志,要完善国民健康政策,为人民群众提供全方位全周期健康服务。""健康中国"战略相关的一系列政策文件支持发展健康产业,坚持预防为主,深入开展爱国卫生运动。因此,社会组织在医疗援助

领域中的政治可行性将进一步加强,在人才、资金、技术方面均将获得更大支持。

2. 社会自媒体蓬勃发展,增加组织影响力

公益电视广告、微信公众号、微博、社交网络等是社会化媒体的主要形式,可借助社会化媒体发展提供信息发布、提高社会影响力的新空间。社会组织作为参与民间医疗援助的主体,是在网络社会与现实社会之间的主要互动者,可借助社会化媒体的力量,发动大众及目标个体来参与简单、多样化的公益援助项目。

3. 医疗需求大,医疗弱区与盲区多

中国人口已超14亿,贫富差距仍在扩大,人口老龄化也逐渐加剧;慢性病患病率也逐渐上升,相关危险因素日益严重,导致医疗费用急剧上涨,增加了个人、集体和政府的负担。此外,地震、洪水、疫情等灾难性事件也对医疗援助有更高的要求,面对庞大的医疗需求与不平衡发展的地区医疗水平,在个人和政府之间,社会组织已然是提供医疗援助服务的最佳选择。

(四) 威胁(外部,Threat)

1. 受助对象以及公众认识有限,活动的具体开展存在困难

社会组织在医疗援助领域因其合法性、正规性等问题容易受到大众的质疑,目前在中国尚处在初级发展阶段,大多数人对其了解程度也较为有限,公信力还有待提高,受助对象容易存在不配合、不认可的想法与做法,相关公众与有关部门也会存在不理会、不合作的现象,导致开展活动存在障碍。

2. 缺少实践经验,可参考的优秀范例较少,可持续发展存在问题

虽然目前国内参与医疗援助的社会组织不少,但形成长期发展的模范组织并不多,相关研究报道也较少。对于新组建的组织团队,参与实践医疗服务的经验非常有限,可供学习的组织少,故出现了一些多样化的初步创新模式,面临发展不稳定、不成熟的困境。

3. 国家与社会的监管机制不明,缺乏竞争性环境,影响工作效率

医疗援助领域的社会组织常涉及物资募捐与发放,多存在透明度不够、缺乏公众问责等现象,国家与社会层面的监管机制不够明朗。此外,中国社会组织的非竞争性原则与环境使得评价衡量优良的标准较为模糊,不利于激励各组织高效运行并提高优质服务,因此有必要引入适度的竞争机制激发活力。

基于以上分析,社会组织应该利用外部机遇,降低外部威胁,并发挥内部优势,克服内部劣势,探索建立出更好的未来发展模式。

二、社会组织参与医疗援助的未来发展趋势思考

(一) 注重知识和技能的传递而非单纯物资援助

"古咕丁"团队一直秉承"人可以走,但知识可以留下,并不断传播、传承、发扬光大"的理念为青海玉树等中西部偏远地区带去能够救命的医疗知识。团队设有专职工作人员2人,志愿者(二级甲等以上医院医务人员及医学生)近70人;14名辅导老师中包括2名医学

硕导，6名医学博士，1名国家级课题负责人，1名语言学类教授，4名公益医疗服务组织负责人。相比义诊型、物资捐赠型以及定向疾病资助型等公益，"古咕丁"团队更加注重在偏远地区学校普及日常疾病的认识、预防以及急救处理方法等知识技能，提升学校的医疗保健能力。

人才是第一发展力。在物资日益丰富的新时代下，社会组织在进行物资捐赠的基础上应更加重视知识与技能的援助，帮助落后偏远地区培养相应的医疗人才，提升受助对象的医疗知识水平，有利于弱势社会群体本身能力与意识的培养，从根源上解决医疗水平发展不平衡的现况，发现的问题也能得到及时解决。

（二）深入了解实际需求，确保援助效果落到实处

"古咕丁"发起人曾经七次进入玉树、两次进入雅安、三次进入鲁甸灾区参与援助项目。通过实地走访和考证，合理设定项目区域和受众群体，整合学校、医院、公益组织三方优势，实现项目功能从"我来给"的共性服务到"你需要"的特征服务的转变，实现项目目的从预期效果到"捐""受"双方满意度的转变。其立足破解教育方式，以当地常见病诊治等基础医学课程为起点，编写卫生教材与图书，大量采用器械操作和模拟教学方式，推广落地的保健室配置，实现项目内容从单一型物资领域到多元化民生形态的转变。利用新媒体和互联网手段，鼓励参与培训的老师撰写课堂日志，及时传播项目细节和情感变化，设计问卷对他们培训后的课程接受程度、满意度以及意见建议进行调查分析，实现了项目对象从个体到公益与人的关系的转变。

对因用药才能药到病除。在实施具体计划前，社会组织必须深入广泛地调研，了解受助人群的真正需求，援助才能立竿见影，事半功倍。而往往一个组织的建立契机必然有相应的社会痛点，通过进一步深入挖掘可以明确更精确的援助目标与方法，从而招募配备专门的人才与技术。

（三）创新公益医疗援助模式，形成独特项目文化

要真正改善中西部偏远地区落后的医疗现况，就必须从根源上提高居民的卫生意识与医务人员的医学水平。公益医疗援助活动可通过"物资供给-知识普及-专家诊疗"相结合、联合基金会以及与政府合作等方式组织实践，还可采用"课题研究与教学实践"相结合的方式，破解知识型项目实用性和可操作性这一难题。"古咕丁"集合了养成-防治-转移一体化理念，最终想探讨的是"政府合作-落地培训-对接基金会-档案跟踪-远程会诊-病例转移-人才引进"这一公益医疗援助创新模式的可行性与实用性。

加强政府与社会组织的有效合作，对于促进医疗救助事业的发展具有非常重要的影响。在政府与社会组织间，可通过建立资源共享机制，探索新型援助模型，从而实现两者优势互补，提高社会组织的政治公信力和服务能力。此外，还要加强组织自身建设，建立可行的监督与管理系统，规范组织内部的管理体制，并且应提高组织成员的自律意识。

（四）注重反馈及时调整，促进项目可持续发展

2017年，"古咕丁"团队继续开展不少于3个层次100场次的医疗科普培训，在不少于

1 000名学生中推广卫生习惯。培训不少于30名的校医和保健老师;继续开展健康普查和保健室配置,完成健康档案数据跟踪软件设计和维护。通过分析当地受训者反馈的意见建议,团队决定下一步将适当调整授课策略。在既有基础上,将重点关注"什么样的症状该怎么办",增加大量器械操作培训,增加对接基金会的合作力度,试图寻求当地政府合作,实践阵地逐渐从青海玉树扩展至其他省市及周边地区,共同打造出适应中西部偏远地区的公益医疗援助模式,长期稳步地推动落后医疗现状改善。

重视项目后续发展,保证可持续性与稳定性是社会组织长期生存并不断壮大的重要条件。社会组织可根据随访调查发现的差距与不足进行自我行为的纠正、项目流程的重组以及项目资源配置的再优化,从而提升项目的最终成功率。

如何实现中国医疗援助领域社会组织的长远、健康发展,还需要政府、社会组织以及社会公众三方面的深度合作,并探索出符合中国具体国情和社会实际情况的未来援助模式,更好地推动社会组织在医疗卫生事业上的发展。

第十六章

玉树震后地区中小学师生健康素养课程体系构建

第一节 学校卫生工作人员课程建设

加强学校卫生保健工作是维护广大学生身心健康的必然要求,也是促进基本公共卫生服务均等化的重要举措。然而,当前中国各地学校校医和卫生保健教师队伍均在不同程度上存在数量配备不足、任职能力素养不足等诸多问题,严重制约了学校卫生工作质量和水平的提升,难以保障中小学生校园生活的健康和安全性,特别是对于玉树震后地区,大部分中小学未按照《学校卫生工作条例》配置校医和保健老师,少部分学校卫生工作人员由既没有卫生工作基础,也没有教育工作基础的社会工作者或学校后勤人员担任,存在严重的健康素养和任职能力缺位。提升学校卫生工作人员健康素养和任职能力,进而辐射所在学校师生,从整体上带动边远震后地区学校卫生健康工作水平的提升是编者项目团队的核心目标和任务所在。

一、学校卫生工作人员任职素质要求

切实了解玉树震后地区学校卫生工作人员任职素质要求是科学构建课程体系和教学大纲的基础。项目团队通过查阅学校卫生规范性工作文件、对18名玉树地区学校卫生工作人员进行访谈和问卷调研以及对3名高级职称领域专家进行专家咨询,初步总结了玉树震后地区学校卫生工作人员任职培训需求,归纳了学校卫生工作人员任职能力基本要求。

1. 任职培训需求调研

此部分调查内容回收有效问卷18份,全体受调查人员认为医学继续教育很有必要。通过调查社工在医疗保健工作中遭遇的常见状况,可以较好地了解医学继续教育的客观需求,其结果如表16-1所示。社工群体对医疗知识学习的主观需求及所需医学继续教育形式的调查结果分别如图16-1、图16-2所示。保健社工群体在工作中最常遭遇的状况或症状为外伤、发热、咳嗽、咳痰、腹痛、腹泻等一般情况,并未显示出较强的倾向性。而在医学知识学习的主观诉求方面,常见病基础理论和传染病防控的知识需求较强。另外基金会等机构举办的短期医疗知识培训是社工群体最倾向的医学继续教育形式。

表 16-1 社工医疗保健工作中的常见状况/症状(前十位)

序号	情况/症状	意见占比	序号	情况/症状	意见占比
1	外伤	100.00%	6	腹痛	61.11%
2	发热	94.44%	7	恶心、呕吐	61.11%
3	咳嗽、咳痰	94.44%	8	呼吸困难	50.00%
4	黄疸	88.89%	9	头痛	50.00%
5	腹泻	72.22%	10	胸痛	38.89%

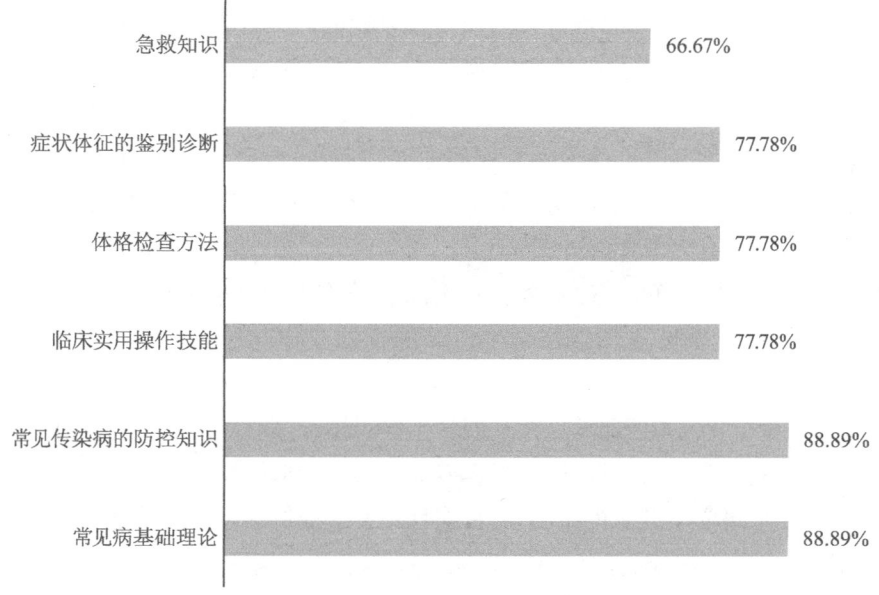

图 16-1 社工群体对医疗知识学习的主观需求

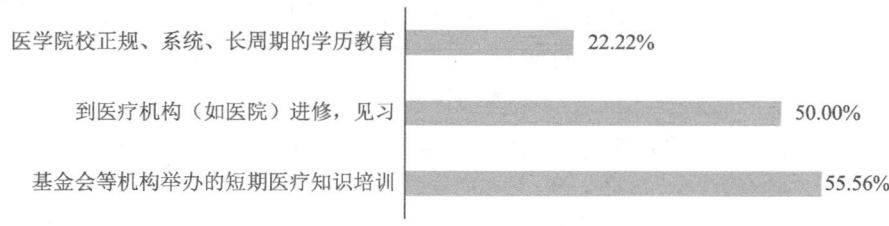

图 16-2 社工群体对所需医学继续教育形式的意见

2. 学校卫生工作人员任职能力基本要求

为适应新时期中国学校卫生健康工作高质量发展需要,学校卫生工作人员(包括学校卫生保健教师和校医)应该具有医学、教育学、心理学相关知识和专业背景,具备卫生保健、健康教育和卫生管理三方面工作技能,热爱本职工作,关爱学生,在学校的领导下,做好校内卫生保健相关工作。应该具备的专业素养和技能储备要求如下:

(1) 能够制订每学期的学校卫生工作计划,组织好全校性的各项卫生工作,对学校卫生工作进行技术指导和监督,及时反馈和总结学校卫生工作开展的情况。

(2) 能够开展健康教育,懂得如何制订教学计划,准备教案和教具,调动校内外资源开展健康教育。不仅能够自己承担部分教学,还要协助班主任利用专题活动课等实施学生健康教育和健康行为养成训练,更要能够利用宣传栏、家长会、班会、广播、卫生小报、宣传资料等多种形式向学生或学生家长宣传卫生保健知识。

(3) 能够做好学校卫生室和保健室的日常管理,做好卫生室和保健室的消毒隔离工作,保持工作环境的整洁,及时申请配备适合的设备、器械和药品,并进行维护和管理。

(4) 能够做好传染病的登记、报告和管理工作,及时应对突发公共卫生事件;开展学生健康状况晨检,对于未到校学生追查病因,如遇学生中发生传染病,做到早发现、早报告、早隔离、早处理,并严格执行患传染病学生复课前的诊检制度;配合疾病控制部门按时完成学生各项计划免疫工作,填写好学生预防接种登记卡,新生入学查验免疫接种凭证;配合卫生部门开展学校突发公共卫生事件的处置。

(5) 能够处置学生紧急伤病,对在学校发生的意外伤害、疾病突然发作进行紧急处理,必要时申请救护援助;配合班主任做好学生急诊的送诊工作,对于无须送诊的普通伤病进行对症处置。

(6) 能够辅助专业健康体检部门定期开展学生健康体检,建立健全学生健康档案,及时分析学生的生长发育、营养和健康状况,同时根据专业健康体检部门反馈的学生健康评价结果和健康指导意见,提出促进学生健康的措施,有针对性地开展促进学生健康的各项工作。

(7) 能够配合专业疾病控制部门有计划地开展学生常见病、多发病的防治工作;做好学生因病缺课登记、意外伤害登记、因病休(退)学登记、死亡登记等。

(8) 能够为学生提供个别的身心健康咨询,开展或协助开展学生心理辅导和心理咨询;及时发现学生的心理疾患,必要时建议到精神卫生专业机构就诊。

(9) 能够开展学校饮用水、食堂、教学环境和设施设备日常性的卫生管理和监督;及时发现和整改不符合卫生标准和规范的地方;科学指导食堂营养配餐;配合卫生监督部门开展监督工作,将监督的结果及时反馈给相关领导和部门。

(10) 能够开展学校体育医务监督,协助体育教师,根据学生疾病史和健康体检结果对学生进行体育活动健康分组。

(11) 能够做好学校卫生的信息管理,及时整理和装订各类报表和档案;应用学校公共卫生信息管理网络,正确输入学校卫生信息,并按要求逐级上报。

二、学校卫生工作人员培训课程体系

(一) 培训课程框架

根据前期调查研究所得出的玉树震后地区学校卫生工作人员任职培训需求和任职能

力基本要求,我们制定了如下课程框架(表16-2),在2015—2019年为期五年的现场教学培训实践中分批讲授,并不断对课程体系进行完善。

表16-2 玉树震后地区学校卫生工作人员培训课程框架

模块	内容
学校卫生工作	学校卫生工作概述
	学校体育卫生条件基本标准
	学校健康体检的规范开展
	学校卫生保健室的设置和工作开展
	合理用药
	校园常见传染病防控
急救知识技能	心肺复苏
	常见外伤处理
	常见意外伤害急救
	常见急症处理
儿童卫生保健	儿科学总论
	营养与营养障碍性疾病
	呼吸系统疾病
	心血管系统疾病
	消化系统疾病
	泌尿系统疾病
	免疫性疾病
常见症状识别处置	发热
	咳嗽与咳痰
	喘息
	腹痛
	腹泻与便秘
	恶心呕吐
	头痛
	晕厥
	抽搐与惊厥
	关节痛
健康教育	健康教育的开展方式
	屈光不正与用眼卫生

(续表)

模块	内容
健康教育	口腔卫生与龋齿
	手卫生及七步洗手法
	青春期生理卫生
	常见心理问题识别及心理疏导
技能实训	基本生命支持
	体格检查基本方法
	消毒清创
	包扎固定
传统医学实用理论技术*	八段锦
	艾灸
	耳穴
	小儿推拿
	感冒和腹泻的辨证论治
特殊时期和地域疾病*	新冠肺炎及个人防护知识
	牧区常见传染病

注：*为选学模块。

(二) 培训模块及内容

各模块内容教学重点如下。

1. 学校卫生工作模块

（1）学校卫生工作概述：学校卫生工作的基本内容、工作特点和学校卫生工作者职责，《学校卫生工作条例》相关内容。

（2）学校体育卫生条件基本标准：学校体育设施、教室、生活设施（寝室、食堂、饮用水）等设置的基本标准和注意事项。

（3）学校健康体检的规范开展：学生体检的组织方法，体检项目的基本内容，体检结果的反馈、动态跟踪和健康档案制度，《中小学生健康管理办法》相关内容。

（4）学校卫生保健室的设置和工作开展：学校卫生室、保健室设置的基本标准和运行机制。

（5）合理用药：正确认识药物、认识处方药与非处方药、药品说明书阅读方法、抗生素的合理应用、止痛药的合理应用。

（6）校园常见传染病防控：传染病分类管控和传报机制，不同类型传染病隔离方法；呼吸道常见传染病，流感、流腮、流脑、水痘、麻疹、结核病；消化道常见传染病，细菌性痢疾、其他细菌感染性腹泻。

2. 急救知识技能模块

（1）心肺复苏：心肺复苏的适应证、基本内容、动作要点。

（2）常见外伤处理：关节扭伤、出血止血、伤口处理、骨折的现场急救。

（3）常见意外伤害急救：窒息、溺水、触电、中暑、冷损伤、烧烫伤、中毒。

（4）常见急症处理：高热、晕厥、癫痫或惊厥。

3. 儿童卫生保健模块

（1）儿科学总论：儿科学研究范畴和基本方法、儿童生长发育基本规律和各时期卫生保健要点。

（2）营养与营养障碍性疾病：儿童营养学基础、儿童蛋白质-能量营养不良、维生素 D 缺乏性佝偻病、维生素 D 缺乏性手足抽搐症、维生素 A 缺乏症、碘缺乏症、锌缺乏症、营养性贫血（缺铁性贫血、巨幼细胞性贫血）。

（3）呼吸系统疾病：上呼吸道感染、急性感染性喉炎、急性支气管炎、肺炎、支气管哮喘。

（4）心血管系统疾病：心脏听诊基础、先天性心血管病总论、房间隔缺损、室间隔缺损、动脉导管未闭、单纯肺动脉口狭窄、法洛四联症、病毒性心肌炎。

（5）消化系统疾病：腹泻病、肠套叠、肠系膜淋巴结炎、阑尾炎、胆石症、胆囊炎、胃炎、消化性溃疡。

（6）泌尿系统疾病：急性肾小球肾炎、尿路感染。

（7）免疫性疾病：过敏反应、过敏性紫癜、风湿热。

4. 常见症状识别处置模块

发热、咳嗽与咳痰、喘息、腹痛、腹泻与便秘、恶心呕吐、头痛、晕厥、抽搐与惊厥、关节痛十大常见症状的定义、识别、常见病因、鉴别方法和初步处置。

5. 健康教育模块

（1）健康教育的开展方式：学校健康教育的重要性、开展形式、重点内容，《中小学健康教育指导纲要》相关内容。

（2）屈光不正与用眼卫生：屈光不正、视力测定及正常视力、书写姿势、光线要求、紫外线对眼睛的伤害等。

（3）口腔卫生与龋齿：龋齿相关知识及正确的刷牙方法（巴氏刷牙法）。

（4）手卫生及七步洗手法：为什么要洗手、洗手的时机、正确的洗手方法。

（5）青春期生理卫生：青春期生理发育、青春期卫生。

（6）常见心理问题识别及心理疏导：心理健康的定义、标准；学龄期、青春期心理发育及人格形成特点；学校心理支持、社会适应；学校常见心理问题：自闭、自卑、厌学、逆反、注意力障碍。

6. 技能实训模块

（1）基本生命支持：通畅气道、人工呼吸、胸外心脏按压。

（2）体格检查基本方法：体表视诊、心肺听诊、腹部触诊、淋巴结触诊。

(3) 消毒清创：无伤口外伤消毒方法、有伤口外伤消毒及清创方法。

(4) 包扎固定：三角巾包扎、绷带包扎；骨折的三角巾固定、小夹板固定。

7. 传统医学实用理论技术模块（选学）

八段锦、艾灸、耳穴、小儿推拿、感冒和腹泻的辨证论治。

8. 特殊时期和地域疾病模块（选学）

新冠肺炎及个人防护知识、牧区常见传染病。

在历年的培训实践中，项目团队践行理论教学与实操练习相结合、课堂讲授与讨论汇报相结合、传统媒体与多媒体呈现形式相结合的教学方法。在此教学模式下，2015—2019年参与培训的52名学校卫生工作人员中有50名（96.2%）认为培训内容对提升岗位任职具有明显作用，47名（90.4%）表示定期接受类似培训很有必要。

第二节　学校教师健康素养课程建设

学校教师虽然大部分不被定义为学校卫生工作人员，但在日常教学活动和管理工作中是健康理念的传播者、卫生秩序的维护者、卫生制度的践行者、健康问题和突发事件的第一响应者，因此有必要了解一系列学校卫生工作知识，提升健康素养。

一、基本要求

项目团队查阅了国家相关规章制度文件，并咨询了公共卫生、临床医学、社会医学领域专家，结合玉树地区医学知识普及培训实践经历，对学校教师应具备的卫生健康素养基本要求总结如下：

(1) 中小学教师应掌握原卫生部发布的《中国公民健康素养——基本知识与技能（试行）》，并了解学龄期儿童、青少年生长发育规律和卫生保健常识。

(2) 中小学教师应将卫生健康知识渗透融入日常教学活动，潜移默化地提升学生卫生健康素养。

(3) 中小学教师应在日常教学、管理工作中对学生卫生习惯进行监督，对不良卫生习惯和危害健康行为进行及时制止和纠正。

(4) 中小学教师应积极配合执行学校卫生保健制度，配合校医或保健老师开展健康教育、健康体检和其他健康维护工作。

(5) 中小学教师应对学生常见疾病表现具有一定识别能力，对校园常见突发情况或意外伤害具有一定应急处置能力。

二、课程内容

依据研究确定的学校教师卫生健康素养基本要求，项目团队确定了学校卫生工作概述、人体各系统常见病概述、常见症状识别和处理、急救常识、常见外伤处理、合理用药常识、校园常见传染病、卫生习惯养成和青春期生理卫生九大教学模块,并在教学培训实践中修订了主要内容大纲(表16-3),系统性讲授相关知识,同时注意区别于学校卫生工作人员授课内容,适当减少医学专业性内容,增加健康通识性内容讲授,增加授课内容的针对性、实用性和可接受性。

表 16-3 玉树震后地区学校普通教师健康素养培训课程

课程模块	主要内容
学校卫生工作概述	学校卫生工作的主要内容、相关规章制度、如何将健康教育融入日常授课
人体各系统常见病概述	人体各系统结构和功能介绍,几大系统常见病临床要点概述
常见症状识别和处理	引起发热的常见病及处理思路
	引起晕厥的常见病和处理思路
	引起腹痛的常见病及处理思路
	引起腹泻的常见病和处理思路
急救常识	心肺复苏、溺水、触电、窒息、中毒、癫痫
常见外伤处理	皮肤伤口处理、出血、骨折、关节扭伤
合理用药常识	药品分类、说明书阅读、感冒药、消炎药、止疼药、退烧药
校园常见传染病	常见呼吸道、消化道传染病,寄生虫病
卫生习惯养成	屈光不正与用眼卫生
	口腔卫生与龋齿
	手卫生及七步洗手法
青春期生理卫生	青春期生理发育、青春期卫生

三、开展形式

为了提升教学效果,项目团队在学校教师卫生健康素养培训过程中创新了课程组织形式和呈现形式。除为每位参训老师配发传统文字教材外,项目团队制作了全套教学内容的多媒体资料(包括演示文稿、教学视频等),以光盘或USB存储器形式赠予参训教师。除传统课堂讲授外,项目团队还通过一对一实际操作(如量血压、心肺复苏)、案例讨论、展示汇报等形式开展教学培训,丰富了课堂形式,提升了参训老师的学习兴趣和掌握程度。

第三节 儿童青少年健康教育课程建设

一、课程内容

根据教育部印发的《中小学健康教育指导纲要》,中小学生健康教育应包括健康行为与生活方式、疾病预防、心理健康、生长发育与青春期保健、安全应急与避险五大主要内容。特别地,对于玉树震后地区,应着重开展手卫生(七步洗手法)、用眼卫生、口腔卫生相关教育,并加入包虫病等牧区传染病防治常识相关教育内容和地震逃生自救相关教育内容。本团队在五年的玉树地区教学实践中,对学校卫生工作人员、学校普通教师开展了分层次的任职能力和健康素养培训,同时把儿童青少年健康教育作为重要内容,设置了儿童青少年健康教育示范课程表(表16-4),包括"保护视力,爱护眼睛""如何正确洗手""爱护牙齿,从正确刷牙开始""口罩有什么用""地震、火灾时如何保护自己""为什么不能'挑食'""烟酒有哪些危害""怎样预防寄生虫""青春期的变化"九节精品示范课,涵盖了《中小学健康教育指导纲要》要求的重点内容,并体现了玉树地区学校的现实需要。精品示范课主要教学内容参见表16-4。

表16-4 玉树震后地区儿童青少年健康教育示范课主要内容

课程	主要内容
保护视力,爱护眼睛	用眼卫生基本常识,眼保健操的正确做法
如何正确洗手	什么情况下应该洗手,如何正确洗手,洗手后的注意事项
爱护牙齿,从正确刷牙开始	牙齿生长规律,龋齿的危害,正确的刷牙方法
口罩有什么用	呼吸道传染病和病毒的基本概念,口罩的用途和正确的佩戴方法
地震、火灾时如何保护自己	地震自救常识,火灾自救逃生方法
为什么不能"挑食"	食物中营养素的种类及介绍,膳食均衡的基本概念,"挑食"的危害
烟酒有哪些危害	吸烟的危害,二手烟的危害,饮酒的危害
怎样预防寄生虫	"糖丸"是什么?生活中要怎么做才能让寄生虫远离自己?
青春期的变化	青春期生长发育规律及卫生

二、开展形式

项目团队在中小学广泛开展了健康教育示范观摩课,在为中小学生授课的同时邀请学校领导、老师和卫生工作人员参与观摩、互动和辅助教学,让健康教育的理念切实进入课堂,并留在当地。团队采用课堂讲授、观看动画、课堂游戏、课外拓展活动等形式开展教学,例如:采用动画展示结合实际操作的形式开展眼保健操、七步洗手法、巴氏刷牙法的推广教学;采用课堂讲授结合卡牌游戏的形式开展膳食营养均衡和健康生活习惯宣教;采用实际演练的形式开展地震、火灾自救逃生方法的教学。此外,团队还编制了图文并茂、藏汉双语的健康绘本——《你应该知道的卫生习惯小常识》,该绘本目前已被玉树藏族自治州教育局列入小学生健康教育推荐教材,对玉树地区健康教育工作起到了积极的推进作用。

附录 1
健康体检表

姓名			性别		年龄		民族	
联系方式			籍贯		既往史			
营养状况	身高	cm	体重	kg	人体成分	脂肪 ‰;骨骼肌 ‰;水 ‰		
心肺功能	脉搏	次/分 异常脉搏			心音	正常 □ 其他		
	SpO_2	‰	肺活量	mL	心电图	正常 □ 其他		
口腔科	缺齿				龋齿			
五官科	视力	右: 左:			辨色能力	正常 □ 其他		
	嗅觉	正常□ 其他			咽喉	正常 □ 其他		
	听力	右	正常□ 其他		左	正常□ 其他		
健康评估								医师签名:

附录 2

健康调查 12 条简表(SF-12)

下面的问题是询问您对自己健康状况的看法、您的感觉如何以及您进行日常生活的能力如何。如果您没有把握回答问题,请尽量选择一个最合适的答案。

1. 总体来讲,您的健康状况是:
   ① 非常好　② 很好　③ 好　④ 一般　⑤ 差

2. 以下这些问题都和日常活动有关。请您想一想:您的健康状况是否限制了这些活动? 如果有限制,程度如何?
   (1) 适度的活动,如移动一张桌子、扫地、打太极拳、做简单体操等:
       ① 限制很大　② 有些限制　③ 毫无限制
   (2) 上几层楼梯:
       ① 限制很大　② 有些限制　③ 毫无限制

3. 在过去 4 个星期里,您的工作和日常活动有无因为身体健康的原因而出现以下这些问题?
   (1) 本来想要做的事情只能完成一部分:
       ① 不是　② 是
   (2) 想要干的工作或活动种类受到限制:
       ① 不是　② 是

4. 在过去 4 个星期里,您的工作和日常活动有无因为情绪的原因(如压抑或忧虑)而出现以下这些问题?
   (1) 本来想要做的事情只能完成一部分:
       ① 不是　② 是
   (2) 干事情不如平时仔细:
       ① 不是　② 是

5. 在过去 4 个星期里,您的身体疼痛影响了您的工作和家务吗?
   ① 完全没有影响　② 有一点影响　③ 中等影响　④ 影响很大　⑤ 影响非常大

6. 以下这些问题是关于过去 1 个月里您自己的感觉,对每一个问题所说的事情,您的情况是什么样的?
   (1) 您的心理很平静:
       ① 所有的时间　② 大部分时间　③ 比较多时间　④ 一部分时间　⑤ 小部分

时间　⑥ 没有这种感觉

(2) 您做事精力充沛：
① 所有的时间　② 大部分时间　③ 比较多时间　④ 一部分时间　⑤ 小部分时间　⑥ 没有这种感觉

(3) 您的情绪低落：
① 所有的时间　② 大部分时间　③ 比较多时间　④ 一部分时间　⑤ 小部分时间　⑥ 没有这种感觉

7. 您的健康状况或情感问题有多长时间干涉你的社交活动(如走亲访友)：
① 所有的时间　② 大部分时间　③ 比较多时间　④ 一部分时间　⑤ 小部分时间　⑥ 没有这种感觉

附录 3

儿童和青少年主观量表（ISLQ）

	没有	有时	经常	总是
1. 要是不学就好了。	1	2	3	4
2. 觉得自己能力不如别人。	1	2	3	4
3. 喜欢学校里的生活。	1	2	3	4
4. 感到手脚麻木或刺痛。	1	2	3	4
5. 我的朋友对我很友好。	1	2	3	4
6. 对未来感到悲观失望。	1	2	3	4
7. 课堂提问或考试时感到很紧张。	1	2	3	4
8. 喜欢四邻（家里周围）的环境。	1	2	3	4
9. 我喜欢我自己。	1	2	3	4
10. 我的朋友乐于帮助我。	1	2	3	4
11. 喜欢和父母一起消磨时间。	1	2	3	4
12. 做事犹豫不决。	1	2	3	4
13. 喜欢我生活的地方。	1	2	3	4
14. 喜欢上学。	1	2	3	4
15. 胃口不好。	1	2	3	4
16. 在学校里学到很多东西。	1	2	3	4
17. 我家比多数家庭好。	1	2	3	4
18. 无缘无故地感到疲乏。	1	2	3	4
19. 我是一个好孩子。	1	2	3	4
20. 父母和我一起做有趣的事。	1	2	3	4
21. 我家的房子很合宜。	1	2	3	4
22. 不愿与人交往，对别人没有感情。	1	2	3	4
23. 我会做很多事情。	1	2	3	4

(续表)

	没有	有时	经常	总是
24. 担心约会或上课会迟到。	1	2	3	4
25. 大家认为我很有趣。	1	2	3	4
26. 家里人在一起相处得很好。	1	2	3	4
27. 比别人更容易紧张、着急。	1	2	3	4
28. 在学校里感到不舒服。	1	2	3	4
29. 喜欢我的邻居。	1	2	3	4
30. 父母公平地对待我。	1	2	3	4
31. 感到手脚发抖、出汗。	1	2	3	4
32. 喜欢和家人一起待在家里。	1	2	3	4
33. 觉得生活没有意思。	1	2	3	4
34. 学校里有许多事我不喜欢。	1	2	3	4
35. 我有很多朋友。	1	2	3	4
36. 容易感到害怕、心烦。	1	2	3	4
37. 觉得自己是一个失败者。	1	2	3	4
38. 多数人都喜欢我。	1	2	3	4
39. 我的朋友是好样的。	1	2	3	4
40. 家里人在一起很谈得来。	1	2	3	4
41. 对自己感到讨厌。	1	2	3	4
42. 喜欢学校里的一些活动。	1	2	3	4
43. 觉得时间不够用,有很多事情要做。	1	2	3	4
44. 我的朋友对我很关心。	1	2	3	4
45. 觉得自己没有活力,没有吸引力。	1	2	3	4
46. 我住的地方有很多有趣的事。	1	2	3	4
47. 觉得呼吸困难或要晕倒。	1	2	3	4
48. 与朋友在一起时过得很愉快。	1	2	3	4
49. 上学很有意思。	1	2	3	4
50. 担心自己会说错话。	1	2	3	4
51. 认为自己的长相不错。	1	2	3	4
52. 在生人面前易脸红、心跳加速。	1	2	3	4

附录 4

重大灾后观念改变量表简短版(CIOQ-S)

指导语：困难和逆境的发生，以及您在逆境中的经历可能使您对生活以及对人的想法和观念有所改变，"1"代表非常不符合您的想法，"6"代表非常符合。以此类推，请根据您的状况选择适合的选项。

条目	非常不符合　　　　非常符合
1. 我不再期待未来了	1　2　3　4　5　6
2. 我活着不再有意义	1　2　3　4　5　6
3. 我现在更加珍惜生命	1　2　3　4　5　6
4. 我现在更加在意自己与他人的关系	1　2　3　4　5　6
5. 我现在是一个更体谅、更宽容的人了	1　2　3　4　5　6
6. 我不再轻视人和物，也不再认为他们的发生是理所当然的	1　2　3　4　5　6
7. 我现在不怎么相信别人了	1　2　3　4　5　6
8. 我强烈地觉得自己现在处在煎熬不定的状态	1　2　3　4　5　6
9. 我现在连自己也不相信了	1　2　3　4　5　6
10. 我更加重视别人了	1　2　3　4　5　6

附录 5
儿童自我报告(C-C-Ped-PROMIS)问卷①

在过去 7 天内	从来没有 0	几乎没有 1	有时有 2	经常有 3	总是有 4
抑郁症状 Short Form v1.1					
1. 我止不住地感到悲伤	☐	☐	☐	☐	☐
2. 我感到被孤立	☐	☐	☐	☐	☐
3. 我觉得我生活中的所有事情都出错了	☐	☐	☐	☐	☐
4. 我觉得我什么事情都做不好	☐	☐	☐	☐	☐
5. 我感到孤独	☐	☐	☐	☐	☐
6. 我感到悲伤	☐	☐	☐	☐	☐
7. 我感到不开心	☐	☐	☐	☐	☐
8. 我难以体会到快乐	☐	☐	☐	☐	☐
愤怒　Short Form v1.0					
9. 我觉得烦透了	☐	☐	☐	☐	☐
10. 我觉得生气	☐	☐	☐	☐	☐
11. 我感到心烦	☐	☐	☐	☐	☐
12. 我是如此怒气冲冲以至于想扔东西	☐	☐	☐	☐	☐
13. 我是如此怒气冲冲以至于想对别人乱吼	☐	☐	☐	☐	☐
14. 当我愤怒的时候,我会保持愤怒这个状态	☐	☐	☐	☐	☐
焦虑　Short Form v1.1					
15. 我感到一些可怕的事可能会发生	☐	☐	☐	☐	☐
16. 我感到紧张	☐	☐	☐	☐	☐
17. 我感到害怕	☐	☐	☐	☐	☐

---

① 中文版 PROMIS 工具版权归 PHO 国际联盟及 PNC-China 中国中心所有,任何因科研目的欲使用 PROMIS 工具的单位或个人需经 PNC-China 中国中心书面授权后方可使用。

（续表）

在过去 7 天内	从来没有 0	几乎没有 1	有时有 2	经常有 3	总是有 4
18. 我感到担心	□	□	□	□	□
19. 当我在家的时候，我感到担心	□	□	□	□	□
20. 我非常容易受到惊吓	□	□	□	□	□
21. 我担心有什么事会发生在我身上	□	□	□	□	□
22. 晚上睡觉前我感到忧虑	□	□	□	□	□
疲劳　Short Form v1.0					
23. 我感觉疲劳，很难跟上学校功课	□	□	□	□	□
24. 我感觉疲劳，使得我无法和我的朋友们随心所欲地玩或者外出	□	□	□	□	□
25. 我感到虚弱	□	□	□	□	□
26. 我容易感到疲劳	□	□	□	□	□
27. 因为我太累了，所以难以完成事情	□	□	□	□	□
28. 因为我太累了，所以难以开始做事情	□	□	□	□	□
29. 我太累了以至于难以集中注意力	□	□	□	□	□
30. 我太累了以至于没有办法做运动或锻炼	□	□	□	□	□
31. 我太累了以至于没有办法做户外的事情	□	□	□	□	□
32. 我太累了以至于对自己喜欢的事都提不起精神	□	□	□	□	□
同伴关系					
33. 我觉得自己能被同龄儿童接受	□	□	□	□	□
34. 我可以依靠我的朋友们	□	□	□	□	□
35. 我可以和我的朋友们谈论任何事情	□	□	□	□	□
36. 我擅长交朋友	□	□	□	□	□
37. 我和朋友们互相帮助	□	□	□	□	□
38. 其他小朋友想和我交朋友	□	□	□	□	□
39. 其他小朋友想和我待在一起	□	□	□	□	□
40. 其他小朋友想和我聊天	□	□	□	□	□

附录 6
DSM-5 关于创伤后应激障碍的诊断标准

DSM-5 关于创伤后应激障碍的诊断标准如下。

（注：以下诊断标准适用于成人、青少年和 6 岁以上的儿童。对于 6 岁及以下儿童,需参阅"6 岁及以下儿童创伤后应激障碍"）。

A. 以下述一种（或多种）方式接触于实际的或者被威胁的死亡、严重创伤或恶性暴力等创伤事件。

1. 直接经历创伤事件。
2. 目睹发生在他人身上的创伤事件。
3. 获悉关系密切的家庭成员或关系密切的朋友接触于创伤事件。
4. 反复经历或极端接触于创伤事件中的恶性细节中（如急救人员收集尸体残骸、警察反复接触虐待儿童的细节）。

（注：诊断标准 A4 不适用于通过电子媒体、电视、电影或图片的接触,除非这种接触与工作相关。）

B. 在创伤事件发生后,存在以下一种（或多种）与创伤事件有关的重新体验症状。

1. 反复地、不自主地和侵入性痛苦地回忆起这些创伤事件。

（注：6 岁以上的儿童,可能通过反复玩与创伤事件有关的主题或某方面内容来表达。）

2. 反复做内容和/或情景与创伤事件相关的痛苦的梦。

（注：儿童可能做可怕的梦但不能辨认其内容。）

3. 出现分离反应（如闪回）,似乎创伤事件正在重现个体的感受或动作（这种反应可以连续出现,最极端的表现是对目前的环境完全丧失意识）。

（注：儿童可能在游戏中重演特定的创伤。）

4. 暴露于象征或类似创伤事件某方面的内在或外界迹象时,出现强烈而持久的心理痛苦。
5. 暴露于作为此创伤事件的象征或很相像的内心或外界迹象之时,出现显著的生理反应。

C. 创伤事件后开始持续地回避与创伤事件有关的刺激,出现以下一种或两种情况。

1. 回避或努力回避有关创伤事件或与其高度相关的痛苦记忆、思想或感受。

2. 回避或努力回避能够唤起有关创伤事件或与其高度相关的痛苦记忆、思想或感觉的外部提示(人、地点、对话、活动、物体、情景)。

D. 与创伤性事件有关的认知和心境方面的消极改变,在创伤事件发生后开始出现或加重,具有以下两种(或更多)情况。

1. 患者不能记起创伤性事件的某个重要方面(通常是由于分离性遗忘症,而不是诸如脑损伤、酒精、毒品等其他因素所致)。
2. 对自己、他人或世界的持续性夸大的消极信念与预期(如"我很坏""没有人可以信任""世界是绝对危险的""我的整个神经系统永久地损坏了")。
3. 由于对创伤事件的起因或结果抱有持续性的认知歪曲,导致患者责怪自己或他人。
4. 持续的消极情绪状态(如害怕、恐惧、愤怒、内疚或羞愧)。
5. 明显地很少参加有意义的活动或没有兴趣参加。
6. 有脱离他人或觉得他人很陌生的感受。
7. 持续性地难以体验到积极情感(如不能体验幸福、满足或爱的感受)。

E. 与创伤事件有关的警觉性或反应性有显著的改变,在创伤事件发生后开始或加重,表现为下列两项(或更多)情况。

1. 激惹行为或易发怒(在很少或没有挑衅的情况下),典型表现为对他人或物体的言语或身体攻击。
2. 莽撞或自我伤害行为。
3. 高度警觉。
4. 过分的惊吓反应。
5. 难以集中注意力。
6. 睡眠障碍(如难以入睡,睡得不深,睡眠不安)。

F. 病期(诊断标准 B、C、D、E)超过 1 个月。

G. 此障碍产生了临床上明显的痛苦,或导致社交、职业以及其他重要功能方面的缺损。

H. 此障碍并非由于某种物质(如药物、酒精)所致的生理效应或者其他躯体情况。

参 考 文 献

［1］ 高标,陆小新.应急医学理念发展进展［J］.中华卫生应急电子杂志,2016,2(6)：382-385.
［2］ 田军章,王声湧,叶泽兵.中国应急医学救援体系的发展现状与对策分析［J］.中国应急管理,2013(3)：14-19.
［3］ 公斌,孔兵,孙志宏,等.地震灾害应急医学救援的特点及建议［J］.中华灾害救援医学,2014,2(11)：638-640.
［4］ 杨震.地震灾害伤病谱与应急医学救援力量编成研究［D］.北京：中国人民解放军军事医学科学院,2017.
［5］ 刘源,刘旭,康鹏,等.玉树地震紧急医学救援战略支援力量抽组分析［J］.解放军医院管理杂志,2011,18(3)：288-290.
［6］ 沈燕,张鹭鹭,刘源,等.玉树地震应急医学救援人员结构分析［J］.中国医药导报,2012,9(28)：132-134.
［7］ 姚岚,龚勋,乐虹,等.国外灾后医疗救助体制的特点与启示［J］.中华医院管理杂志,2011,27(3)：234-237.
［8］ 王正荣.对地震灾区重建医疗卫生体系的思考［J］.前进论坛,2008,8：49-50.
［9］ 路剑新,泰国良.地震灾害现场紧急救治的基本原则［C］//第五届全国灾害医学学术会议暨常州市医学会急诊危重病及灾害医学专业委员会首届年会.2009：5.
［10］ 江世勇,代礼胜.国外灾后教育重建经验：综述与启示［J］.长春理工大学学报(社会科学版),2010,23(6)：45-47.
［11］ 刘继青,李洺.灾后教育：发展性重建的战略构想［J］.国家教育行政学院学报,2008,131(11)：60-63.
［12］ 龚波.灾后教育重建的时效性特征及急需处理好的关系［J］.当代教育科学,2009,1：57-60.
［13］ 张春满.灾后政府对当地教育系统的重建：路径与困难——以5·12汶川地震后的四川绵竹市汉旺镇为例［J］.时代教育(教育教学版),2008,9：34-35.
［14］ 杨小英,王娅宁,雷延成.青海玉树地震儿童损伤的特点及影像学表现［J］.高原医学杂志,2012,22(4)：46-48.
［15］ 华子瑜,刘维勤,郑成中,等.地震背景下儿童现场救治与转运专家共识［J］.中国当代儿科杂志,2020,22(5)：391-395.
［16］ 张廷冲.地震中儿童创伤的类型和救治要点［J］.中国当代儿科杂志,2013,15(6)：416-418.
［17］ 汪茜,彭碧波,史宇,等.地震现场心理干预方法探讨［J］.中华灾害救援医学,2014,2(2)：101-103.
［18］ 王文超,伍新春,周宵.青少年创伤后应激障碍和创伤后成长的状况与影响因素——汶川地震后的10年探索［J］.北京师范大学学报(社会科学版),2018,2：51-63.
［19］ Geng F, Liang Y, Shi X, et al. A prospective study of psychiatric symptoms among adolescents after the Wenchuan earthquake［J］. J Trauma Stress, 2018, 31(4)：499-508.

[20] 周宵,伍新春,安媛媛,等.地震后青少年创伤后应激障碍的潜在结构分析[J].心理发展与教育,2017, 33(2):206-215.

[21] 魏青,曹云飞,廖彩之.汶川地震后灾区学生创伤性应激障碍及情绪症状[J].中国学校卫生,2016,37 (10):1483-1486.

[22] 李洋,董晓梅,彭琳,等.儿童及青少年地震创伤后应激障碍患病率的 Meta 分析[J].中华创伤杂志, 2014,30(11):1075-1081.

[23] 伍新春,王文超,周宵,等.汶川地震8.5年后青少年身心状况研究[J].心理发展与教育,2018,34(1): 80-89.

[24] 庞焯月,席居哲,左志宏.儿童青少年创伤后应激障碍(PTSD)治疗的研究热点——基于美国文献的知 识图谱分析[J].心理科学进展,2017,25(7):1182-1196.

[25] Bartels L, Berliner L, Holt T, et al. The importance of the DSM-5 posttraumatic stress disorder symptoms of cognitions and mood in traumatized children and adolescents: two network approaches[J]. J Child Psychol Psychiatry, 2019, 60(5): 545-554.

[26] 梁一鸣,郑昊,刘正奎.震后儿童创伤后应激障碍的症状网络演化[J].心理学报,2020,52(11): 1301-1315.

[27] 王文超,周宵,伍新春,等.创伤后应激障碍对青少年生活满意度的影响:社会支持的调节作用[J].心 理科学,2018,41(2):484-490.

[28] 贾兆宝,段光锋,张嵬,等.汶川地震后儿童和青少年生命质量随访研究[J].中国社会医学杂志,2014, 31(6):403-406.

[29] Lee M S, Anumagalla P, Pavuluri M N. Individuals with the post-traumatic stress disorder process emotions in subcortical regions irrespective of cognitive engagement: a meta-analysis of cognitive and emotional interface[J]. Brain Imaging Behav, 2021, 15(2): 941-957.

[30] Du X, Wei D, Ganzel B L, et al. Adolescent earthquake survivors' show increased prefrontal cortex activation to masked earthquake images as adults[J]. Int J Psychophysiol, 2015, 95(3): 292-298.

[31] Meyerson D A, Grant K E, Carter J S, et al. Posttraumatic growth among children and adolescents: a systematic review[J]. Clin Psychol Rev, 2011, 31(6): 949-964.

[32] Zhou X, Zhen R, Wu X. Trajectories of posttraumatic growth among adolescents over time since the Wenchuan earthquake[J]. J Adolesc, 2019, 74: 188-196.

[33] 汪璐璐,刘安诺,李惠萍,等.创伤后成长与创伤后应激障碍症状相关性的 meta 分析[J].中国心理卫 生杂志,2016,30(1):23-28.

[34] Cao C, Wang L, Wu J, et al. Patterns of posttraumatic stress disorder symptoms and posttraumatic growth in an epidemiological sample of Chinese earthquake survivors: a latent profile analysis[J]. Front Psychol, 2018, 9: 1549.

[35] 周宵,伍新春,陈杰灵.青少年的创伤后应激障碍对创伤后成长的影响:复原力的调节作用[J].中国临 床心理学杂志,2015,23(3):512-516.

[36] 田雨馨,周宵,伍新春,等.创伤后应激障碍对创伤后成长的影响:情绪调节策略的调节作用[J].中国 临床心理学杂志,2016,24(3):479-483.

[37] Liu L, Wang L, Cao C, et al. Testing the dimensional structure of DSM-5 posttraumatic stress disorder symptoms in a nonclinical trauma-exposed adolescent sample[J]. J Child Psychol Psychiatry,

2016,57(2):204-212.

[38] 付琳,程锦,吴苏曼,等.加州大学洛杉矶分校创伤后应激障碍反应指数(儿童修订版)的效度和信度检验[J].中国心理卫生杂志,2018,32(2):160-165.

[39] Steinberg A M, Brymer M J, Decker K B, et al. The university of California at Los Angeles post-traumatic stress disorder reaction index[J]. Curr Psychiatry Rep, 2004, 6(2):96-100.

[40] Smith P, Perrin S, Dyregrov A, et al. Principal components analysis of the impact of event scale with children in war[J]. Pers Individ Differ, 2003, 34(2):315-322.

[41] Lau J T, Yeung N C, Yu X, et al. Psychometric properties of the Chinese version of the revised posttraumatic growth inventory for children (PTGI-C-R)[J]. Asia Pac J Public Health, 2015, 27(2):1310-1320.

[42] 覃春望,吴素梅.儿童压力后成长量表的编制及信效度检验[J].中国儿童保健杂志,2016,24(9):900-902.

[43] 葛汾汾,朱鸿儒,袁敏兰,等.地震后儿童和青少年创伤后应激障碍症状的发展轨迹[J].四川大学学报(医学版),2020,51(2):231-235.

[44] 曾旻,周宵,伍新春,等.创伤暴露程度对中学生创伤后应激障碍的影响:控制感的调节作用[J].中国临床心理学杂志,2017,25(1):59-64.

[45] 汤万杰,赵京东,卢毅,等.芦山震后性别与暴露程度对青少年创伤后应激障碍的影响[J].中国学校卫生,2018,39(7):1041-1042,1046.

[46] Fan F, Long K, Zhou Y, et al. Longitudinal trajectories of post-traumatic stress disorder symptoms among adolescents after the Wenchuan earthquake in China[J]. Psychol Med, 2015, 45(13):2885-2896.

[47] 王可晖,石静,彭怀晴,等.芦山地震后学生创伤后应激障碍与自我意识[J].中国健康心理学杂志,2016,24(3):337-339.

[48] 张伊,黄琪,安媛媛.青少年正念对创伤后应激障碍和创伤后成长的影响[J].中国临床心理学杂志,2019,27(1):172-176.

[49] 李娜,郭玥,徐汉明.儿童青少年创伤后应激障碍患者的家庭问题研究[J].医学与哲学,2018,39(8):68-71,77.

[50] 周宵,伍新春,王文超,等.汶川地震8.5年后青少年的社会支持与创伤后成长的关系:自我效能感和自尊的中介作用[J].心理发展与教育,2019,35(5):573-580.

[51] 张金凤,史占彪,赵品良,等.汶川震后初中生创伤后成长状况及相关因素[J].中国心理卫生杂志,2012,26(5):357-362.

[52] 刘夏竹.震后十年灾区中职生负性生活事件、创伤后应激障碍与生命意义感之间的关系[D].成都:四川师范大学,2019.

[53] 辛勇,白柯,陈谢平,等.社会支持对青少年创伤后成长的影响:心理韧性的中介作用[J].心理与行为研究,2019,17(6):817-823.

[54] Zhou X, Wu X, Fu F, et al. Core belief challenge and rumination as predictors of PTSD and PTG among adolescent survivors of the Wenchuan earthquake[J]. Psychol Trauma, 2015, 7(4):391-397.

[55] Mcdermott B M, Cobham V E. A stepped-care model of post-disaster child and adolescent mental health service provision[J]. European Journal of Psychotraumatology, 2014, 5(3):227-228.

[56] 伊娃·西盖蒂.儿童与青少年认知行为疗法[M].王建平,王珊珊,闫煜蕾,等译.北京:中国轻工业出版社,2014.

[57] 张新安.创伤后应激障碍认知行为干预疗法研究进展[J].创伤与急危重病医学,2016,4(6):359-361.

[58] Giannopoulou I, Dikaiakou A, Yule W. Cognitive-behavioural group intervention for PTSD symptoms in children following the Athens 1999 earthquake: a pilot study[J]. Clin Child Psychol Psychiatry, 2006, 11(4): 543-553.

[59] 宋之杰,臧刚顺,石蕊,等.创伤后应激障碍的眼动脱敏再加工整合团体疗法[J].中国健康心理学杂志,2016,24(6):953-957.

[60] 张明珠.眼动脱敏与再加工疗法对未成年人创伤后应激障碍干预效果的元分析[D].南京:东南大学,2017.

[61] 巴尔瓦拉·A.特纳.沙盘游戏疗法手册[M].陈莹,姚晓东,译.北京:中国轻工业出版社,2020.

[62] 童欣.绘画心理分析:追寻画外之音[M].北京:机械工业出版社,2017.

[63] 安媛媛,李秋伊,伍新春.自然灾害后青少年创伤后成长的质性研究——以汶川地震为例[J].北京师范大学学报(社会科学版),2015(6):107-113.

[64] 熊朋迪,杨乐,祝卓宏.创伤后应激障碍对创伤后成长的影响:认知融合的调节作用[C].//应激与心理健康——第四届心理健康学术年会摘要集.中国科学院心理研究所、中国科学院心理健康重点实验室:中国科学院心理研究所,2014:2.

[65] 姜帆,安媛媛,伍新春.面向儿童青少年的创伤聚焦的认知行为治疗:干预模型与实践启示[J].中国临床心理学杂志,2014,22(4):756-760.

[66] 杨艳杰,乔正学,邱晓惠.地震灾区青少年学生心理健康状况调查[J].中国公共卫生,2008,24(12):45-48.

[67] 张春芳,赵玉芳,赵雪峰.汶川地震后震区中学生心理健康状况的调查[J].中国健康心理学杂志,2009,17(4):477-478.

[68] 李希彤,陶璐,谢静涛,等.汶川地震10个受灾市县青少年心理健康现状分析[J].河南预防医学杂志,2018,29(4):248-251.

[69] 曾宁波,刘传星.汶川地震5年后四川灾区中小学生心理健康现状调查研究[J].中国特殊教育,2014,3:75-77.

[70] 陈莉,王泠然.汶川地震后重灾区高三学生心理健康状况的调查[J].医学与社会,2009,22(10):48-49.

[71] 易娟,尚忠明,赵庆,等.地震后汶川县中学生心理健康的现状调查[J].四川医学,2013,34(4):443-444.

[72] 游进,张玲.汶川地震后中学生心理健康状况比较[J].教育科学论坛,2016,15(8):74-77.

[73] 杜军,柯雄,刘芳.汶川地震灾后8年高中学生外语课堂学习焦虑的影响因素[J].四川精神卫生,2019,32(4):350-353.

[74] 张理义,宋梓祥,李光耀.地震灾区青少年心身健康分析及其干预性研究[J].国际精神病学杂志,2012,39(2):65-69.

[75] 陈允恩,陈昕,詹军,等.汶川地震对都江堰市某中学初三学生心理健康状况影响的调查[J].中国健康心理学杂志,2009,17(3):309-310.

[76] 杜娜,朱翠珍,闫静,等.5·12汶川大地震后24个月灾区小学生心理健康状况调查[J].华西医学,2012,27(2):254-258.

[77] 楚彩云,张理义,张元兴.汶川地震青少年心身健康的特点及其心理承受力的研究[J].精神医学杂志,2011,24(4):272-274.

[78] 胡丽,赵玉芳.汶川地震灾区中学生心理健康状况调查[J].中国学校卫生,2009,30(3):2.

[79] 胡丽,赵玉芳.汶川地震7个月后中学生心理健康状况调查[J].现代预防医学,2010,37(14):2676-2678.

[80] 司徒明镜,张毅,邹可,等.汶川大地震后灾区儿童青少年心理健康状况调查[J].四川大学学报(医学版),2009,40(4):712-715.

[81] 徐寰宇,苏畅,徐莹,等.心理弹性保护作用下地震灾区初中生心理健康状况与学习成绩的关系[J].卫生研究,2018,47(5):749-755.

[82] 张晓林.地震灾后中学生心理健康发展的体育干预作用机制研究[J].西南师范大学学报(自然科学版),2011,36(5):198-202.

[83] 谭友果,甘枝勤,刘成文,等.汶川地震后低年级小学生心理状况及连续1年心理干预分析[J].四川医学,2011,32(5):627-629.

[84] 欧阳新辉,雷慧,涂绍生,等.重大灾害后青少年心理康复的体育干预策略及实证研究[J].中国特殊教育,2009,32(6):44-48.

[85] 林崇德,伍新春,陈秋燕,等.专家—教练—教师相结合的创伤干预模式的建构——基于汶川地震后心理援助的经验[J].北京师范大学学报(社会科学版),2018,45(2):45-49.

[86] 张晓茹,胡晓伶,陆小路,等.芦山地震灾区学前儿童心理健康与家庭环境的相关性[J].环境与职业医学,2016,33(5):484-488.

[87] 胡旭强,陈海支,刘坚白,等.四川省芦山县地震灾区初中生心理健康状况调查[J].现代实用医学,2014,26(12):1486-1487.

[88] 石静,张晓茹,彭怀晴.芦山地震灾区中学生社会支持与心理健康的关系研究[J].环境卫生学杂志,2016,6(5):328-332.

[89] 杨先梅,黄国平.芦山地震后1周0~4岁婴幼儿情绪行为反应[J].四川精神卫生,2013,26(2):68-71.

[90] 莫非.灾后青少年心理教育和道德教育的重建——雅安地震后救援工作引发的思考[J].教育与教学研究,2013,27(9):44-47.

[91] 于少萍,游永恒.青海玉树中学生地震创伤应激反应症状及其影响因素研究[J].四川师范大学学报(社会科学版),2011,38(5):45-51.

[92] 仵焕杰,魏本勇,田青,等.青海玉树地区小学生对地震灾害的响应现状分析[J].灾害学,2013,28(2):166-170.

[93] 刘寿,张诗雨,祁正庆,等.玉树震后藏族青少年学校适应能力调查[J].中国公共卫生,2016,32(12):1712-1714.

[94] 赵品良.玉树震后半年灾区小学生的创伤后应激障碍及抑郁症状评估[J].中国临床心理学杂志,2011,19(6):787-789.

[95] 刘桂兰,马林山,宋志强,等.绘画心理投射测验对玉树灾后学生心理状态评估与治疗作用的探讨[J].青海医药杂志,2012,42(3):2-4.

[96] 杨春慧,戴晓玉,冯江平,等.鲁甸震后初中生创伤后成长的状况[J].中国健康心理学杂志,2016,24

(8)：1269-1272.

[97] 李丹.地震创伤后应激障碍学生沙盘游戏干预模式的建立及效果检验[D].昆明：云南师范大学,2015.

[98] 程锦,刘正奎.鲁甸地震灾区学龄前儿童创伤后应激症状及其相关因素[J].中国心理卫生杂志,2017,31(3)：225-229.

[99] 郝尚雄.四川汶川大地震后中小学生心理及心理干预的调查分析[J].山西医药杂志,2009,38(9)：809-810.

[100] 汪川东.高校新生体检结果分析研究[J].中外医疗,2020,39(24)：117-119.

[101] 于洋.基于健康体检数据的慢性疾病风险预测与体检套餐优化[D].大连：大连理工大学,2020.

[102] 马燕.某高校新生健康体检结果分析及健康教育对策[J].中国校医,2020,34(2)：87-88,116.

[103] 杜本峰,王翾,耿蕊.困境家庭环境与儿童健康状况的影响因素[J].人口研究,2020,44(1)：70-84.

[104] 吴品州.中国西部少数民族地区儿童多维贫困的测量与对策[D].镇江：江苏大学,2019.

[105] 潘攀.河南省某高校本科生健康体检结果及影响因素分析[D].郑州：郑州大学,2016.

[106] 谢萍峰,肖锋,安占涛,等.高校教师健康体检数据分析及社区干预对策思考[J].江西理工大学学报,2016,37(4)：66-69.

[107] 崔书田.农村家庭安全饮用水对儿童健康的影响[D].杭州：浙江工商大学,2016.

[108] 周遵琴,李森,刘海燕.留守儿童身体健康状况及影响因素分析——以贵州省为例[J].贵州民族研究,2015,36(6)：29-33.

[109] 闻伟虹.常熟市中小学生健康体检结果调查分析[D].苏州：苏州大学,2013.

[110] 王翠丽.贫困民族地区母亲受教育程度与儿童健康关系研究[D].济南：山东大学,2011.

[111] 曹镇富.我国城乡儿童健康状况差异研究[D].太原：山西财经大学,2010.

[112] 崔红,何玲.农村青少年儿童身体健康状况分析[J].中国青年研究,2007(11)：11-15.

[113] Joseph B, Jokar T O, Hassan A, et al. Redefining the association between old age and poor outcomes after trauma: the impact of frailty syndrome[J]. Journal of Trauma & Acute Care Surgery, 2017, 82(3): 575-581.

[114] Alexandra R, Goenjian A K, Steinberg A M, et al. Posttraumatic stress and depressive reactions among children and adolescents after the 1999 earthquake in Ano Liosia, Greece[J]. Am J Psychiatry, 2005, 162(3): 530-537.

[115] Kun P, Wang Z, Chen X, et al. Public health status and influence factors after 2008 Wenchuan earthquake among survivors in Sichuan province, China: cross-sectional trial[J]. Public Health, 2010, 124(10): 573-580.

[116] McShane, Lisa M, Altman, et al. Reporting Recommendations for Tumor Marker Prognostic Studies (REMARK)[J]. Journal of the National Cancer Institute, 2005, 93(4): 387-391.

[117] Liu X, Yang H, Tang B, et al. Health status of adolescents in the Tibetan plateau area of western China: 6 years after the Yushu earthquake[J]. Health & Quality of Life Outcomes, 2017, 15(1): 152.

[118] Tian W, Jia Z, Duan G, et al. Longitudinal study on health-related quality of life among child and adolescent survivors of the 2008 Sichuan earthquake[J]. Quality of Life Research, 2013, 22(4): 745-752.

[119] Foggin P M, Torrance M E, Drashi D, et al. Assessment of the health status and risk factors of

Kham Tibetan pastoralists in the alpine grasslands of the Tibetan plateau[J]. Social Science & Medicine, 2006, 63(9): 2512-2532.

[120] Spittlehouse J K, Joyce P R, Vierck E, et al. Ongoing adverse mental health impact of the earthquake sequence in Christchurch, New Zealand[J]. Australian & New Zealand Journal of Psychiatry, 2014, 48(8): 756.

[121] Lefante Jr J J, Harmon G N, Ashby K M, et al. Use of SF-8 to assess health related quality of life for a chronically ill, low income population participating in CMAP[J]. Quality of Life Research, 2005, 14(3): 665-673.

[122] Thomson H, Petticrew M, Morrison D. Health effects of housing improvement: systematic review of intervention studies[J]. British Medical Journal, 2001, 323(7306): 187-190.

[123] Tang B, Ge Y, Xue C, et al. Health status and risk factors among adolescent survivors one month after the 2014 Ludian earthquake[J]. International Journal of Environmental Research & Public Health, 2015, 12(6): 6367-6377.

[124] Erismann S, Shrestha A, Diagbouga S, et al. Complementary school garden, nutrition, water, sanitation and hygiene interventions to improve children's nutrition and health status in Burkina Faso and Nepal: a study protocol[J]. Bmc Public Health, 2016, 16(1): 244.

[125] Capron C, Therond C, Duyme M. Brief report: Effect of menarcheal status and family structure on depressive symptoms and emotional/behavioural problems in young adolescent girls[J]. Journal of Adolescence, 2007, 30(1): 175-179.

[126] Wang J L, Hughes J, Murphy G T, et al. Suicidal behaviours among adolescents in northern Nova Scotia: gender difference, risk factors and health service utilization[J]. Canadian Journal of Public Health, 2003, 94(20): 7-11.

[127] Wickramage K, Siriwardhana C, Vidanapathirana P, et al. Risk of mental health and nutritional problems for left-behind children of international labor migrants[J]. BMC Psychiatry, 2015, 15(1): 39.

[128] Cui K, Han Z. Association between disaster experience and quality of life: the mediating role of disaster risk perception[J]. Quality of Life Research, 2019, 28: 509-513.

[129] Sudaryo M K, Besral, Endarti A T, et al. Injury, disability and quality of life after the 2009 earthquake in Padang, Indonesia: a prospective cohort study of adult survivors[J]. Global Health Action, 2012, 5(2): 1-11.

[130] Wang Z, Xu J. Association between resilience and quality of life in Wenchuan earthquake shidu parents: the mediating role of social support[J]. Community Mental Health Journal, 2017, 53(7): 859-863.

[131] Xie X, Chen Y, Chen H, et al. Predictors of quality of life and depression in older people living in temporary houses 13 months after the Wenchuan earthquake in western China: a cross-sectional study[J]. Nursing and Health Sciences, 2017, 19(2): 170-175.

[132] Cao X, Chen L, Tian L, et al. Psychological distress and health-related quality of life in relocated and nonrelocated older survivors after the 2008 Sichuan earthquake[J]. Asian Nursing Research, 2015, 9(4): 271-277.

[133] Cui K, Sim T, Xu T. Psychosocial well-being of school-aged children born to bereaved (shidu) families: associations with mothers' quality of life and involvement behavior[J]. International Journal of Environmental Research and Public Health, 2020, 17(11): 4166.

[134] Hu T, Xu S, Liu W. A senior high school-based survey on the long-term impact of the Wenchuan earthquake on survivors' quality of life: PTSD as a mediator[J]. Psychiatry Research, 2018, 270(1): 310-316.

[135] Li G, Wang L, Cao C, et al. An item-based analysis of PTSD emotional numbing symptoms in disaster-exposed children and adolescents[J]. Journal of Abnormal Child Psychology, 2020, 48(6): 1303-1311.

[136] Khachadourian V, Armenian H K, Demirchyan A, et al. Loss and psychosocial factors as determinants of quality of life in a cohort of earthquake survivors[J]. Health & Quality of Life Outcomes, 2015, 13(1): 13.

[137] Senneseth M, Alsaker K, Natvig G K. Health-related quality of life and post-traumatic stress disorder symptoms in accident and emergency attenders suffering from psychosocial crises: a longitudinal study[J]. Journal of Advanced Nursing, 2012, 68(2): 402-413.

[138] Shang F, Kaniasty K, Cowlishaw S, et al. Social support following a natural disaster: a longitudinal study of survivors of the 2013 Lushan earthquake in China[J]. Psychiatry Research, 2019, 273: 641-646.

[139] Gigantesco A, D'argenio P, Cofini V, et al. Health-related quality of life in the aftermath of the L'Aquila earthquake in Italy[J]. Disaster Medicine & Public Health Preparedness, 2016, 10(1): 11-15.

[140] Tang B, Kang P, Liu X, et al. Post-traumatic psychological changes among survivors of the Lushan earthquake living in the most affected areas[J]. Psychiatry Research, 2014, 220(1-2): 384-390.

[141] Nunnerley J, Dunn J, Mcpherson K, et al. Participation and quality of life outcomes among individuals with earthquake-related physical disability: a systematic review[J]. Journal of rehabilitation medicine, 2015, 47(5): 385-393.

[142] Wagle S, Amnatsatsue K, Adhikari B, et al. Health-related quality of life after the 2015 Gorkha earthquakes, among older adults living in Lalitpur district of Central Nepal[J]. Disaster Medicine and Public Health Preparedness, 2021, 15(3): 298-307.

[143] Wong R, Ho F, Wong W, et al. Parental involvement in primary school education: its relationship with children's academic performance and psychosocial competence through engaging children with school[J]. Journal of Child and Family Studies, 2018, 27(5): 1544-1555.

[144] 涂阳军, 郭永玉. 临床用观念变化问卷简式中国版的修订[J]. 中国健康心理学杂志, 2009, 17(10): 1260-1262.

[145] Cenat J M, Derivois D. Long-term outcomes among child and adolescent survivors of the 2010 Haitian earthquake[J]. Depression and anxiety, 2015, 32(1): 57-63.

[146] Guo J, Fu M, Xing J, et al. Coping style and posttraumatic growth among adult survivors 8 years after the 2008 Wenchuan earthquake in China[J]. Personality & Individual Differences, 2017, 111: 31-36.

[147] Joseph S, Linley P A, Andrews L, et al. Assessing positive and negative changes in the aftermath of adversity: psychometric evaluation of the changes in outlook questionnaire[J]. Psychological assessment, 2005, 17(1): 70-80.

[148] Stephen J, Alex L P, Leanne A, et al. Assessing positive and negative changes in the aftermath of adversity: psychometric evaluation of the changes in outlook questionnaire[J]. Journal of Loss & Trauma, 2006, 11(1): 85-99.

[149] Zang Y, Hunt N C, Cox T, et al. Short form of the changes in outlook questionnaire: translation and validation of the Chinese version[J]. Health and quality of life outcomes, 2012, 10: 41.

[150] Meyerson D A, Grant K E, Carter J S, et al. Posttraumatic growth among children and adolescents: a systematic review[J]. Clinical psychology review, 2011, 31(6): 949-964.

[151] Maji S. Society and "good woman": a critical review of gender difference in depression[J]. The International journal of social psychiatry, 2018, 64(4): 396-405.

[152] Jia X, Liu X, Ying L, et al. Longitudinal relationships between social support and posttraumatic growth among adolescent survivors of the Wenchuan earthquake[J]. Frontiers in psychology, 2017, 8: 1275-1281.

[153] Linley P A, Joseph S, Goodfellow B. Positive changes in outlook following trauma and their relationship to subsequent posttraumatic stress, depression, and anxiety[J]. Journal of Social & Clinical Psychology, 2008, 27(8): 877-891.

[154] Liu D, Fu L, Jing Z, et al. Post-traumatic stress disorder and it's predictors among tibetan adolescents 3 years after the high-altitude earthquake in China[J]. Archives of psychiatric nursing, 2016, 30(5): 593-599.

[155] Trickey D, Siddaway A P, Meiser-Stedman R, et al. A meta-analysis of risk factors for post-traumatic stress disorder in children and adolescents[J]. Clinical psychology review, 2012, 32(2): 122-138.

[156] Xu M, Qiu R, Abulizi A, et al. Mental health status of Kazakh middle school students in pastoral and non pastoral areas of Tacheng, Xinjiang[J]. Chinese Journal of School Health, 2016, 37: 1095-1097.

[157] Okuyama J, Funakoshi S, Tomita H, et al. Mental health and school-based intervention among adolescent exposed to the 2011 Great East Japan Earthquake and tsunami[J]. International Journal of Disaster Risk Reduction, 2017, 24: 183-188.

[158] Hays R D, Bjorner J B, Revicki D A, et al. Development of physical and mental health summary scores from the patient-reported outcomes measurement information system (PROMIS) global items[J]. Quality of Life Research, 2009, 18(7): 873-880.

[159] Filbay S R, Pandya T, Thomas B, et al. Quality of life and life satisfaction in former athletes: a systematic review and Meta-analysis[J]. Sports Medicine, 2019, 49(11): 1723-1738.

[160] Yun W, Liu H, Wu F, et al. The association between BMI and body weight perception among children and adolescents in Jilin City, China[J]. Plos One, 2018, 13(3): e0194237.

[161] Li M, Mustillo S, Wang W. Perceived discrimination, screen use, and BMI among rural-to-urban migrant children in China: evidence from a nutrition transition context[J]. Journal of Immigrant and

Minority Health, 2019, 21(4): 723-730.

[162] Gruber-Baldini A L, Velozo C, Romero S, et al. Validation of the PROMIS measures of self-efficacy for managing chronic conditions[J]. Quality of Life Research, 2017, 26(7): 1915-1924.

[163] Han Z, Zhang G, Zhang H. School bullying in urban China: prevalence and correlation with school climate[J]. International Journal of Environmental Research and Public Health, 2017, 14(10): 1116.

[164] Grisso T. Adolescent Offenders with mental disorders[J]. The Future of Children, 2008, 18(2): 143-164.

[165] Jensen L A, Arnett J J. Going global: new pathways for adolescents and emerging adults in a changing world[J]. Journal of Social Issues, 2012, 68(3): 473-492.

[166] Wlodarczyk O, Schwarze M, Rumpf H J, et al. Protective mental health factors in children of parents with alcohol and drug use disorders: A systematic review[J]. Plos One, 2017, 12(6): e0179140.

[167] Irvin K, Fahim F, Alshehri S, et al. Family structure and children's unmet health-care needs[J]. Journal of Child Health Care for Professionals Working with Children in the Hospital & Community, 2018, 22(1): 57-67.

[168] Yoshikawa H, Aber J L, Beardslee W R. The effects of poverty on the mental, emotional, and behavioral health of children and youth implications for prevention[J]. American Psychologist, 2012, 67(4): 272-284.

[169] 孟江,冉斗志,吴义锋,等.青藏高原牧区居民生活饮用水水源水质调研与统计分析[J].西藏科技, 2020(10): 42-46.

[170] 风景.高原饮食习俗/青海省各民族人民的饮食文化[J].青海科技,2015(5):72-75.

[171] 张青.2012年玉树藏族地区部分生活饮用水水质卫生细菌检测分析[J].中国卫生工程学,2014, 13(5):436,438.

[172] 常雅芬.膳食营养素参考摄入量的制定原理和应用方法[J].中国保健营养,2013,23(3):596-597.

[173] 林锦玲.高原环境下医务人员洗手不合格原因与对策[J].中华医院感染学杂志,2009,19(12):1511.

[174] 王劲,郭红卫.膳食营养素参考摄入量的制定原理和应用原则[J].环境与职业医学,2008(5): 476-479.

[175] 李朝.青藏高原饮食民俗文化圈及特征研究[J].青海师范大学学报(哲学社会科学版),2008(3): 78-82.

[176] 李游,余小鸣,王嘉.西部农村地区3 497名小学生卫生知识与行为现状[J].中国学校卫生,2006(4): 295-297.

[177] 周浩武,刘文华,姬红蓉,等.青海高原居民膳食营养状况调查研究[J].青海医药杂志,2006(4): 55-57.

[178] 葛可佑.怎样应用膳食营养素参考摄入量评价膳食[C]//中国营养学会公共营养分会.中国营养学会公共营养分会第六届学术研讨会暨中国居民膳食与营养状况变迁论文集.2005:4.

[179] 才郎尼玛.青海环湖地区藏族小学管理理念探析[J].考试周刊,2011(70):230.

[180] 聂雪琼,李英华,李莉.2012年中国居民健康素养监测数据统计分析方法[J].中国健康教育,2014, 30(2):178-181.

[181] 罗艾.青海藏区基本医疗服务可及性研究[D].武汉:华中科技大学,2014.

[182] 陈珍.我国非政府组织的发展现状、问题及优化路径研究[J].中小企业管理与科技,2020,4：170-171.

[183] 刘月金,红磊,高英策.NGO参与民族贫困地区社会救助：问题剖析与对策探讨[J].荆楚学刊,2014,15(3)：79-84.

[184] 蒋斌,刘青,刘旭.青海玉树中小学校医疗援助实践[J].解放军医院管理杂志,2017,24(9)：871-873.

[185] 胡幸蕙.中国医疗现况及展望[D].大连：大连理工大学,2013.

[186] 万倩,简春阳.西部偏远地区小学教育现状及改进措施之初探[J].知识经济,2011,13：141-180.

[187] 国务院办公厅.国务院办公厅关于印发国家贫困地区儿童发展规划(2014—2020年)的通知[J].中华人民共和国国务院公报,2015,3：22-28.

[188] 章士平."世界屋脊"的医疗扶贫之路——"藏区千名包虫病患者救助行动"纪事[J].中国农村卫生,2016,4：5-8.

[189] 袁因.修行至善——"同心·共铸中国心"青海行曲麻莱县义诊活动纪实[J].中国食品药品监管,2012,10：52-56.

[190] 刘波,冯泽永.医疗慈善捐赠的失范与规避[J].卫生经济研究,2007,11：20-21.

[191] 孔令颖.我国非政府组织发展的SWOT分析及对策[J].劳动保障世界,2018,9：62.

[192] 刘凤涛.非政府组织灾害救助的限制因素——以雅安地震为例[J].长春教育学院学报,2014,30(2)：12-13.

[193] 周婷.非政府组织参与公共管理的路径研究[J].科教导刊,2017(11)：145-146.

[194] 孟甜.非政府组织参与灾害救助的困境解读与制度重构——以汶川地震为例[J].西南民族大学学报(人文社会科学版),2014,35(2)：87-91.

[195] 安华,赵云月.民族地区农村因病支出型贫困家庭社会救助机制研究——基于发展型社会救助视角[J].广西社会科学,2020,5：78-83.

[196] 邓媛.我国非政府组织参与社会救助的未来模式——以嫣然天使基金为例[J].经营者,2014,7：113.

[197] 王旭光,王洋,王远,等.对青少年儿童体质健康干预体系和实施策略的思考——以天津为例[J].首都体育学院学报,2013,25(6)：505-510.

[198] 赵亮,张欢.甘南藏区6—12岁儿童体质健康状况与多维空间影响因素研究[J].吉林体育学院学报,2016,32(1)：72-76.

[199] 程时磊,王虎,马霄,等.2012年青海省玉树藏族自治州棘球蚴病流行调查[J].中国寄生虫学与寄生虫病杂志,2016,34(6)：547-551.

[200] 史慧静,李广,张越,等.学校卫生保健人员队伍的专业化培养需求和培养目标分析[J].卫生职业教育,2015,33(24)：20-22.

致 谢

感谢玉树藏族自治州囊谦县教育局的大力支持,感谢所有参与本项目的志愿者与指导老师。在大家的集体努力下,我们才能够连续四年完成大规模现场调研和培训课程,获得宝贵的玉树震区青少年身心健康第一手数据资料。

感谢"古咕丁"医疗知识普及计划,感谢为玉树震区中小学校保健室提供赞助支持的复星集团苏州康复医院、台州恩泽医疗集团、浙江大美十网络技术有限公司、台州市德康医疗器械有限公司、爱心接力团(排名不分先后)。你们为玉树藏区的师生们播下了爱与健康的种子。